创新性网络与新媒体专业“十四五”精品教材

新媒体营销

主　编　杨若莹　张卫林　陈　琪
副主编　常艳霞　牛伟华　王　锋

哈爾濱工程大學出版社
Harbin Engineering University Press

内容简介

本书首先讲述了新媒体营销实质、营销趋势、营销思维、营销定位和原则，让读者能全盘了解新媒体营销基本知识；然后重点讲述了新媒体微信营销、社群营销、产品营销、引流营销、直播营销、视频与音频营销、文案营销、视觉营销、数据营销、活动营销和IP营销，让读者掌握多种营销手段。

本书既可作为网络和新媒体相关专业的教材，也可作为新媒体的创业者、各公司负责新媒体营销的工作人员、新媒体运营的个人、新媒体公司的管理者、专业的网络推手、新媒体公司或部门的培训教材。

图书在版编目（CIP）数据

新媒体营销 / 杨若莹，张卫林，陈琪主编. -- 哈尔滨：哈尔滨工程大学出版社，2021.8

ISBN 978-7-5661-3242-0

Ⅰ. ①新… Ⅱ. ①杨… ②张… ③陈… Ⅲ. ①网络营销 Ⅳ. ①F713.365.2

中国版本图书馆 CIP 数据核字（2021）第 170979 号

新媒体营销
XINMEITI YINGXIAO

责任编辑　张林峰
封面设计　赵俊红

出版发行　哈尔滨工程大学出版社
社　　址　哈尔滨市南岗区南通大街 145 号
邮政编码　150001
发行电话　0451-82519328
传　　真　0451-82519699
经　　销　新华书店
印　　刷　唐山唐文印刷有限公司
开　　本　787 mm×1 092 mm　1/16
印　　张　15
字　　数　384 千字
版　　次　2021 年 8 月第 1 版
印　　次　2021 年 8 月第 1 次印刷
定　　价　68.00 元
http：//www.hrbeupress.com
E-mail：heupress@hrbeu.edu.cn

前　言

随着互联网深入人们的生活，有许多科学用其调查数据警示我们要与互联网保持一定的距离，但依然无法扭转互联网在人们生活中悄然扎根的局面。在这种情形下，新媒体平台如雨后春笋般成长着，从社交新媒体平台，到图文新媒体平台，再到短视频类新媒体平台和直播类新媒体平台……这几年新媒体的成长如此迅速，令人惊叹。

随着时代的发展，营销方式和工具也在发生变化。比如微信席卷网络之时，微信公众号、小程序和视频号成了营销和创业的工具；以今日头条为代表的新媒体平台的崛起，点燃了新媒体营销的烽火；与此同时，以抖音和快手为代表的短视频平台成为人人渴求的流量池。

本书共 12 章，主要包括新媒体营销基本知识、新媒体微信营销、新媒体社群营销、新媒体产品营销、新媒体引流营销、新媒体直播营销、新媒体视频与音频营销、新媒体文案营销、新媒体视觉营销、新媒体数据营销、新媒体活动营销和新媒体 IP 营销。

本书由杨若莹（贵阳职业技术学院）、张卫林（成都职业技术学院）和陈琪（咸阳职业技术学院）担任主编，由常艳霞（郑州时代科技中等专业学校）、牛伟华（广州城市职业技术学院）和王锋（开封大学）担任副主编。本书的相关资料和售后服务可扫封底微信二维码或登录 www.bjzzwh.com 下载获得。

特别提示，书中采用的抖音、快手和微信等软件的案例界面，包括账号、作品、粉丝量等相关数据，都是作者写稿时的截图，若图书出版后软件有更新，请读者以出版后的实际情况为准，根据书中提示，举一反三操作即可。

由于编者水平有限，书中难免有疏漏之处，恳请广大读者批评指正。

编　者

2021 年 7 月

目　录

第 1 章　新媒体营销基本知识

第 2 章　新媒体微信营销

第 3 章 新媒体社群营销

第 4 章 新媒体产品营销

第 5 章 新媒体引流营销

第 6 章 新媒体直播营销

第 7 章 新媒体视频与音频营销

第 8 章 新媒体文案营销

第 9 章 新媒体视觉营销

第 10 章 新媒体数据营销

第 11 章 新媒体活动营销

第 12 章 新媒体 IP 营销

第 1 章　新媒体营销基本知识

本章导读

移动互联网的发展让新媒体应运而生。这种新型的媒体形式催生了新的营销模式，更加快了传统媒体的转型，同时也让各大行业纷纷转身，利用新媒体平台来提升自身的行业竞争力。本章主要讲述新媒体营销基本知识，让企业和新媒体人深刻地了解新媒体营销的相关内容。

本章重点

- 新媒体营销实质
- 新媒体营销趋势
- 新媒体营销思维
- 新媒体营销定位
- 新媒体营销原则

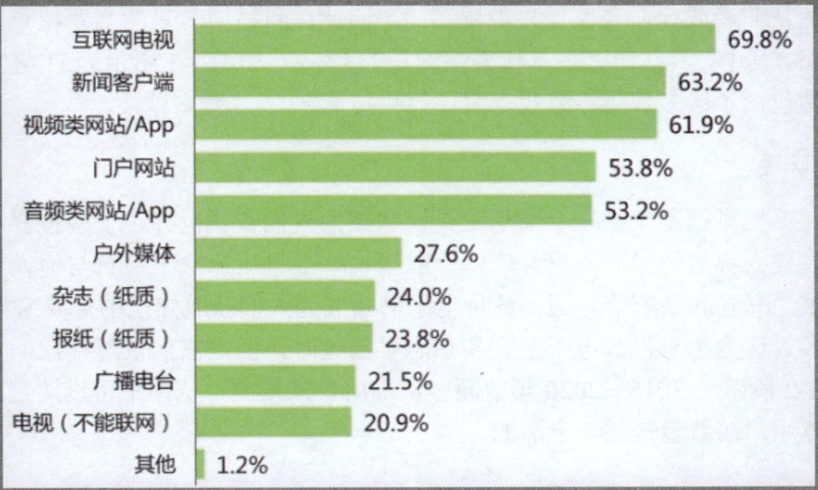

1.1 新媒体营销实质

在移动互联网迅速发展的当下，新媒体给传统媒体带来了很大的冲击，为许多行业的发展提供了新的营销平台。本节主要讲述新媒体营销实质。

1.1.1 新媒体概念

由于对新媒体的划分标准不一，业界对新媒体还没有做出完全强制性的分类规定。新媒体的定义主要包括以下两个方面。

（1）狭义上，新媒体是继报纸、广播以及电视等传统媒体之后，于最近几年发展起来的一种新媒体形态，主要包括网络媒体、手机媒体和数字电视等，是相对于传统媒体而言的。

（2）广义上，新媒体是指在各种数字技术和网络技术的支持下，通过电脑、手机以及数字电视机等各种网络终端，向用户提供信息和服务的传播形态，它表现出来的是一种数字化的媒体形态。

相比于传统媒体，新媒体更偏重为受众提供个性化的服务。当然，在注重个性化的同时，它也为新媒体人和受众提供了一个可以交流的平台。例如，微博与微信等都属于新媒体的具体表现形态。

1.1.2 新媒体营销方式

新媒体营销是指利用新媒体平台进行营销的模式。以当下行业发展状况来说，最具代表性的新媒体营销方式当数科技博客、手机媒体、微信、交互式网络电视（IPTV）、数字电视、移动电视、微博和短视频平台这八大类。其中，微信与短视频平台在新媒体营销方面的发展形势最为可喜。下面具体介绍新媒体的八大营销方式。

1．科技博客

科技博客是出现比较早的一类新媒体，属于博客的一个比较强大的分支，博客里的文章大多是由一些从业者或行业专家凭兴趣撰写的。因此，科技博客里的文章特点是以业余形式展现专业知识。其中，科技博客最具代表性的是 IT 之家。如图 1-1 所示为 IT 之家的官方网站首页，该网站包括了诸多数码、游戏、测评等科技博文。

2．手机媒体

现如今，手机早已不仅是一个通信工具，它还为人们认识世界、了解世界和发现世界开辟了新通道，被人称之为“第五媒介”。一般来说，手机用户除了用它与他人联系外，还用于订阅手机报、书刊和杂志等，因而各种电子书籍成为人们获取知识的重要来源。

也许很多人认为手机报、电子书刊和杂志早已过时，但是它们依然存在，并刺激着消费市场。如图 1-2 所示为 2016—2020 年新闻客户端用户规模图，从图中可以清楚地看到，手机报纸类新媒体用户的数量是逐年上涨的。

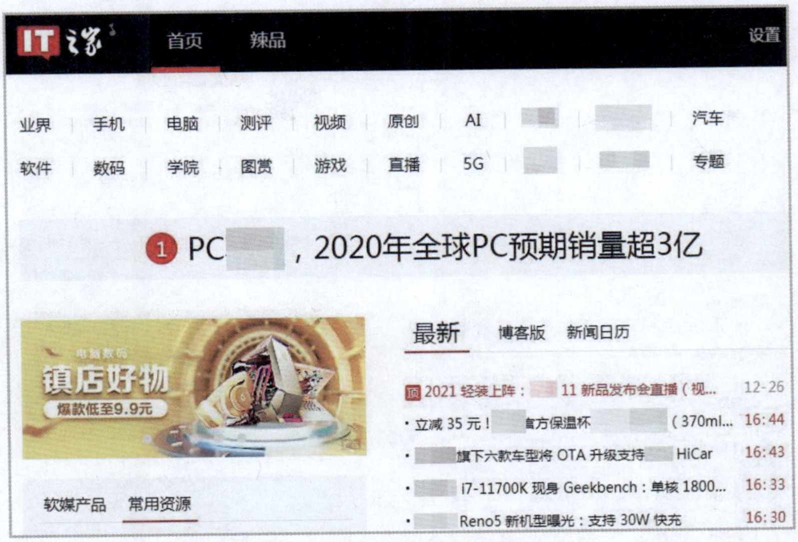

图 1-1　IT 之家的官方网站首页

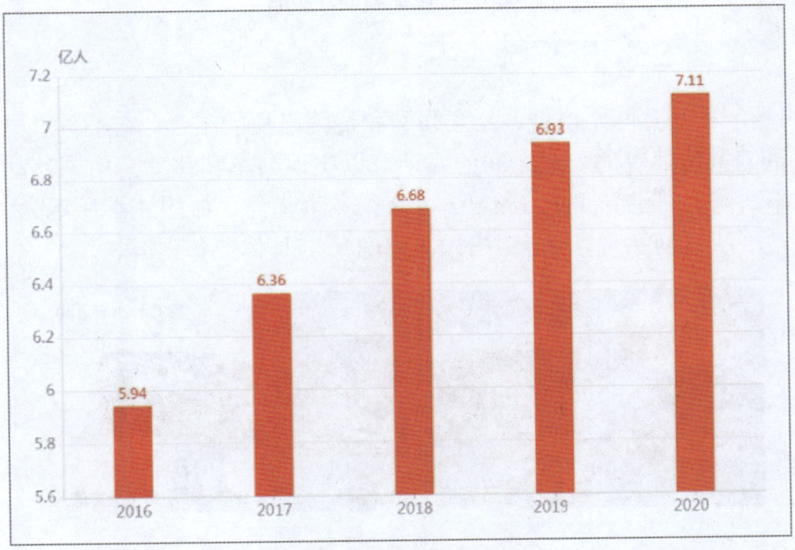

图 1-2　2016—2020 年新闻客户端用户规模图（数据来源：艾媒咨询）

3．微信

微信虽然是一款社交应用程序，但已远远超越了社交媒体和交流平台的定义。从免费的短信聊天功能，到语音交流体验，再到“摇一摇”“扫一扫”和“附近的人”等功能，以及微信公众号和新推出的视频号，它为广大用户创造了更多的信息传播渠道，为用户带来全方位和高品质的服务体验。

如图 1-3 所示为微信的部分功能，如朋友圈、视频号、扫一扫、摇一摇、看一看、搜一搜、附近的人、购物、游戏、小程序和公众号，这些功能不仅是微信生态的重要组成部分，也是新媒体营销的重要渠道。对于新媒体人来说，多利用微信良好的生态，有利于为自己的账号吸粉引流。

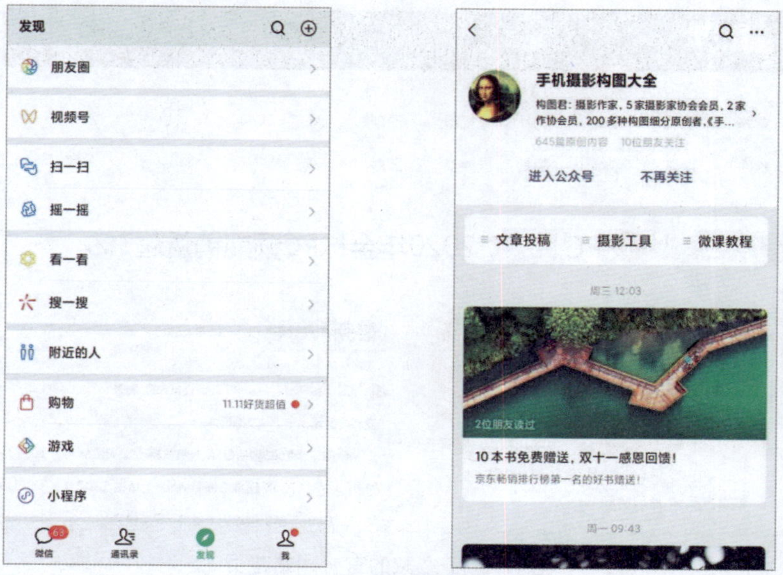

图 1-3 微信的部分功能

4．IPTV

IPTV 指的是一种交互网络电视，是互联网和传统电视的结合。它不再以固有的受众定位来传播，而是更偏重传播者与受众之间的互动，以实现共享和移动。中国移动、中国联通、中国电信都在不断努力打造新型的 IPTV，以获得竞争优势。如图 1-4 所示为中国电信 IPTV（上海）的网站，从该网站可以知道中国电信 IPTV 的具体业务内容。

图 1-4 中国电信 IPTV（上海）的网站

5．数字电视

数字电视是新媒体的重要代表之一，随着数字电视用户的不断增加，数字电视的产业链也在不断地发展与完善。如今，虽然年轻人更倾向于网络平台，但并不妨碍他们将高清电视或大尺寸电视视为时髦产品。因此，在销售数字电视时应该把握好年轻人的心理。如图 1-5 所示为数字电视界面。

图 1-5　数字电视界面

6．移动电视

移动电视作为一种新兴的媒体形态，其覆盖面广、移动性强，受众不仅可以从中欣赏娱乐节目，还可以获取城市信息。移动电视一般出现在公交或地铁上。如图 1-6 所示为公交车上的移动电视。

图 1-6　公交车上的移动电视

7．微博

微博是新媒体发展后新兴的一种媒体形态，通过一对多的互动交流方式，以及其快速广泛的传播特性，成为企业良好的推广平台。如图 1-7 所示为新浪微博界面。

图 1-7　新浪微博界面

8．短视频平台

短视频是这几年发展最火的视频形式，以短小精悍的内容、丰富而又可塑性强的表演形式，承载着广告商的期盼和平台用户的喜怒哀乐。这几年流量巨大的短视频平台，莫过于抖音短视频和快手短视频，一跃成为新媒体短视频平台的佼佼者。如图 1-8 所示为抖音（左）与快手（右）的短视频界面。

图 1-8　抖音（左）与快手（右）的短视频界面

1.1.3　新媒体性质

新媒体营销多倾向于新媒体方面的运营发展，从现在主要的新媒体营销表现形式来看，新媒体营销具有以下几个方面的性质。

（1）体验性。改变了传统媒体“传播者单向发布”和“受众被动接受”的状态，每个用户既是信息的接收者，又扮演着传播者的角色。此外，它还摆脱了固定场所的限制，提高了消费者的参与体验，达到了更好的传播效果。

（2）沟通性。新媒体的信息传播速度相比于传统媒体更迅速，用户可以实时接收信息，及时做出相应的反馈。

（3）差异性。与传统媒体营销方式有着很大的差别，在进行内容传播时，新媒体可以做到将文字、图片和视频等内容同时传播。这样一来，它不仅增加了传播内容的信息量，也在一定程度上提高和扩大了传播内容的深度和广度。

（4）创造性。可以创造舆论热点，因为它的信息竞争力远超传统媒体。

（5）关联性。更注重“关系”与“情感”。新媒体的影响倾向于“深度卷入”，而不是“生拉硬拽”，使广告产生真正的影响力。

1.2　新媒体营销趋势

现如今，随着新媒体的不断发展，很多行业都会利用这个平台来展开营销之战。那么，新媒体是如何发展的呢？

1.2.1　新媒体的发展

随着互联网用户的不断增加，移动新媒体也进入了新的发展时期，走向了发展的新巅峰，它开启了“智能移动终端+APP”的新模式。新媒体人以微信、微博和短视频平台的方式，打造全媒体的发展战略，进一步满足受众的个性化需求。如图 1-9 所示为国内网民对移动新媒体的认知分布图，可以看出，许多网民已经认识到了移动新媒体和传统媒体的区别。

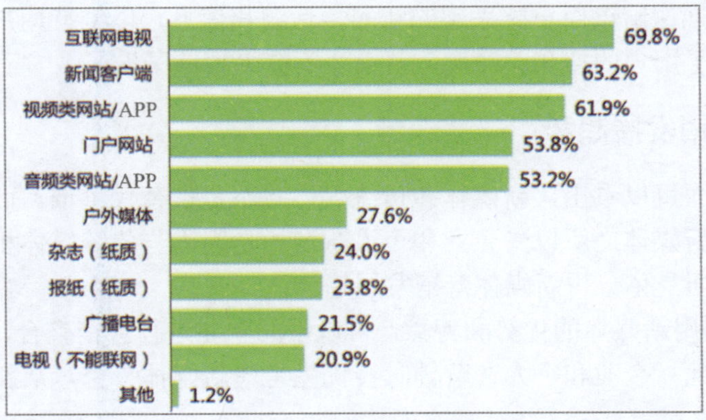

图 1-9　国内网民对移动新媒体的认知分布图

1.2.2　新媒体发展趋势

随着新媒体的不断发展，不断有人开始提出：媒体未来的发展趋势会怎样？新媒体和传统媒体又将怎样？新媒体发展得这么好，传统媒体还有市场吗？下面，从五个方面来分析新媒体未来的发展趋势。

1．发展渠道

新媒体一直是业界人士讨论的热点，很大一部分人说新媒体会取代传统媒体，成为未来移动媒体的 NO.1。从电商平台就能明显地看出来，移动电商平台不仅使人们打破了对网购的成见，更影响着大部分年轻人的生活方式。因此，新媒体可以借助移动电商和短视频这一发展渠道，打开未来营销市场。

2．关系的价值

传统媒体的信息媒介是电视、报纸和海报等，而新媒体的信息媒介是微信、微博和抖音等新媒体平台。尤其在微信朋友圈中，人们可以通过朋友、同事和家人之间的关系进行营销，这充分地表明了“关系”在移动互联网中的营销价值。

3．专一细致

细分群众的兴趣爱好是新媒体的一大优势及亮点，它不再像传统媒体一样只顾推广和传播，只追求广泛的范围和全面的人群，而是在缩小领域，专一地做自己领域的营销，让受众关注度更加持久，并且可以在同领域中创造更大的价值。

4．时代变化

俗话说：“长江后浪推前浪，一浪更比一浪强。”时代和人群的变化是新媒体快速发展的主因。例如，现在很多人在互联网上看视频、直播和影视剧，借助这种新媒体发展的趋势，电视媒体创新了自己的传播方式，获得了新时代主流人群的欢迎。

5．信息精选

在信息庞大繁杂的时代，个性化的新媒体是有生存优势的。例如，今日头条会根据用户关注的订阅和兴趣推送给该用户感兴趣的新闻、话题和信息，以维持用户持久的关注度。这就说明，只有保证了用户的持久关注度，营销才不会“掉链子”。

1.2.3　新媒体营销发展趋势

其实从很多方面可以看出，新媒体和传统媒体并不是谁替代了谁，而是相互扶持、共存共荣的一种关系。新媒体之所以受企业和个人欢迎，是因为与传统媒体相比，新媒体更容易获得营销利益。下面具体分析新媒体营销发展趋势。

（1）企业家利用新媒体的优势和特点，可以帮助企业进行营销整合、扩大品牌知名度和拓展营销市场。因此，企业和个人在营销时会优先考虑新媒体平台，从新媒体入手，打开企业营销之路。

（2）我国的主流消费群体是“80后”“90后”和“00后”，他们在互联网时代中成长，加之智能手机的普及更是让他们无时无刻不接触着新媒体。可以说，大部分人的生活、工作、学习和娱乐信息绝大部分是从新媒体上获取的。甚至可以说，不论什么时间，他们都与新媒体产生联系，并且新媒体对他们的影响也越来越重要。

例如，某公司为了销售产品，在微信公众号平台上创建了名为“手机摄影构图大全”的微信公众号，如图1-10所示。利用微信的“关系”营销，在微信公众号上发布精美的文案，吸引对该产品感兴趣的人群，从而达到销售产品的目的。

图1-10　“手机摄影构图大全”微信公众号上的营销内容

从上述分析可以看出，新媒体营销还在持续发展，且热度依旧，越来越多的企业愿意用这样的方式去营销自己的产品。

1.3　新媒体营销思维

在移动互联网时代，新媒体发展最重要的就是新媒体运用营销思维。对于企业和个人来说，要想在新媒体营销上取得一定效果，就要创造有价值的内容。只有这样，新媒体平台才能更好地运营。新媒体营销常用的思维主要包括粉丝思维、平台思维、营销思维和“病毒式”传播思维。

1.3.1　粉丝思维

粉丝思维主要体现在新媒体平台与粉丝之间的互动上。从传统意义来说，互动指的是一群人聚集在一起，通过脑力去解决某个问题。而在移动互联网时代，互动是指网络信息的双向互通。网络的特殊性改变了传统单向的信息流动方式，网络舆论的生成让企业和个人可以看到用户内心的想法。也就是说，每个人都是互动链条上的主体，每个人都有属于自己的不同观点和意见，这些观点之间的交流或交融，能够为新媒体营销带来全新的面貌。

1.3.2　平台思维

平台思维其实是一种“打造精品内容”的思维，即通过优质的、对用户有价值的内容吸引和留住用户。打造一个好的平台，除了要在内容上下功夫之外，还需要在排版、图片、视频和文字等细节上入手，通过舒适的版面、高清的图片、简短的视频和有料的文字来吸引用户。

同时，推动平台内的资源运作也是平台思维的手段之一。资源运作就是当一个平台的粉丝量达到一定程度时，这些粉丝就可以成为一种资源，与平台成为利益共存体。这样的平台不仅能够留住粉丝，还能实现平台和粉丝的利益最大化。因此，对于从事新媒体营销的企业和个人来说，平台思维是相当重要的。

1.3.3　营销思维

新媒体营销思维很大程度上体现在内容的娱乐性上。在移动互联网时代，消费者喜欢具备娱乐化性质的事物，在营销时要抓住这个要点，打造一套娱乐化的新媒体营销策略。

娱乐化的新媒体营销方式是一种传播手段，主要指在进行新媒体营销的过程中，使用各种娱乐化元素，吸引消费者的目光，达到信息传播的目的。具体来说，娱乐化的新媒体营销策略主要表现在以下两个方面。

1．娱乐精神

在营销过程中，要充分发挥娱乐精神，用创意思维为用户创造轻松的环境，打造具备娱乐精神的营销活动。

2. 制造好玩的事件

企业和个人还须注意的是，在内容上不要以严肃乏味的说教形式进行营销，而要制造好玩的事件，让用户狂欢起来。

1.3.4 “病毒式”传播思维

“病毒式”传播是由受众自发产生的一种发散式、激荡式和扩散式的传播方式，从本质上说，就是一种“病毒式”营销思维。这种思维方式有利于扩大营销辐射面和影响力，进而提高商品的知名度和美誉度。“病毒式”营销有以下几个方面。

（1）长篇文章更容易被分享，转发量也更大，因此，应多发表一些篇幅较长、质量较高的文章。

（2）利用激动和愤怒等情绪进行“病毒式”营销，当然这种手段要适可而止，以免做得过火而威胁到自身的营销，败坏商品口碑。比如，某运动鞋品牌宣扬拼搏精神，让用户产生共鸣，从而完成产品营销，如图 1-11 所示。

图 1-11 某运动鞋品牌的营销文案

（3）对于企业和个人来说，充满感情的内容更容易实现“病毒式”传播。这不仅可以让用户产生共鸣以获得情感体验，同时也是一种不错的营销方式。

1.4 新媒体营销定位

在移动互联网时代，新媒体营销成为一种新的营销方式，能为企业和个人带来巨大的利益，这种利益包括直接经济受益和无形影响力。在进行营销推广前，首先需要对推广的内容进行定位，分析自己的用户到底喜欢哪种营销内容。

1.4.1 明确关键点

在进行新媒体营销定位之前，先要明确与定位营销类型和运用方向，如图 1-12 所示。

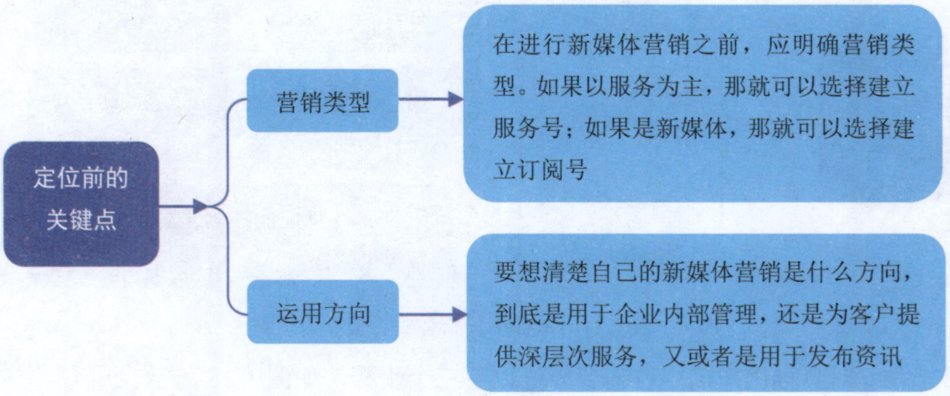

图 1-12　定位前的关键点

除了要明确新媒体营销的类型和方向之外，还要明确目的，要清楚自己通过营销能够得到什么，只有清楚自己想要得到的，才能够有选择的依据和方向。

1.4.2　做好用户定位

虽然人们的日常生活和信息获取都离不开新媒体营销，但如何做好新媒体营销却是一大难点，有很多企业和个人没有掌握好相关技巧。

想要做好新媒体营销，首先要做的就是确立一个清晰的定位，包括用户定位、服务定位和平台定位。然后，根据自己的定位确定营销内容和品牌形象。

在新媒体营销过程中，用户定位是至关重要的一环。只有了解了用户群体，才能根据用户的需求，创作出相应的内容，达到最好的营销效果。进行用户群体定位要做以下两件事。

（1）了解自己的目标读者是谁。

（2）了解这些目标群体的主要特征。

如果能够摸透这两件事，那么对后面的产品定位和平台定位都是大有好处的。通常，对目标群体特征的分析，主要从以下两方面入手，如图 1-13 所示。

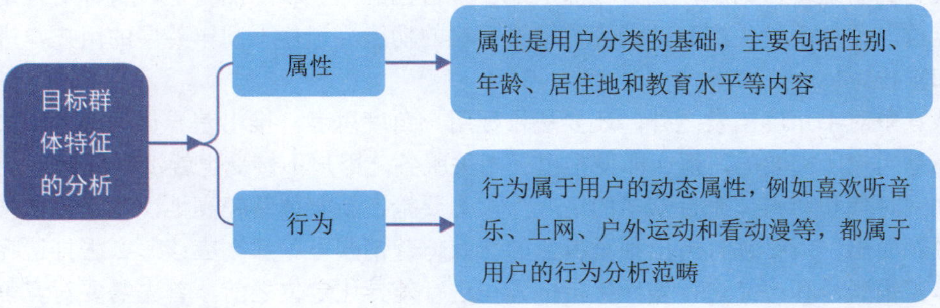

图 1-13　目标群体特征的分析

另外，还需要对目标用户进行简单的群体特征分析，如图 1-14 所示。

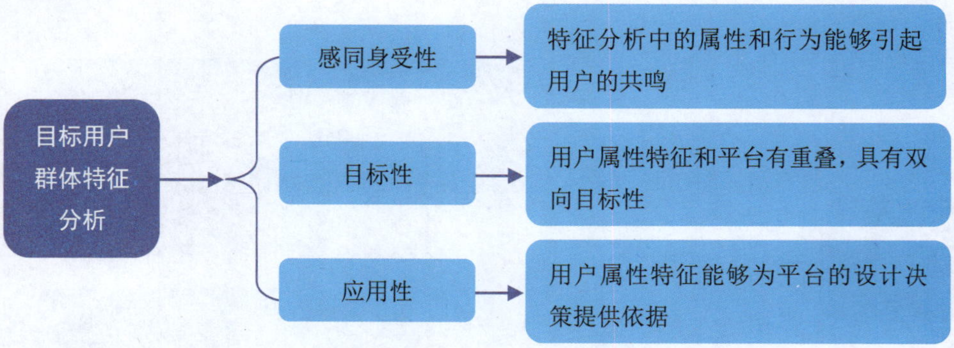

图 1-14　目标用户群体特征分析

通常来说，对目标用户的定位需要经过以下三个步骤，如图 1-15 所示。

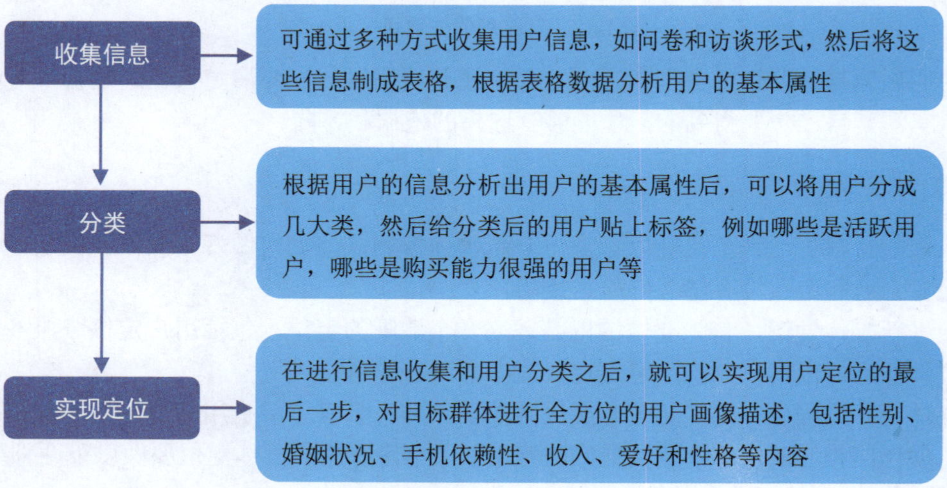

图 1-15　对目标用户定位的三个步骤

1.4.3　做好服务定位

想要投身到新媒体营销中，就必须深入地了解自己的产业和产品特色，有针对性地进行产品服务定位。比如手机生产商，就应该根据手机的功能，锁住不同年龄层的用户，进行精准化营销和宣传。

除了从竞争对手角度出发之外，还要从目标用户角度思考，推出差异化的服务。如果差异化服务不是用户所需要的，那么即使推出了相关服务，用户不接受也就没有任何意义。

在互联网时代和新媒体平台众多的情况下，想要抢占新媒体营销高地，在众多账号和新媒体人中脱颖而出，就必须打造出独具特色的新媒体营销账号。那么应该怎么去打造呢？可以给新媒体营销账号和产品进行差异化定位。在进行差异化定位之前，首先需要对竞争对手有一定的了解；然后分析自己与竞争对手之间的差异和优势；最后确定属于自己的特色服务。

以大众熟悉的某品牌手机为例，和其他手机品牌的“广撒网”方针不同，该品牌手机巧妙地避开了竞争劣势，精准地定位了自己的用户群体：将目标瞄准到年轻人身上，把握好年轻人的心理特征，然后打造出了产品服务特色。

如图 1-16 所示为某手机制造公司的微信公众号。用户可以通过微信公众号进入商城，从而制造出了一个完整的新媒体营销链条。该商城里有新款手机、电视、笔记本和压力电饭煲等产品，这些产品非常受用户欢迎。

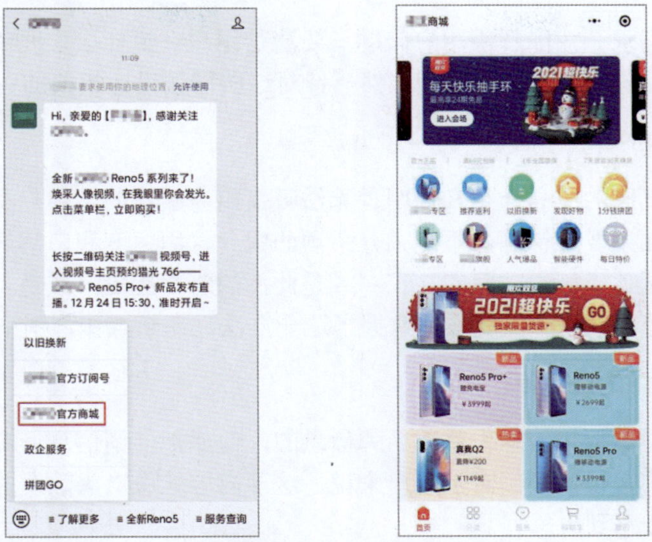

图 1-16　某手机制造公司的微信公众号和商城界面

1.4.4　获取更多素材

要获取营销内容，除了可以从相关网站上获取素材外，还应该注意从多个渠道获取内容。也就是说，在策划营销内容之前，需要先弄清楚来源。具体可以从以下三个渠道来进行收集素材，如图 1-17 所示。

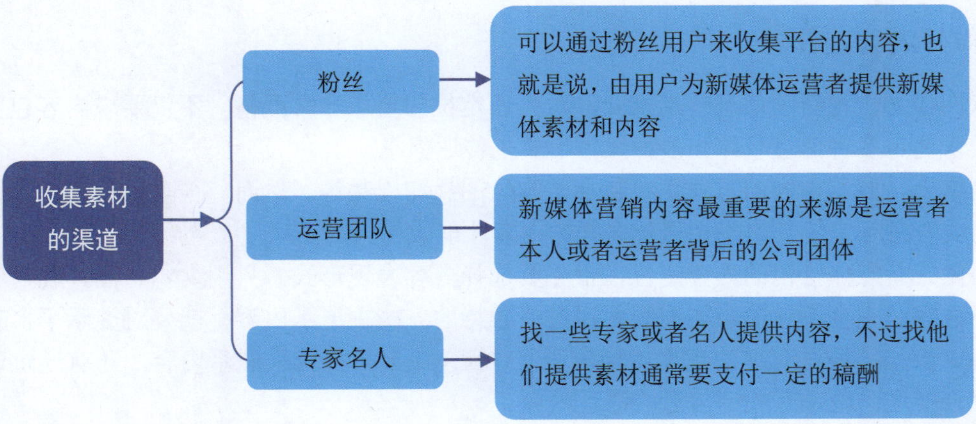

图 1-17　收集素材的渠道

只有建立在满足用户需求上的新媒体营销内容才会更加吸引人。因此，必须要满足用户需求，才能让自己的新媒体营销达到预想的效果。收集平台内容的方法有以下几个。

1．用户反映出来的有关感受

很多用户会通过微信和 QQ 等社交平台表达他们的不满，同样的，也会通过这些平台表达一些溢美之词。企业和个人千万不能忽视这个环节，完全可以大加利用。

2．用户行为体现出来的需求

只有了解用户需求，才能解决用户问题。要清楚用户在说什么，要留意用户搜索什么产品；并将用户关注的这些问题分类整理，然后针对这些问题设计相关的营销内容。

3．与产品有关的知识性信息

通常，一段干巴巴的产品介绍和说明是无法吸引用户眼球的。用户喜欢带有知识性的信息。以酒业为例，如果要推销酒，不能只介绍酒的成分、酒精度和口感等，这些固然重要，但是用户更喜欢了解关于酿酒方面的知识：或是此酒的悠久历史，或是品酒的小技巧，又或是此酒的储存方法等。不少企业就熟练掌握了这一方法，在新媒体营销平台上大获成功。

4．带给人优待感的优惠信息

很多用户都是冲着折扣信息去关注品牌信息的，但如把促销信息一窝蜂地发布出来，并不一定会起到显著的宣传效果。对于用户来说，这种内容就像街头散发的小广告，他们并不会过多关注，甚至会感到厌恶。

应该避免这种误区，设计一些专门为平台会员打造的优惠活动，让他们感到一种不同于他人的优待感。这样，粉丝才会有一种被重视的感觉，对该产品也会越来越依赖和喜欢。

5．搬运用户喜欢的资源

要善于运用资源，借鉴他人的精华，来增加营销素材的来源。因此，可以从网上摘录一些经典的文章，在自己的新媒体平台上分享；或者收集一些热门段子，以此迎合用户的喜好。但是，在搬运这些文章或段子时，一定要记得注明其来源。

1.4.5 做好内容定位

互联网作为一种新的信息传播媒介，对内容定位的要求非常严格。不仅要求内容包罗万象，还要求通过多种信息载体和多种媒体形式来传达信息。

在网络上，展示内容的方式主要包括文本、图片和视频等。然而，很多企业和个人不知道如何对内容进行定位，也不知道什么样的内容才能吸引人。

想要做好新媒体营销的内容定位，首先要选择内容表现形式。只用文本、图片和视频等方式展示内容是完全不够的，如果想要通过更独特的方式去展示内容，就要对展示平台有一定的了解。例如，通过有趣的超文本标记语言（HTML）等方式来展示内容，还有通过语音方式，每天推送一段带有关键信息的语音内容。

1.5 新媒体营销原则

新媒体营销不设门槛不设界限，只要有想法就可以进来凑个热闹。但也正是因为这个原因，各个平台上鱼龙混杂、良莠不齐，真正精通新媒体营销的人并不多。通常，在进行新媒体营销时，需要把握好以下几个原则。

1.5.1　讨粉丝喜欢原则

总有人说要多说好话，做一个嘴乖讨喜的人，这话在职场中，尤其在服务型职场中格外适用。新媒体营销也可以算是服务型职业，粉丝就是顾客，就像在淘宝上购物一样，客服的态度能让顾客给商品加分。

做一个讨喜的企业和个人有三大要点要明白，分别是礼貌待人、耐心待人和热情待人。必须要时刻谨记，粉丝即顾客，粉丝需要认可他们的存在，粉丝和企业或个人之间的感情是逐渐升温的，你敬我一分，我敬你三尺。尤其是刚起步的企业和个人，更没有资格耍大牌，或对粉丝爱搭不理。礼貌、耐心和热情的重要性如图 1-18 所示。

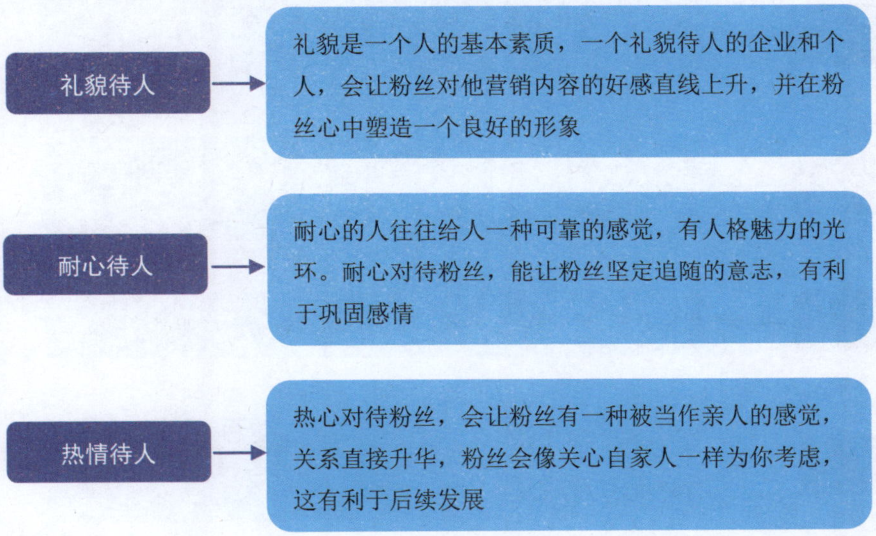

图 1-18　礼貌、耐心和热情的重要性

1.5.2　正能量原则

在新闻界有一句话：“人的内心都有点求异，喜欢猎奇，越是耸人听闻的内容越是能引起人的兴趣。”作为信息发布的媒介，新媒体消息和新闻消息在这一点上是一致的。从人的心理和性格来分析，类似于心灵鸡汤的内容可能会更受欢迎。

不论是媒体，还是整个营销行业，让我们坚信的一点是光明永远多于阴暗，正能量永远多于负能量。只专注轰动性新闻和博取眼球的新媒体尽管会有辉煌时期，但最终难以长久。

新媒体营销的黄金原则之一就是要做正能量的媒体，做冷静、客观和有智慧的媒体。尽管在市场效应下，新媒体人有时不得不抓住阴暗面的内容来吸引受众眼球，但文章或视频的结尾还是要回到正能量主题上来。

1.5.3　乐于分享原则

在现实中，人们总乐意和那些喜欢分享的人做朋友，并不是因为贪图那一点小便宜，而是因为乐于分享的人总会让人觉得特别亲切和友爱，让人不自觉地去接近和相信。新媒体营销也是一样。要做一个乐于分享的人，这样粉丝们会更愿意接近和支持，这也是新媒体营销的黄金原则之一。乐于分享的好处主要有三点，分别是：让人愿意靠近，并且选择企业和个人的商品；让人愿意信任企业和个人的账号；让人愿意与企业和个人交往，并且支持企业和个人的账号。

在现实生活中，有些人可能乐于分享，但在做新媒体营销时，生活中养成的分享习惯是不足以吸引粉丝的，因此还需要掌握一些分享技巧，如图 1-19 所示。

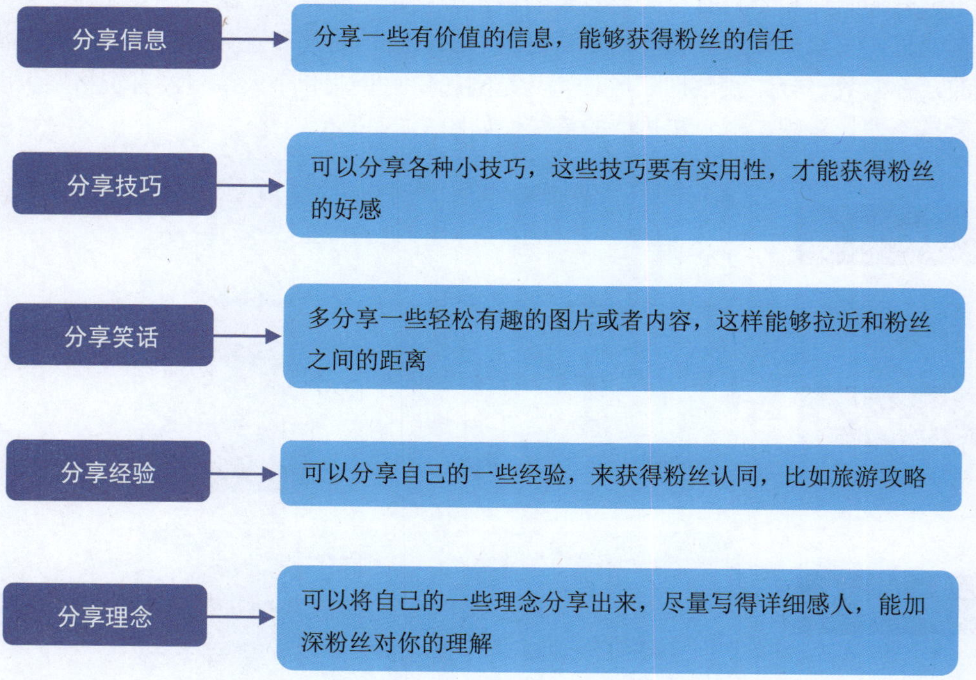

图 1-19　分享技巧

1.5.4　严格细致原则

网络是一个浮躁之处，某些用户会把网络当作一个收集负面情绪的垃圾站和心理阴暗面的发泄场，因此，在网络上经常充斥着各种抱怨和怒骂等不和谐的信息。企业和个人的一言一行都会产生很大的影响性，在发布内容时需要格外地严格细致，并主动维护网络和谐。

1．对自己发布的内容负责

对于网络言论的管制，我国在 2013 年就已做出相关的司法解释。对于企业和个人来说，严格细致就是对自己所发布内容的每一个字负责。发布的内容应做到以下四点，如图 1-20 所示。

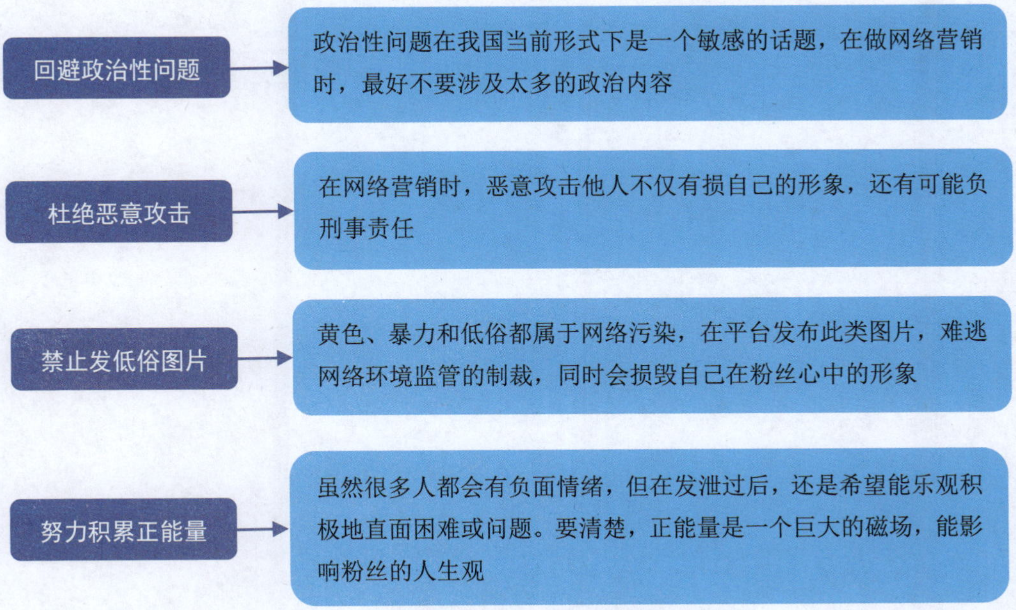

图 1-20　发布内容应做到的四点

2．需要注意的事项

若把网络比作江湖，平台就是漂泊在江湖上的一叶扁舟，江湖多风波。摆渡的企业和个人，除了要有小心驶得万年船的严谨态度，还要有规避风险的意识，需要注意以下事项。

（1）需要了解新媒体营销的相关法律法规，避免言行失当惹祸上身。一旦惹了祸就会前功尽弃，前途尽毁。

（2）需要管理好情绪，避免被人认为素质低下。因为形象一旦损毁，就难以挽回。

（3）重视自己的信誉，避免产生名誉上的污点，不然很容易失去粉丝的信任。

本章小结

本章主要对新媒体营销的基本知识做了详细介绍，包括营销实质、营销趋势、营销思维、营销定位和营销原则。通过本章的学习，可以帮助读者初步了解与新媒体相关的概念和营销知识，为以后账号营销打下坚实的基础。

本章习题

1．新媒体的定义主要包括哪两个方面？

2．新媒体营销是指什么？具体可以分为哪八大类？

第 2 章　新媒体微信营销

本章导读

当下，微信营销成为新媒体营销的重要组成部分，突破了传统营销的渠道限制。很多传统企业通过它成功转型，也有很多互联网企业借助它取得了巨大成功。本章主要介绍微信营销的相关内容，帮助读者找到精准的新媒体营销方向。

本章重点

- 微信号营销
- 公众号营销
- 朋友圈营销
- 小程序营销

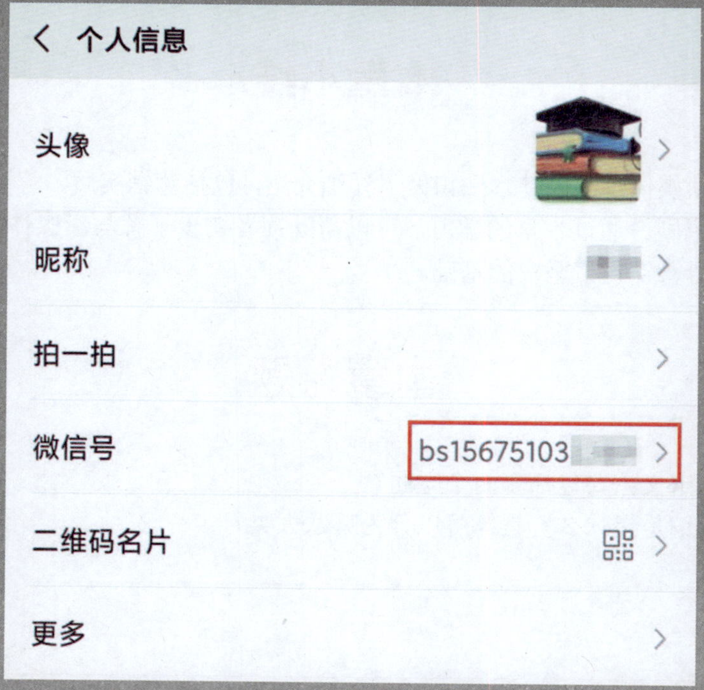

2.1　微信号营销

微信作为一款社交软件，不仅能为人们提供各种社交服务，还是新媒体营销的一部分。本节就针对个人微信的重要营销入口进行详细介绍。

2.1.1　账号易记易传播

微信号是在微信上的“身份证号码”，具有唯一性。从新媒体营销角度来说，它一定要满足易记易传播的特点，这样更有利于品牌宣传和推广。

微信号字母不宜过多，不然在报微信号时，容易给用户造成困扰与疑惑。此外，微信号中最好可以包含手机号和 QQ 号之类的数字号码，除了方便好记，也利于与用户联系。

需要注意的是，微信号应该以英文字母作为开头，不能以数字作为开头。易记的微信号的设置方式主要有以下四种。

（1）姓名缩写+手机号码。

（2）姓名缩写+QQ 号码。

（3）英文名+手机号码。

（4）英文名+QQ 号码。

如果有大量客户，并且同时有多个微信号进行维护，那么可以采取企业名称缩写加序列号的方式来区别，比如 flwh001、flwh002 等。如图 2-1 所示为某人微信号，它便是以“姓名缩写+手机号码”来设置的。

图 2-1　某人微信号

2.1.2　相册封面展示

从位置展示的出场顺序看，头像可以说是微信的第一广告位，但从效果展示的充分度而言，相册封面的广告位价值更大。因为它可以放大图片内容，更全面、充分地展示内容的个性、特色和产品等。

下面展示相册封面做得比较好的案例，从图 2-2 中可以看出，这些企业或个人都把相册封面当成了绝佳的新媒体营销入口。

图 2-2　企业或个人的相册封面案例

微信主题照片的尺寸比例为 480 像素×300 像素，因此可以通过“图片+文字”的方式，尽可能地将自己的产品、特色和成就等充分展示出来。

▶ 专家指点

可以用 Photoshop 等制图软件去做主题照片；也可以去某宝网搜索“微信朋友圈封面”相关的店铺，下单之后，会有专门做广告图的卖家为个人量身定制主题照片。

2.1.3　标签分组加强效率

在进行新媒体营销时，会遇见很多不同的用户，他们的需求、性格和消费水平等都各有不同。每一种客户都有适合他们的营销模式，因此，为了方便推荐产品，应该将这些好友分门别类，为新媒体营销提供便利。微信好友分组管理有很多不同的模式，如图 2-3 所示。

新媒体人给用户设置标签分组的好处如下。

（1）可以方便整理客户信息。根据购买力、兴趣爱好和购买内容等进行分类后，便可以对症下药，提高新媒体营销效率。

（2）在新媒体营销中，也可以针对某些内容屏蔽一些用户。比如，某些新用户还处于发展友好关系的阶段，新用户不太愿意看到太多广告，便可以对其屏蔽，以免让用户感到厌烦。又比如说，某些少数民族或宗教人士对某些内容有忌讳，可以选择性地对其屏蔽，避免一些不必要的纠纷。

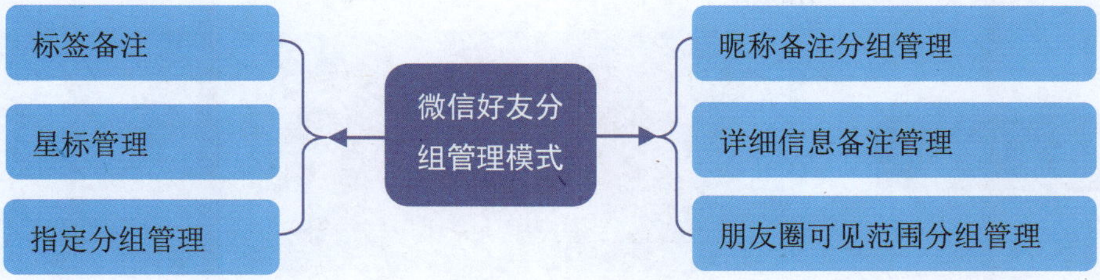

图 2-3　微信好友分组管理模式

2.1.4　个性签名留下印象

个性签名是向对方展现自己性格、能力和实力等最直接的方式，所以，为了一开始就给用户留下一个好印象，应该重点思考如何写好个性签名。一般来说，不同用户个性签名的设置大概有以下三种风格，如图 2-4 所示。

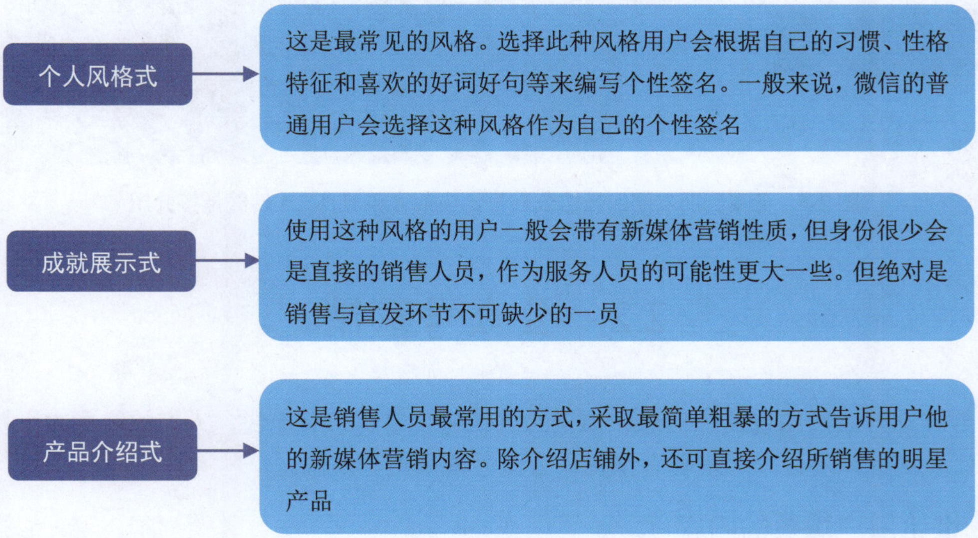

图 2-4　不同用户个性签名设置的三种风格

2.1.5　转载链接植入广告

在个人微信平台上，好友间互相发送的信息和朋友圈都是植入广告的绝佳位置，且植入的方式是多种多样的。

因此，利用微信进行营销和运营的企业，应该去了解与总结这些信息内容，然后选择合适的广告方式，这有利于品牌未来的发展与定位。在此，以微信朋友圈为例，具体介绍以转载链接的形式植入广告的方法。

平时在刷朋友圈时，除了个人编辑的内容以外，还能看见许多被分享至朋友圈的链接。一般来说，公众号、头条号和 HTML5 分享的内容是最多的。如图 2-5 所示为分享到朋友圈的微信公众号、头条号和 HTML5 转载链接介绍。

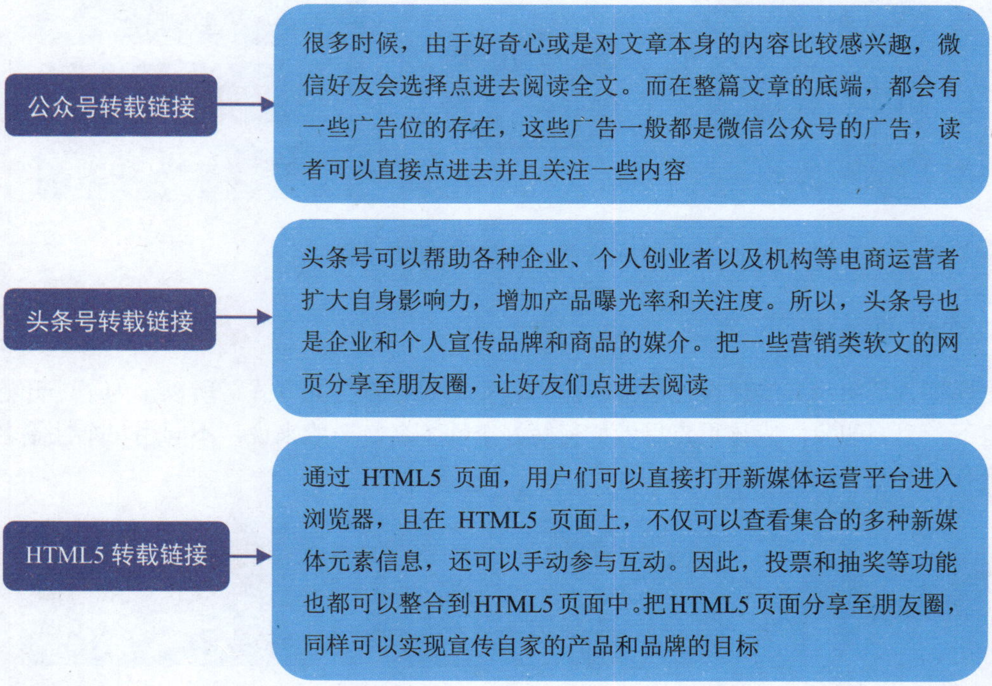

图 2-5　分享到朋友圈的微信公众号、头条号和 HTML5 转载链接介绍

2.2　公众号营销

随着移动互联网的普及，信息和知识的更新速度前所未有地快，人们的注意力很快便会被吸引走。因此，对公众号运营者来说，公众号营销不容懈怠。

2.2.1　推给用户想要的内容

用户发送的消息是了解用户及其需求的重要入口，因此需要对微信公众平台后台提供的消息数据与菜单数据进行分析，在了解用户需求的基础上，找到更加准确的新媒体营销方向。

1．消息数据

在消息分析功能中主要包括“小时报”“日报”“周报”和“月报”功能。相较于其他功能，“月报”功能更能呈现出消息数据的相关长期信息。“月报”主要用于判断微信用户是否具备长期的积极性，其主要数据包括“关键指标详解”“消息发送次数分布图”和“详细数据”。在微信公众平台后台，除了可以查看“消息发送人数”的趋势图，还可以切换到“消息发送次数”和“人均发送次数”选项，查看相应的指标趋势图。其中，“消息发送次数分布图”表明了某个时间段用户发布消息的人数和占比情况，同时在“详细数据”数据表中，每个月的消息数据一目了然。

2．菜单数据

菜单是对平台推送的内容进行模块划分的入口，了解用户对各菜单的点击量，可以进一步帮助运营者洞悉用户需求。

进入微信公众号后台的“菜单分析”界面，根据“昨日关键指标”分布的三列，即可得到“菜单点击次数”“菜单点击人数”和“人均点击次数”，展示菜单数据及其发展趋势。

在“昨日关键指标”下会呈现上面提及的三项数据的每日数据，可以非常清晰地对比出究竟哪一个菜单才是用户点击最多、最受用户喜欢和需要的，而哪一个菜单又是用户点击少甚至可以忽略的。基于此，可以在推送内容时对点击较多的菜单加以倾斜，推送更多的内容；而那些点击少的甚至是没有点击量的菜单，可以少推送内容，抑或是干脆删除这一菜单，对菜单重新进行调整。

2.2.2　创作优质营销内容

在文章写作和布局过程中，要想让营销内容能够吸引众多的用户，就需要掌握一些表现技巧。创作优质营销内容的表现技巧主要有以下几个。

1．塑造独特的表达风格

合适的表达风格，能给用户带来优质的阅读体验。以传播搞笑内容为主的公众号为例，它的正文的语言风格就必须要诙谐幽默，并配上一些具有搞笑效果的图片。

另外，从文章的感召力方面而言，基于同类人之间的人格感召力，打造独特的个性风格无疑是吸引有着相同性格特征的人的重要力量。比如，对生活充满自信和希望的人总是乐于与乐观的人相处，而不乐于与时刻伤春悲秋和怯弱的人交谈。

2．营造文章的场景

在创作新媒体营销内容时，并不只是用文字堆砌成一篇文章就完事了，而是需要用平平淡淡的文字组成一篇带有画面的文章，让读者能边读文字，边想象出一个与产品相关的场景。

3．打造代表性专题

人们在阅读时，总是趋向于寻找同一类型或主题的文章，力图全方面了解和熟悉该类型和主题的知识。因此，在新媒体营销内容写作上，可从这方面着手，着力打造一些具有代表性的专题，迎合读者的阅读兴趣和习惯。

4．借热点提升人气

要有灵敏的鼻子，才能抓住最新热点，成为以热点而获利的幸运儿。可以多找一些热门词，不过一定要抓住时机，不要等热点冷却了一段时间，才发布营销文章，不会有几个人愿意去阅读过时的信息。

在利用热门或头条事件编辑新媒体营销内容时，应该从以下三个方面着手。

（1）寻找合适的热点撰写新媒体营销内容。

（2）紧跟新闻事件，获得访问量。

（3）保持新闻敏感性，富有创意。

5．提供有价值的内容

微信公众号平台之所以受到读者的关注，就是因为读者可以从该平台上获取他们想要的信息，这些信息必须是具有价值的内容。而人云亦云、胡乱编写的营销内容，带给读者的只能是厌烦情绪。

在公众号内容运营中，一定要保证推送的内容是具有价值，用户能够学到一些具有实用性和技巧性的生活常识或操作技巧，从而帮助他们解决一些难题。所以，这决定了企业和个人在运营方面是专业的，新媒体营销内容也是能够接地气的，给用户带来的是实实在在的经验积累。

2.2.3 提高文章品质的秘技

在微信公众号平台上，如果要发布新媒体营销内容，就需要对文章栏目和内容进行排版优化，以有利于读者阅读和接受。

1．设置分类栏目

了解一些栏目设置的要求是非常有必要的。在微信平台上，设置分类栏目的目的在于怎样能清楚、全面地呈现所发布的内容。

所谓“清楚”，即要确保读者在看到栏目名称时，就可分辨出该栏目的营销内容是什么，所要寻找的内容在哪一个栏目中可以快速地找到。

以“手机摄影构图大全”微信公众号为例，在该公众号的栏目设置中，读者如果想要查看直播教程，那么就可以点击“微课教程”主栏目，然后再查看“京东直播”或者“千聊微课”构图技巧课程，如图 2-6 所示。

图 2-6 “手机摄影构图大全”公众平台查找“直播教程”内容

同时，在设置微信公众平台的自定义菜单栏的版式时，还要注意全面性。全面，即栏目的分类和取名要全面，既要保证新媒体营销内容要全面呈现，能够在栏目的分类中可以全部找到；又要保证其栏目名称的设置具有概括性和全面性，不能让其中某些内容出现无法有序查找的情况。

2．排版有利于读者浏览

在设置栏目时，从新媒体营销效果上来说，排版样式必须符合视觉习惯；而从实际操作上来说，设置栏目的重点在于方便读者浏览。这主要表现在以下三个方面。

（1）简洁性。平台界面的简洁性是方便用户查看这一要求的基本特征。在微信公众号平台上，平台的栏目设置是非常简单的，一般的自定义菜单栏是由三个栏目组成。如果在主栏目下还有其他分类内容，为了界面的简洁，其子栏目一般都进行了隐藏设置，用户只要点击主栏目即可弹出子栏目。

（2）人性化。具有人性化特征的栏目设置主要体现在用户可以根据自己的习惯和兴趣，设置令自己满意的界面。

（3）有序性。在微信公众号和小程序上，无论是主栏目还是子栏目，都是按照一定的顺序进行排列的，而不是杂乱无章地呈现出来。如图 2-7 所示为“手机摄影构图大全”小程序的界面设置。

图 2-7　“手机摄影构图大全”小程序的界面设置

从图 2-7 中可以看出，该小程序整个界面设置得井然有序，用户浏览起来十分方便，一眼就能找到想要的东西。

2.2.4　用交流来激活用户

对于从事新媒体营销的企业和个人来说，最有价值的莫过于流量了。流量成为衡量新媒体营销价值的一项重要指标，这个指标并不单指注册用户人数或者会员用户人数，更多的是指活跃用户数量。

何为活跃用户数量？对于网络平台来说，就是指频繁使用平台的用户；就是经常会查看推送的信息并乐于互动的关注者。微信带有很强的社交属性，因此，可以比较轻松地在微信中与用户进行社交互动，并以此来激发活跃度，达成新媒体营销的目的。

与用户的社交互动的基础形式就是文字沟通，运营公众号时与用户进行文字沟通的技巧主要有以下几个。

1．后台消息自动回复

在微信公众号平台中，“自动回复”功能是一个非常好的营销功能，应该好好利用起来。通常，自动回复功能有被关注回复、收到消息回复和关键词回复三种。

2．后台关键词自动回复

对于任何一个想要做好微信公众号运营的企业和个人来说，设置好关键词回复都是必不可少的环节。关键词回复的作用是当用户输入关键词时，就会触发自动回复功能，让用户能够及时了解到新媒体营销信息。

通过自定义关键词回复接口，用户可以通过输入关键词查看最新的营销活动。

除此之外，很多用户通过自定义回复功能和微信公众号互动功能，提出了大量宝贵的意见，有的甚至可以在微信内生成微信贺卡，更有部分已经实现了微信导航。

3．后台回复消息宣传推广

其实，很多企业和个人都已经意识到后台消息回复也可以成为一种新媒体营销手段。比如，某些精明的企业做微信公众号，目的是在网络上进行营销，从而实现盈利。如果要想利用后台消息回复来做新媒体营销，那么后台消息回复的内容需要注意以下事项。

（1）不宜过长。后台回复的消息不宜太长，最好言简意赅，太长的话，用户可能会看不下去。不管新媒体人是要宣传产品，还是要做新媒体营销，首先都应该从用户角度出发去看待问题。

（2）不宜过短。后台回复消息也不能太短，因为要为产品做新媒体营销，太短了可能无法很好地向用户讲清楚产品的具体功能。

（3）富有新意。后台消息最好是要富有新意，不要一股脑地把产品信息都显示出来，并且要求用户必须关注自己的公众号，这样会让用户感到厌烦，无法达到新媒体营销的效果。

4．回复网友文章评论留言

文章有人看，自然也会有人评论留言，而且每个人思考问题的角度不一样，对于同一问题的看法和立场也不尽相同。就是要去回复这些有看法和立场的网友文章留言，也是与网友互动交流的过程。

虽然回复留言比不上彻夜长谈那样可以详细地交流，但是能够知道会去评论留言的用户对微信公众号和新媒体营销很感兴趣，并且有的时候他们还能提出一些有建设性的意见。

2.3　朋友圈营销

在移动互联网环境下，微信进入了企业和个人的视野，营销走进了朋友圈这一信任圈层，并不断地通过各种渠道拓展目标好友，引导用户的流量，完成新媒体营销目标。本节主要介绍如何利用朋友圈进行新媒体营销的技巧。

2.3.1　朋友圈的吸引力

微信已成为新媒体人和明星们的新媒体营销平台，朋友圈俨然成了新媒体营销的绝佳阵地。微信朋友圈营销的好处有以下几个方面。

1．成本低、利润高

网上创业成本很低，与实体门店相比，不需要租赁门店，不需要装修店铺，不需要大量进货，不需要支付租金，也不需要人力成本等。凭借这些条件，可以节省上万元甚至几十万元的创业起步资金。由于网上创业门槛低、风险小、投入的成本少、利润和收入高，所以新媒体营销很受创业者青睐。

2．获利快、新趋势

有时候，新媒体营销一个月的营业额是线下营销的 3～4 倍。在这个互联网时代，只要产品质量够好、性价比够高以及售后服务好，那么就很容易打造爆款。如图 2-8 所示为朋友圈做新媒体营销的案例。

图 2-8　朋友圈做新媒体营销的案例

总之，互联网创业靠的新媒体营销，其中又以产品评论为关键。如图 2-9 所示为某微店上架的养生枕，网友评论风向偏好，因而创造了好的口碑。

图 2-9　某微店上架的养生枕

3．不需要坐班，自由度高

新媒体营销并不需要全职，只是每天在朋友圈发发产品动态，管理订单即可。纯粹做新媒体营销的个人也不需要坐班，有事时与顾客沟通产品，做做宣传；没事时可以出去散散步，带带小孩，陪陪家人朋友，时间上自由度非常高，基本上是移动办公。

4．可以轻松创建微商团队

传统的购物方式是通过实体店与顾客一对一的交流，而新媒体营销可以通过朋友圈等渠道轻松实现一对多的交流，省时省力，效率极高。而且通过移动互联网平台，只要货源性价比高、利润大，很多闲在家里的宝妈们就会出来做代理，几万、几十万甚至几百万的人通过互联网帮助卖产品，这样出货量非常大，能够轻松地组织起庞大的创业团队，创建自己的品牌。此外，与实体公司相比，新媒体营销团队的管理相对更轻松、更高效、更省力。

2.3.2　地址信息

朋友圈有一个特别功能叫作“所在位置”，可以利用这个功能定位自己的地理位置。更特别的是，可以通过这个功能给新媒体营销带来更多的突破点，如果利用得当，甚至可以说是给朋友圈营销又免费开了一个广告位。

如图 2-10 所示为两条朋友圈动态。这两条朋友圈动态利用的就是“所在位置”这一功能。这两位将所在地址和广告信息结合起来，向朋友圈好友介绍自己正在经营的品牌或业务。

总而言之，一个真正成功的企业或个人，应该能够合理利用每一个细节来进行新媒体营销，比如“所在位置”这个小细节仅仅是利用微信中自定义位置的功能，就能够成功将产品或品牌营销出去。

图 2-10　利用朋友圈“所在位置”功能进行新媒体营销

2.3.3　九宫格照片

在朋友圈文案的编写中，除了需要图文并茂以外，还要注意的是，张贴图片同样需要一些技巧。一般来说，配图最好是一张、两张、三张、四张、六张和九张这几个数字。

通常九张的照片在朋友圈中会显得比较规整一些，版式也会更好看，说服力更强，可参考的依据更多。

2.3.4　自我评论

在发朋友圈进行新媒体营销时，如果广告文本超过 140 字，那么文字可能会被折叠起来。如果用户不进入原文里仔细阅读，那么新媒体营销就是白忙一场。因此应该想办法让所写的内容能够完整显示出来。

可以将文本的重要信息单独节选出来，直接放在评论里，这样动态下方的评论是不会被隐藏起来的。还有一些企业和个人嫌提炼重点太麻烦，会直接将文本复制至评论区。评论区显示营销信息的效果如图 2-11 所示。

在图 2-11 的两张图中，都发了一条关于产品业务类的朋友圈动态。如果中间字数太多，营销信息显示不完整，用户不展开全文来阅读的话，就难以读到关键的营销信息。新媒体人将一开始写好的文本复制在评论区中，这样用户就能完整阅读。

▶ 专家指点

除了原本的文本信息，如果在营销信息之后还有需要补充的内容，也可以直接写在评论处。这样，点赞或评论过那条朋友圈动态的人都能看到补充的内容。

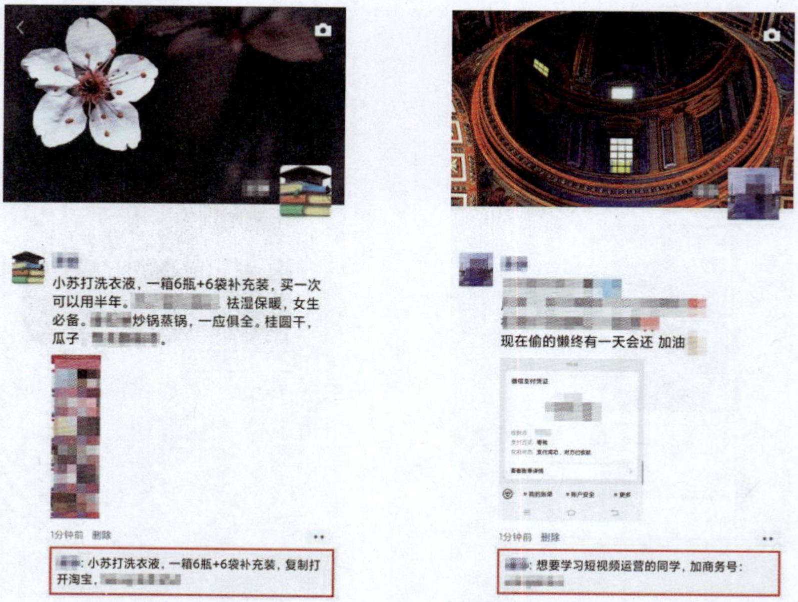

图 2-11　评论处复制营销信息效果图

2.3.5　巧妙晒单

在公众号、朋友圈、微信群或者微博中进行新媒体营销时，除了发布相关的产品营销软文以外，还需要配上产品的图片和基本信息。为了让顾客信任，也可以晒一些成功的交易单或者好的评论，但在晒单过程中需要注意适度和真实。

1．产品营销广告要适度

晒单次数必须要适度，因为不管在哪个营销平台中，刷屏是用户十分抗拒的，所以万万不能犯了这一营销大忌。对于企业和个人来说，适度晒单其实是非常有必要的，任谁看到这么高的成交量，都会对商品本身产生心动和行动。

2．产品的信息真实可靠

必须以诚信为本，在单据上显示真实信息，并展现给好友们看，否则会让好友觉得不真实，从而产生排斥的情绪。

从新媒体营销角度来说，适度地晒一些交易单和发货流程之类的营销信息，可以刺激消费，增强买家对企业和个人的信任感；还可以吸引其他用户的好奇心，对产品产生兴趣。

关于晒单还有一个小妙招：在一张照片中，可以放上几个快递单，并且将它们叠加起来再拍照。此时，应该尽量将照片凑成九张，并且强调这是一天或是两天里发出的产品快递。这样就会让用户觉得，这家店的产品是真的特别受欢迎，自己也想尝试购买。

> **▶ 专家指点**
>
> 切忌犯频繁刷屏的错误，坊间有句老话叫“微商朋友少”，就是指的这种频繁刷屏的做法，会让消费者很反感，从而减少了用户流量。平时无论是晒单，还是晒好评，都需要节制。新媒体营销广告不要太“硬”，现在的大部分消费者接受不了突如其来的硬性广告。

2.3.6　晒好评

在进行新媒体营销中，除了需要发表产品的文字与图片以外，为了让顾客更充分地信任自己的产品，还需要把好评拿出来“晒一晒”。晒好评的渠道主要体现在以下两点。

（1）通过朋友圈上传好评照片，晒好评信息。

（2）在各大电商平台上晒好评信息。

1．在朋友圈中晒好评信息

微信已成为国内较大的社交软件，消费者会通过微信向企业和个人咨询产品信息，有时会通过微信下单和支付。有些消费者也会在微信中对产品进行表扬，可以将这些信息进行截屏，然后将评价晒到各大网络社交平台。

2．在电商平台中晒好评信息

在微店、淘宝、当当和美团等电商平台上，买家的评价十分重要。如果将晒好评比喻成“晒谷子”，那么微信的“晒”是掌握在自己手里的，而电商平台就是大家一起晒。电商平台好评对比朋友圈好评，前者影响力大过后者。但缺点是互联网时代的公开透明性，一旦出现差评，一般情况下难以清除，从而带来巨大的负面影响。打造良好的评论环境的方法主要有以下几个。

（1）在线上的电商平台中，努力打造零差评的评论区。

（2）对于不满意的客户，要给予安抚和售后服务。

（3）对于极端客户，想办法不让他在线上支付。

（4）多策划“给好评”优惠福利方案，如好评返现等。

可以将这些电商平台中的好评信息的图片截取存下来，然后通过图文结合的形式发到朋友圈中。此外，还可以在产品详情介绍中附上这些好评信息，让买家更加放心。

2.4　小程序营销

小程序是一个轻量级的新媒体营销入口，可与微信公众号进行联合营销，从而形成一个营销闭环。接下来对小程序营销技巧进行盘点，帮助新媒体人更好地达成新媒体营销目的。

2.4.1　打通关联

微信公众号对小程序来说，其新媒体营销意义可谓重大，不仅能在微信公众号的菜单栏和文章内容中直接嵌入小程序入口，还能让微信公众号关联的小程序出现在其信息介绍下方。

以某两个公众号界面为例，公众号主页上赫然列出了相关小程序入口，如图 2-12 所示。如果用户点击该界面中的小程序图标，便可以直接进入小程序。

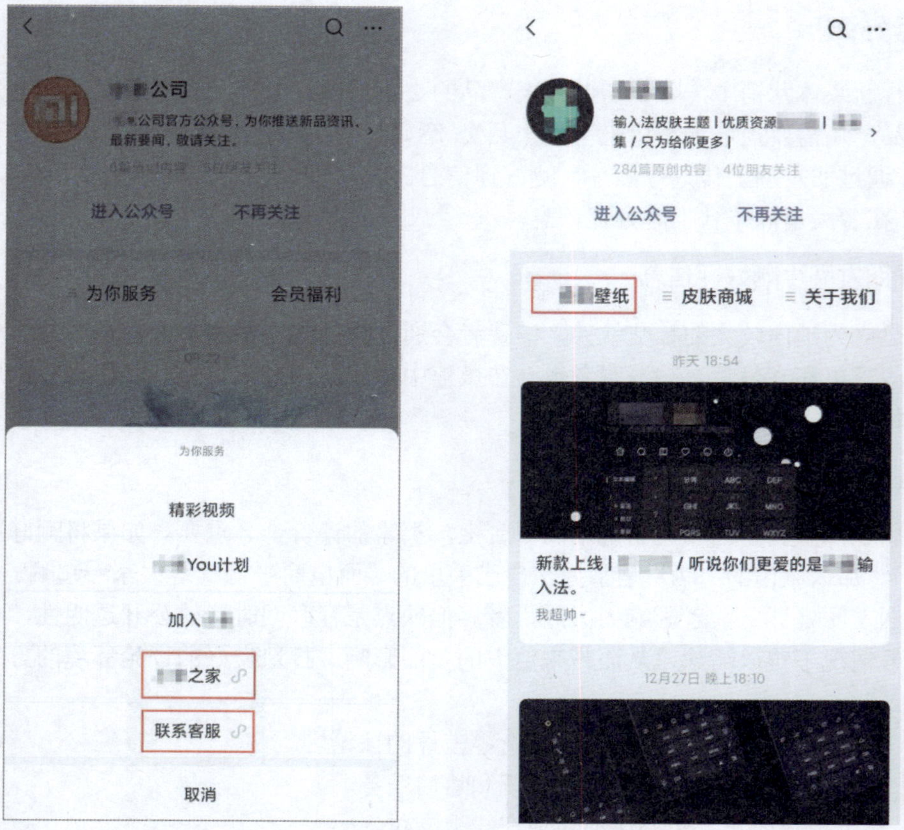

图 2-12 与公众号关联的小程序

由此不难看出，通过信息介绍界面，可以直接打通公众号和与之关联的小程序，从而形成营销互补，促使公众号和小程序的流量一同增长。因此，无论是为了公众号，还是为了小程序，将小程序与公众号关联都是很有必要的。

2.4.2 借助推广

小程序应用市场不仅具有一定的流量，更为小程序的新媒体营销提供了诸多便利。应用市场不仅对小程序进行了测评和推荐，还可以通过二维码的放置为小程序提供流量入口。比如，某小程序商店界面设置了“每日精选”和“最新”等多个版块，如图 2-13 所示。

另外，许多人都将应用市场作为获得更多小程序的重要途径。正是因为如此，小程序应用市场成了小程序重要的营销入口。

如果小程序能够进入应用市场的相关版块中，并且排在前列，那么用户进入该应用市场之后便可以看到小程序。这样一来，小程序的曝光率就可以大大增加，而小程序的营销能力也将获得提高。

图 2-13　“小程序商店”界面

2.4.3　O2O 模式

线上到线下（Online To Offline，O2O）模式就是将线下商业运作与互联网相结合，而互联网成了线下商务交易的营销平台。O2O 模式是未来商务发展的主流趋势之一，与小程序的结合能够带来更多的商业机会。

在 O2O 模式的嵌入中，从内容上完全切合的主要是上门服务类的小程序。用户通过小程序查看信息并进行预约等行为，再由相关人员上门服务。如图 2-14 所示为部分小程序推出的上门服务功能界面。

图 2-14　部分小程序推出的上门服务功能界面

除了小程序本身提供的上门服务类型功能之外，还可以在小程序中提供O2O相关的服务，如与汽车维修相关的上门取车服务就是典型的O2O模式。

2.4.4 自我定位

小程序的特点在于营销内容需要围绕当前的业务进行调整，而内容又由选择的领域决定。因此，在设计一款小程序时，首先要做的就是根据业务选择合适的领域，运营主体擅长什么领域就做什么领域的新媒体营销。

所谓擅长什么领域就做什么领域的新媒体营销，实际上就是在自我定位的基础上，在适合自身情况的领域开展相关的新媒体营销业务。对于这一点，可以从以下两方面进行考虑。

1. 业务复制

在开发小程序平台之前，可能已经在某些领域做出了一定的成绩。对于这部分在开发小程序时，只需在设计中将这些老本行作为主要内容进行呈现即可。比如“爱奇艺”“腾讯视频”等，在开发小程序之前便是国内排在前列的视频平台，而当其在小程序中从事提供视频内容为主要业务时，很快便获得了大量用户。

2. 业务延伸

有时候仅仅是在原有营销业务上进行复制可能还不够。对此，可以在原有营销业务上进行延伸，根据目标用户的需求和自身实际情况，拓展新媒体营销范围。

在这一点上“喜马拉雅”便做得很好。作为国内知名的音频平台，在开发小程序之前，“喜马拉雅”的主要盈利模式为对精品内容收费。而后，“喜马拉雅”顺势推出了小程序。这样一来，“喜马拉雅”的营销范围无疑得到了拓展。如图 2-15 所示为“喜马拉雅”小程序相关界面。

图 2-15 “喜马拉雅”小程序相关界面

本章小结

本章以微信平台为例，主要介绍了新媒体营销的推广方法，例如微信号营销、公众号营销、朋友圈营销和小程序营销等。通过本章的学习，可以帮助读者在了解用户需求的基础上，根据微信公众号平台后台提供的数据信息与菜单数据，找到更加精准的新媒体营销方向。

本章习题

1．新媒体人给用户设置标签分组有什么好处？
2．在后台回复消息内容时需要注意哪些问题？

第 3 章　新媒体社群营销

本章导读

新媒体社群营销已成为各企业和个人进行新媒体营销的重要手段。本章主要介绍社群营销的基础知识和商业趋势、社群成员间的联系、社群营销成功的关键点，以及社群营销的基本构成及营销步骤等相关内容，帮助读者构建一个高黏性的粉丝圈。

本章重点

- 社群营销的趋势
- 提高群员互动性
- 社群营销关键点
- 社群营销的构成

3.1 社群营销的趋势

现如今，社群营销已然成为一种极为火爆的营销方法，它的核心就是与用户建立起“朋友”之情，不是为了营销而去打广告，而是以朋友的方式去建立感情。

3.1.1 社群营销概念

社群营销指的是企业和个人为满足消费者需求，利用微博、微信群聊和社区等渠道，推销自己的产品或服务而产生的一种商业形态，如图 3-1 所示。它的主要特点是社群成员都基于相同或相似的兴趣爱好。随着互联网的崛起，社群营销已成为各企业和个人的营销手段。

图 3-1 社群营销商业形态

3.1.2 社群营销基础

对于社群来说，粉丝是一种情感纽带，粉丝的消费行为是在对品牌拥有感情的基础上产生的。其中，最为典型的就是某品牌手机的粉丝，只要到该手机品牌推出新产品时，市场几乎都出现了疯抢现象，甚至有些粉丝在专卖店外苦等，只为抢到自己心仪品牌的产品，这就是粉丝效应。同理，社群也是基于粉丝才能运营起来的。

在营销的过程中，将消费者变成粉丝，或者将粉丝变成消费者，都是扩大品牌影响力的重要方式。就上述所言的手机品牌来说，该手机品牌创始人的粉丝也是该品牌手机的粉丝来源。因此，一种抛去按照产品去定义用户新的商业规则，也是社群时代必须要掌握的规则之一。在掌握了这种规则之后，才能够更好地制订营销计划。

在社群营销里，粉丝是社群的基础。因此，企业或个人拥有大量的粉丝是展开社群营销的前提。对粉丝进行社群营销的过程中，粉丝也会慢慢地发生转变，甚至成为产品的“生产者”。

3.1.3 社群营销新时代

在工业时代，一般以制造产品为主，在整个商业模式中，企业和个人是核心力量。但是，在现如今的互联网时代，消费者也可以参与到产品“制造”中来，企业听取消费者的一些意见，制造出更符合消费者需求的产品。可以说，如今已经进入了一个“用户创造等于企业制造”的时代。

在这个社群时代，一般会让用户来提出对产品的需求，并结合用户的这些需求来打造全新的产品。除此之外，还会邀请用户参与解决消费需求的工作中，并为消费者设立“吐槽社群”和“创新社群”。通过这两个区域的言论，可以从中吸收精华，并且将其放到产品的制造中，因此制造出更符合消费者需求的产品。

例如，某汽车品牌利用互联网打造过一个全新的互动社区，用户可以在这个平台上通过自己的灵感对汽车进行设计，参与竞赛活动、进行投票评选、实现知识的分享以及互动交流。

该汽车品牌以社群的方式，提供人与人之间、消费者与产品之间的交流平台，以汽车为出发点，聚集人群进行沟通，给予一个更为生动、直接的创新渠道。

3.1.4 社群营销模式

如今，互联网已经深入人们的生活，而不少企业和个人看中了互联网这块大“肥肉”，纷纷都向互联网进军，从而出现了很多类似的产品，于是消费者需要精挑细选，才会决定购买产品。

对于消费者来说，他们往往都会选择那些口碑好、能触发他们情感的产品。因此就要抓住消费者的消费习惯，触发消费者的情景需要，使他们购买产品。

简单来说，情景营销指的是抓住了消费者在日常生活中的某个“相似的瞬间”来做推广，这样更容易使消费者接受相同的宣传，而不会受到年龄、性别和收入等因素的影响。

当社群营销与情景相融时，已经没有了“广告”的存在，而是让社群成员直接感受到产品的存在是为了解决他们的需求；社群里推送的消息是为了便利他们的生活。

在“社群营销＋情景”的融合下，可以推出精选的、有创意的、能触发消费者情感的产品。其中，“社群营销＋情景”的本质是为解决用户场景需求而生，触发社群成员的情感，回归到商业本质。

社群营销触发社群成员的情景需求，能实现物品与人之间的快速连接，从而促使整个购买行为的形成。也可以这么认为：“一个情景就是一个产品，一个产品就是一个社群。”

在情景时代，运营产品就是运营社群；而在社群时代，情景就是触发社群成员情感的阀门，不管重点运用哪种营销方式，社群与情景都是不可分割的一体。将社群和情景糅合在一起，能触发社群用户的情感，得到精准性。“情景+社群”模式的运营，必须要抓住以下三点。

（1）媒体性。在新媒体平台发布具有优质内容的信息，提升用户黏性，并利用创新的内容和独特的调性来打造全新的社群情景。

（2）社交性。社群以群体和层次进行划分，进一步明确双方的关联，以此来构建一个社群生态，这样才能构建一个适合社群成员的情景模式。

（3）产品性。情景即产品，此产品是指让社群落地的实物或移动互联网产品。这样的产品，是社群的媒体性和社交性的体现。其中，情景产品可包括实物产品、移动 APP、微信公众号，以及实物产品上贴二维码等。而线下场所创新空间就更大，面对一个社群群体，可以通过更多方式，联合跨界落地。

总之，现实生活已经被细分为各种情景，情景的兴起是社群营销的趋势之一。各种垂直生活类 APP 的大量出现也是这一趋势的体现。情景即产品，产品即社群，这无疑证实了“社群＋情景”等触发的营销趋势。

3.1.5　实时响应服务

社群是以“人”为中心的一种营销方式，人与人之间点点相通，成为随处可在的信息节点。企业或个人不是失去了信息不对称时代的优势地位，失去了话语权，而是融合在“人”里面，以朋友或社群成员的身份与用户一起交流学习。

很多企业打破了企业与“人”的边界，以及时响应客户服务，来实时响应社群成员所表达出来的需求，与社群成员产生互动。

选择在微信上建立社群，运用微信公众号上的客户服务，及时回应社群人员所需要解决的问题。目前很多行业都开设了微信公众号，开通线上服务。只要将信息与微信客户端捆绑，就可以让消费者直接查询业务进度或相关数据信息。

以某银行为例，该银行利用微信公众号为用户服务，用户只要将信用卡、一卡通与银行的微信客户端捆绑，就能通过信用卡“微客服”完成余额查询、账单查询、贷款或办卡等业务。在这个平台上，用户可以随时满足自己的需求，打破了地区限制和时间限制，如图 3-2 所示。

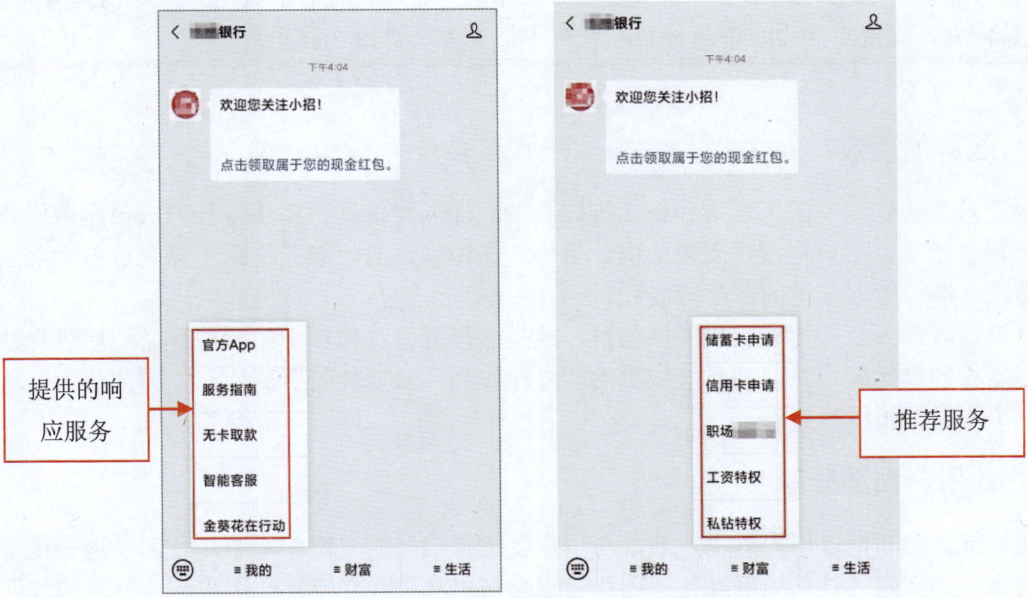

图 3-2　某银行社群实时响应服务

实时响应服务是给社群成员一种情景上的体验，若响应速度快、内容质量高，则企业或个人能在人们心中有一个好的印象。好的服务态度能决定用户是否继续使用其产品，所以社群营销绝对不能落下实时响应服务。

3.2 提高群员互动性

在互联网迅速发展下，现已进入了社群经济时代，每一个社群的成员之间或有共同的爱好，或有共同的目标。总之，每个社群成员之间的关系都是由某个点来维系的。本节主要介绍的是社群营销的方法和技巧。

3.2.1 培养铁杆粉丝

可以通过制订详细的粉丝计划来培养铁杆粉丝，树立相同的观念，实现社群营销目的。在培养铁杆粉丝的过程中，可以从以下三个方面出发，一步一步地进行铁杆粉丝的培养计划。

（1）聆听用户的心声、与用户互动、耐心与用户对话。只有这样，粉丝才有被尊重的感觉。例如，荷兰某航空公司跟踪在机场签到的粉丝乘客，在登机时给他们送上一份个性化的礼物，从而彰显该航空公司一直关心乘客，让乘客有好的体验的服务理念。

（2）从粉丝需求出发，通过奖励来提升粉丝的活跃度。应该分析粉丝的需求，制定好奖励计划，送上用户需求的礼品，这样能大大地提升粉丝的体验，进一步巩固粉丝留存率。

（3）与粉丝进行线下活动。在进行社群运营时，可以发布一些活动，为粉丝提供参与的机会、有趣好玩的经历以及优质的用户体验，使其获得更强烈的粉丝认同感。

> ▶ 专家指点
>
> “培养铁杆粉丝”的三个方面都是以粉丝体验为目的，让粉丝拥有一个好的体验才能触动其内心，促使粉丝心甘情愿地留在社群中，成为社群的一分子。

3.2.2 混群创高效

用户只能通过群中的人邀请和扫二维码的方式加入微信群。如果是社群成员邀请用户，那么不需要验证，用户直接进入微信群。另外，在微信群的“聊天信息”界面点击“群二维码”选项，即可查看该群的二维码名片。

可以通过加入一些比较火爆的微信群，或是兴趣爱好比较集中的微信群，然后进行社群营销。这样的群比较成熟，并且群成员的质量比较高，只要能吸引到他们中的部分人，就会产生一个不错的传播效应。

3.2.3 让用户创造分享

在社群营销初期以用户为主，通常与用户会进行信息的交流和沟通，是为了进一步了解用户信息，为新媒体营销做好准备。因此，学会与用户进行交流是让用户创造分享的首要步骤，继而打造信息体系，进行社交营销和客户服务，实现个体信息交互。用户信息交互过程是根据用户群体和行业特征来制定的，可以分为以下三个阶段，如图 3-3 所示。

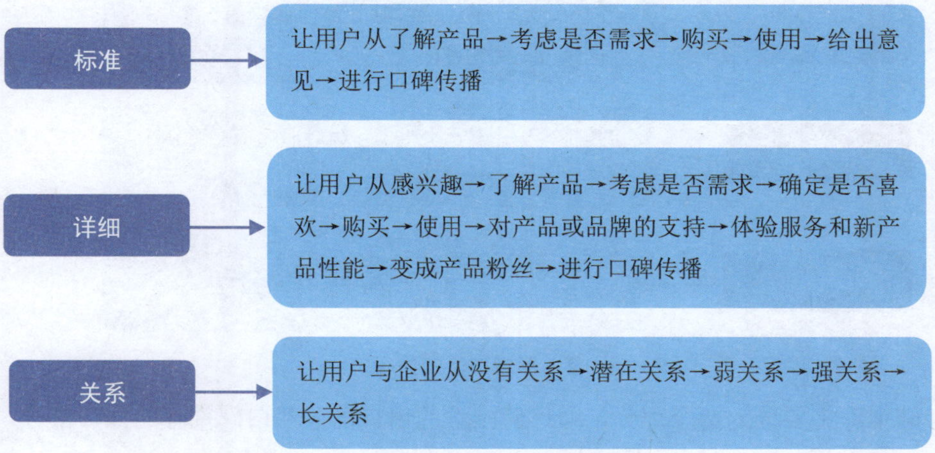

图 3-3　用户交互流程

在互联网大环境中，用户希望无论何时何地、有何需求，都可以直接接触企业或个人。企业或个人应该在社群营销时建立实时回复体系，方能满足用户需求。此时，用户的参与度带有指向性作用。因此，用户主导的四种体验则构成了完整的信息体系，如图 3-4 所示。

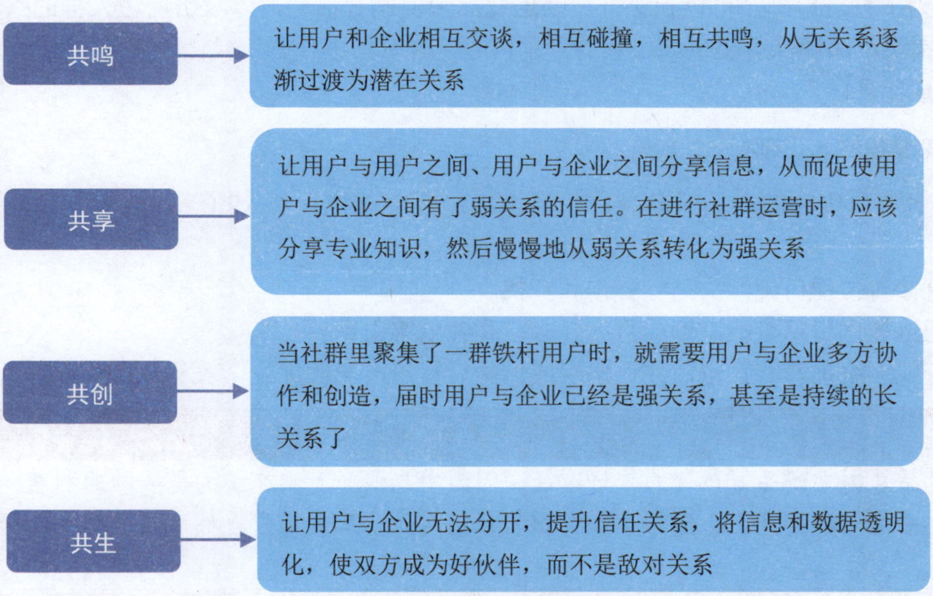

图 3-4　用户主导的四种体验

3.2.4　粉丝口碑推荐

在进行社群营销时，想要顺利实现用户制造，就需要使用一些小窍门，比如用户之间的口碑推荐等，为品牌树立良好形象。打造口碑是需要粉丝参与的，具体来说，是在粉丝认可产品或品牌的基础上，心甘情愿将产品推荐给身边的人，从而形成口碑效应。形成口碑的途径主要有三条，如图 3-5 所示。

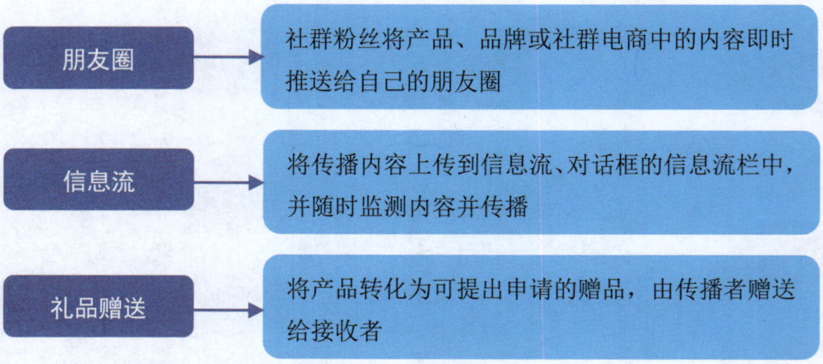

图 3-5　形成口碑的途径

粉丝口碑推荐主要分为两个部分，即口碑推荐的出口部分和口碑推荐的入口部分。具体分析如下。

1．口碑推荐的出口部分

可以把粉丝当成传播者，让粉丝分享产品的具体使用体验，点评产品或相关服务，为所提供产品给出体验建议。

此外，为了打造口碑，可以积极开展赠送礼品和促销等活动，以吸引周边人群的兴趣。同时，可以围绕产品和品牌提供高质量的营销内容，对产品进行更新换代，赢得粉丝的喜爱，以便最终形成闭环。

2．口碑推荐的入口部分

用户在对有口皆碑的产品或品牌产生兴趣后，会主动搜索其入口，其搜索方式有以下三种。

（1）直接对传播口碑源头进行咨询和查找。

（2）通过搜索引擎查找，例如百度、必应和谷歌等引擎。

（3）查找网络推荐和评论，并在购买或体验后写出自己的评论。

> ▶ 专家指点
>
> 赠送礼品是树立产品好口碑的较好途径，因为用户很多时候在乎的是实际的利益，如果在社群之中推出赠送礼品、优惠券和折扣等营销活动，那么用户自然而然就会主动帮忙宣传。

3.2.5　管理微信群技巧

微信群如今已成为消费者搜索产品或品牌，进行互动交流的重要场所。值得注意的是，微信群组可以实现一对多的沟通，提供接近消费者的新媒体营销平台。初始微信群的人数上限是 40 人，后扩展到 500 人。社群营销主要有以下四种方式。

1．内容营销

针对群的定位每天发布固定内容 1 条～5 条，以微信打折购物群为例，每天发布 3 条，内容以特价商品为主。

2．活动营销

用户可以在群里与有共同兴趣爱好或话题的人畅聊，每天可找热点话题讨论；可定期开展讲笑话、猜谜语、智力问答等小游戏；可配合官方活动同步开展微信活动。

3．会员营销

应该积极与群内活跃成员沟通，与用户一起发布内容，带动其他会员参与；可以设立类似群主的职位，帮忙维持社群秩序。如图 3-6 所示为某社群截图，在该社群中，使用的是会员营销手段，并将会员称之为“合伙人”。

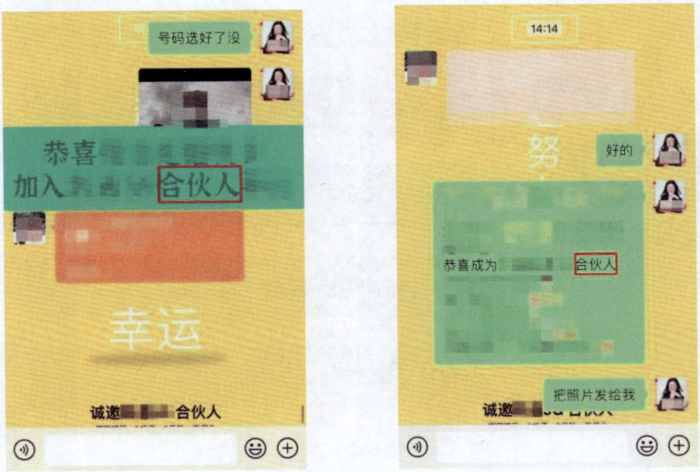

图 3-6　某社群截图

4．微信群矩阵

建立多个微信群和公众号，互相推广，扩大粉丝营销，努力让社群成员主动变成推广专员。如图 3-7 所示为某学习外语的公众号矩阵。

图 3-7　某学习外语的公众号矩阵

3.2.6 设置群公告

在微信群组聊天中，可能会有重大的消息或是广告宣布，然而有时可能被其他客户的聊天记录淹没。为了避免这种尴尬的场面，则需要另辟蹊径，在群组中找一个很好的宣传位置来放置重要的营销内容。在这个时候，群公告就起到了重要的作用。

当在设置群公告时，系统会自动将此条信息示意给所有用户并发送至群内，并且会保留在群公告中。当群成员查看群里的信息，或是有新客户申请加入群中时，就会看见群公告。微信群公告的内容如图 3-8 所示。

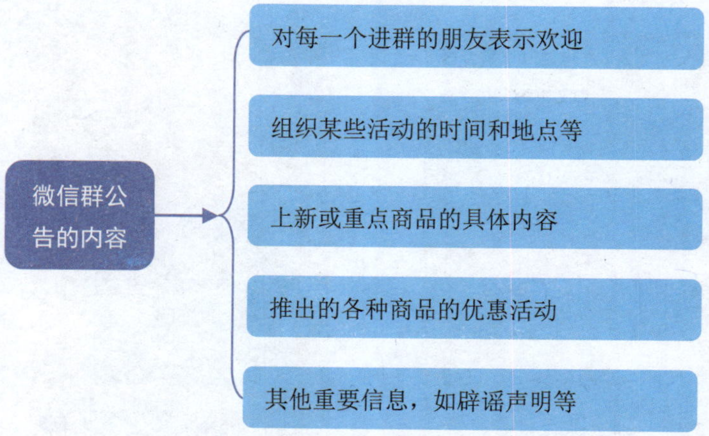

图 3-8 微信群公告的内容

3.2.7 派发社群红包

“发红包”对于人们来说是一种喜庆的事情，比如逢年过节长辈会给小辈发红包；或者老板发红包给员工表示鼓励；抑或是结婚时发红包讨个好彩头等。随着社会的演变和时代的发展，发红包开始出现在互联网上，发红包的内容也越来越丰富。

“发红包”已变成“抢红包”，而微信群也成了“抢红包”的好场所。也正是因为微信的便捷性，更多的社群成员希望参加进来，从而能在社群中享受“抢红包”的乐趣。如今，红包已成为吸引用户和进行新媒体营销的普遍手段。

在社群中“发红包”，金额可以不大，但要能引起用户“抢红包”的兴趣，加强他们之间的交流和互动。如图 3-9 所示为微信群的“抢红包”和“拆红包”示例。

当然，如果想要在社群营销中更充分地利用“抢红包”手段，还需要注意以下几个方面。

（1）让用户尽可能成功地抢到红包。

（2）发红包要一气呵成，不要让用户左等右等，最后丧失耐心。

（3）发红包要有金额限制，以免损失利润。

此外，还可以通过社交关系把红包的价值传递出去，影响到更多人，使用户知晓企业的品牌。

图 3-9　微信群的“抢红包”和“拆红包”示例

3.2.8　塑造社群品牌

在进行社群营销时，需要注意以下五个方面。

（1）有自己的独特观点。

（2）把产品信息介绍详尽。

（3）要学会互动。

（4）要学会分享干货。

（5）要传递正能量，树立好口碑。

例如，可以通过微信朋友圈公布一些技巧，或者配上带有文艺气息的文案，就能有效吸引用户的注意力，从而增加用户黏性，打响品牌。

3.3　社群营销关键点

“计划永远赶不上变化”，这个世界不确定因素太多了，使得没有准备面对各种挑战的企业和个人不知如何是好。那么，对于已建立社群的企业和个人来说，到底怎样才能打破不确定因素，成功进行社群营销呢？具体要抓住以下几个关键点。

（1）产品或体验要做到极致，用心做好内容传播。

（2）粉丝经济不等于社群经济。

（3）社群的重点价值在于营销。

对于诸多企业和个人而言，粉丝经济就与社群经济画上了等号，而事实上并不是这样，需要了解“社群经济”的实质和关键点。

只有掌握了以上三大关键点，才能很好地打破粉丝经济等于社群经济的说法，挣脱粉丝经济的束缚，走上社群经济的大道。

3.3.1 社群营销组合

对于不少企业和个人来说，只有懂得社交、懂得传播，才能掌握商业先机。企业进行新媒体营销，光是抢占先机还不够。如果没有将产品体验做到极致，那么新媒体营销只是互联网里的一次容易被淡忘的炒作而已。

例如，某饮料品牌若不是将咖啡做得极致，也不会产生那么庞大的粉丝经济效应；某名车品牌若不是将服务做到极致，也不可能有二十万级别社群的影响力。

由此可知，将产品或体验做到极致，在社群营销中是非常重要的。因此，应该以社群思维为核心，为自己的社群成员打造出极致的体验。

当然，单单将产品或体验做到极致是不够的，还得学会传播和推广。某些企业误认为社群营销不需要传播，认为传播容易使社群成员产生反感心理，这种看法是对社群营销的误解。

仔细思考，若不去传播，那么社群成员怎么能知道产品的好处，全面了解自己的产品呢？又怎能将新产品展现在社群成员面前呢？因此，传播一定要有，可以将相关信息嵌入营销活动中，让社群成员迅速了解某些营销信息。

由此可以说明，在社群营销中，“产品或体验极致＋传播内容的用心”是一对重要的组合，虽然不是决定社群营销成功的关键，却是需要掌握的一个营销手段。

3.3.2 粉丝经济与社群经济

一些企业容易混淆粉丝经济与社群经济这两个概念，容易将粉丝经济和社群经济直接挂钩，其实这样是不准确的。任何企业和个人都会有自己的粉丝，但如果仅仅停留在粉丝这个层面，那么无非就是把忠实用户的称呼换一种说法而已。

对于企业和个人来说，只有经营粉丝经济一说，没有依靠粉丝经济的这个概念。社群经济就是将不同类别的人群聚集在一起，这些人群有一个共同的核心，就是对产品或服务的忠诚度比较高。只有完成“从客户到朋友”这个步骤，才能打造一个有价值的社群，具体分析如下。

第一阶段：吸引用户。

第二阶段：把用户变成粉丝。

第三阶段：把粉丝变成朋友。

在互联网冲击下，许多没有组织的人在网上游荡，需要将这些人群中特定的人聚集起来，并经过一段时间的选择，寻找忠诚的社群成员和朋友。

3.3.3 社群的价值重点

社群价值重点在于营销，主要体现在以下三个方面。

1. 从“小”出发

某些社群营销能成功，是因为他们从“小”出发，将进群标准降低，将态度和主张体现出来，从而产生小众的人格魅力，使得用户因为认同的魅力而聚集在一起。

2．连接成员

随时随地连接社群人群，是社群运营必须要做的。只有这样，才能与社群成员建立起不可磨灭的感情。如果不看中这个感情，那么其社群就难以成功，只会沦为一个聚集人群的载体而已。要学会及时与社群成员联络感情，与他们打成一片，彼此成为好朋友。

3．培养凝聚力

在刚进行社群营销时，社群成员有可能是一盘散沙。他们需要在企业和个人的带领下，才能长久地聚集在一起，不然很容易出现大量社群成员流失的现象。而且，没流失的用户之间也难有凝聚力，若某个社群连凝聚力都没有，那么该社群也就难以长久地运营下去。

在建立社群初期，需要提出某个“点”，使得社群成员因为这个“点”而聚集起来。此外，还可以与聚集起来的社群成员进行一对一、一对多的交流，走进社群成员的生活中，与他们一起交流探讨，甚至谈天说地，这样才能让社群营销初见成效。

还需要注意的是，要学会挑选，不能只将注意力放在人群数量上，而是需要放置在人群质量上，学会在社群里“取其精华，去其糟粕”，挑选出质量高的社群成员，这样才能使社群氛围越来越好。

3.4　社群营销的构成

想要掌握社群营销，首要任务就是熟悉社群营销的六个要点和三个要素，以及营销步骤。

3.4.1　社群营销要点

在进行社群营销时，都会抱怨社群营销根本就没有效果，或者是与之前自己预想的效果出入太大，于是就开始质疑社群营销能否在互联网上得到不错的收益。

事实上，根本没有深入了解社群营销的特性，没有制定合理的营销规划，没有掌握社群营销的要点，才会导致社群营销以惨淡收场。

1．做到长久运营

在做社群营销时大多会步入“急功近利”的误区，想要“一口吃成一个胖子”，不想花费时间循序渐进。尽管社群营销在快速获利的方面有优势，但不意味着社群营销会因为一次活动就能得到显著的成效。

需要坚持进行社群营销，多推出营销活动，多与社群成员互动，这样才能培养出忠实用户。在决定进行社群营销之前，就应该做好长期战略准备，而不是采用哗众取宠的炒作手段，这样才能使社群营销发挥真正的作用。

> **▶ 专家指点**
>
> 在运营社群营销时，需要坚持不懈，不能只将社群看作一个单纯的营销平台，需要将社群看成一个自己的“朋友圈”，与社群成员随时随地进行交流。

2．将特性相结合

有些企业在做社群营销时能取得立竿见影的成效，而有些企业在做社群营销时久久不见收获；还有了解企业产品的人多，真正购买产品的人却少之又少。造成这种问题的原因，可能在于产品特性和营销活动的有效性。

例如，某些消费产品（牙膏、牙刷、毛巾等）价格不高，消费者没有太强的品牌忠实度，随机购买的可能性相当高，甚至还会受到社群气氛的影响。一些家电类产品（电视、空调、冰箱等），价格比较高，社群成员的品牌意识比较大，他们在选择时会比较谨慎，甚至会货比三家。而价格更高的汽车、黄金和珠宝等产品，几乎不可能在社群里直接销售，更多的是采用吸引社群成员的手段。

有的企业在做社群营销时，需要将产品特性和营销活动进行搭配组合，不能单看一方面。只有将二者相结合，才能让社群成员在活动中自然地了解产品特点。如此一来，不管产品销量是否好，社群营销都是有效果的。

有的企业在做社群营销时，能很快地取得效果的原因之一，就是消费者对他们的产品或品牌很熟悉，省去了大批消费者认可产品或品牌的时间。一旦消费者对产品或品牌有了一定了解，那么他们就不会一味地质疑产品和活动的真实性，其营销效果就会比较显著。而一些知名度比较低，在社群营销初期阶段可能难以一帆风顺，因为消费者没有足够的了解度和信赖感，很难产生购买欲望，因此，在进行社群营销时相对吃力一些。

当然，这并不是意味着这部分企业就不适合社群营销，相反，这些企业在建立社群营销的过程中，更能接近消费者，能更快速地拉近与消费者的距离。之后，就能积累名气，树立品牌。

总之，一定要将产品特性了解清楚，这样才能将它们在社群营销活动中体现出来，才能使社群成员了解相关的产品信息。

> ▶ 专家指点
>
> 想要将社群营销进行下去，要做到以下几点。
>
> （1）了解产品特性。
>
> （2）将产品特性融入社群营销活动中。
>
> （3）给消费者认识的过程。
>
> （4）需要一点一滴地积累知名度。
>
> （5）需要多与用户交流，带动用户积极性。
>
> （6）需要定期举办活动，保持社群黏性。
>
> （7）需要培养社群成员的信赖感，不夸大宣传，实事求是。

3．进行战略规划

社群营销需要建立一个完整的系统，这个系统至少要经历三个阶段才能逐渐成熟，具体分析如下。

第一阶段：前期市场调查、产品选择。

第二阶段：中期方案策划、活动开展。

第三阶段：后期跟踪反馈、修正改善。

千万不要随波逐流，不能没有规划就进行社群营销。在进行社区营销之前，需要推广预热来增加社群的热度。比如在某个社交平台上，与某些目标人群建立情感联系，这样就能为社群营销带来好趋势。

不要将社群看成一种普通的营销工具，而是将它看成一种社交专业化的营销渠道。只要产品适合社群营销，那么在做战略规划时，就可以认真地做好整体性规划，从策划到实施过程中，尽量提高社群成员的参与度。

在关注销售额和销售量的同时，还要关注社群成员的交流，从社群成员的交流之中，获取产品的改善意见。此外，还可以培养社群成员对品牌的认知度和认可度。这样做社群营销，才有可能盈利。

4. 清楚营销目标

在社群营销开展之前，还需要想清楚建立社群的目的。一般来说，进行社群营销具有以下三个目的。

（1）直接提升销售额。

（2）宣传推广产品。

（3）提高品牌知名度。

当然这些目的都可以兼顾，可是需要将兼顾的目的分出主次，只有明确了目的性，才能制定有针对性的活动方案，让活动不偏离之前所定的规划，让活动执行变得有效，使社群营销的效果最大化。

社群营销的目的并不是空想的，而是根据产品特性和战略规划来进行选定的。只有明确目的后，才能集中资源进行相应的活动，避免花费无谓的时间和资源上的浪费。

5. 调动社群气氛

开展社群营销时，一定要维护好社群里的气氛，千万不能让社群变成一个“死群”，最好能让社群成员主动聊天。如果群员能主动调动社群气氛，这样会省事不少。

那么问题来了，该如何让成员主动调动社群气氛呢？其实很简单，通过展开一些活动，让社群成员有一个共同的话题即可。

总之，需要通过制造社群气氛，对社群成员适当地进行引导，使社群气氛持续地游走在整个社群中，避免出现忽冷忽热的情况。这样才能使社群成员的质量得到有效地提高，同时也会使社群成员的忠实度越来越强。

6. 挑选恰当时间

任何营销模式都有一个时间限定，虽然社群是一种去中心化、自由交涉的载体，但是还是要找好时机，将营销嵌入社群成员的交流中去，这样才不会让社群营销显得突兀。此外，社群营销还需要考虑社群成员的作息时间和生活习惯，选择最恰当的时间开展活动或发起聊天。

总之，在社群中最好选择一个不错的时间段发布产品信息。当然上面所提到的时间只是一个大概的状况，不同产品需要选择不同的时间，这样才能取得不错的成效。但是无论做何选择，都不要打扰社群人员的日常生活。

3.4.2 社群营销要素

在社交媒体时代，社群营销已经强势崛起，面对汹涌而来的流量诱惑，可以利用社群加强用户黏度。不管是在PC端，还是移动端，用户日活跃表现是进行社群营销的关键。

用户的日活跃度的高低，关系到用户与社群的关系好坏，也能从侧面看出产品质量和营销效果。

1．建群的作用

社群营销的目的分为以下两点，如图3-10所示。

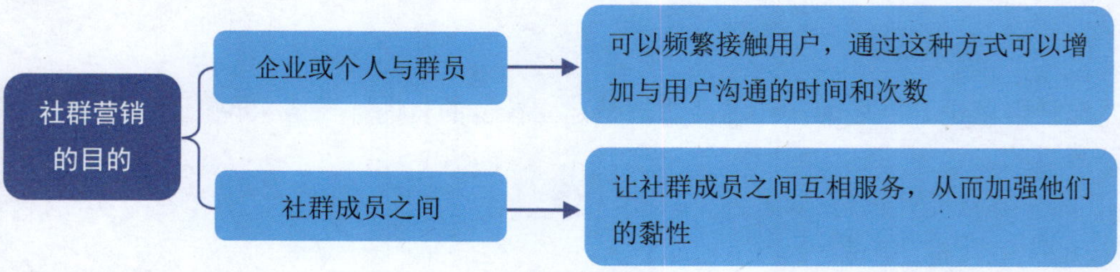

图3-10　社群营销的目的

在很多企业和个人的心中，社群营销是低成本营销。其实不然，低成本的社群营销在于构建社群营销的方法。

在社交网络中，每个人的社交关系可以组建成一个个小社群，可以让用户在社群中谈论自己的需求，一起寻求解决方案。对一部分企业和个人来说，在高频的需求下，现有用户和合作伙伴的关系链就是社群，可以利用分享产品信息的方式，将它们导入社群中。

除了自己寻找社群外，社群成员推荐好友也是加入社群的常见方法之一。通过这种方法，将社群进行裂变，一个大社群可以裂变成多个小社群，这些小社群也会再度聚合成更大的社群。这样循环的过程，既能调动社群气氛，又能加快社群扩散速度，这无疑是社群的魅力所在。

2．社群激励机制

通常，社群中产生的互动越多，社群成员就越活跃。除此之外，用户在社交网络中还会自己设定一个目标，并努力去完成它。把这个目标称为自助目标，其结果也是用户释放的自助激励。

如果只用常见的奖励面对用户，多半会出现一种局面——铁杆用户将不断离去，最终留下的是“刷奖用户”。如果自助激励可以运用到社群营销中，这个问题就可以得到解决。用户一旦确立了个性化目标，就会长久地留在社群中，并且还会想办法让志同道合的朋友一起在社群中进行交流。

▶ 专家指点

自助激励指的是社群成员寻找兴趣爱好或社交激励，而且它会随着时间和用户产生变化。

3．社群成员自由化

在社群营销方法论中，有一个观点：“社群领袖可以起到活跃社群氛围的作用。”在社群营销刚起步时，社群领袖确实有这种作用。但如今社群营销已逐渐走向成熟，需要运用社群方式来运营和发展。与此同时，社群领袖的角色会被迅速淡化，社群成员会走向主导地位。

每一位成员都在为活跃社群做贡献，共同推动社群前进，这才是当代社群营销的意义。在社群中可能某一时刻某一成员起到的作用会略大，但到了下一个时刻，又有其他活跃分子扮演起了关键角色。

因此，在做社群营销时，需要去中心化，放弃自己的控制意愿，让社群成员自由组合，分别扮演不同角色。

3.4.3　社群营销步骤

要进行社群营销的话，就必须要清楚社群营销步骤。社群营销的操作步骤如下。

1．建群

社群营销的开端要从建群说起，只有正确建立起一个具有共同语言、参与性强、黏性大的社群，才能为以后的社群营销打好基础。下面详细介绍建立社群的注意事项。

（1）摆正姿态。去中心化是给予社群成员自主互动和领导的权利，却不代表要当一个“甩手掌柜”，对社群不闻不问，那样的社群绝对不是社群，而只是一个纯粹的社交平台，不会有任何的新媒体营销成分，而只是企业和个人建立社群的初衷。

需要注意的是，社群中的领袖不是指“企业”，而是指“人”。就是让“企业”抛开自己高人一等的形象，做真实的自己，从“人”的角度与社群成员一起交流。在交流的过程中，可以以朋友相称，以获取用户对产品、服务和品牌的建议，解决产品和服务所存在的问题。

总之，需要将自己的姿态摆正，把话语权交给社群成员，以亲民的身份与社群成员一起交流。如图 3-11 所示为某化妆品牌福利社群，在群内推广化妆品时，会与社群成员进行愉快地交流，耐心地解决用户疑问。

（2）培养领袖。在某一领域影响力大的个人或组织，更容易建立社群。通过建设内部社群，运用社群的力量做出创造力、影响力、传播力和品牌力。

利用灵魂领袖让社群走上营销道路，企业和社群成员连接在一起，使他们共同学习和进步，同时还可以增加用户对社群的忠诚度，这才是进行社群营销的核心。

灵魂领袖在社群营销的过程中，需要在社群中培养更多具有原创匠心和愿意分享的社群成员，这样才能让社群成员凝聚起来。

（3）提供价值。在建立社群的初期，需要面对的首要问题并不是在哪里找到社群成员，而是需要明白自己社群的价值，如图 3-12 所示。

在为社群成员提供价值时，一定要在某个方面拥有超出普通人的能力，并得到社群成员的认可。社群的价值有时是基于能力才构建的，并不是基于单纯的热情或是愿景，所以能力是价值的关键。

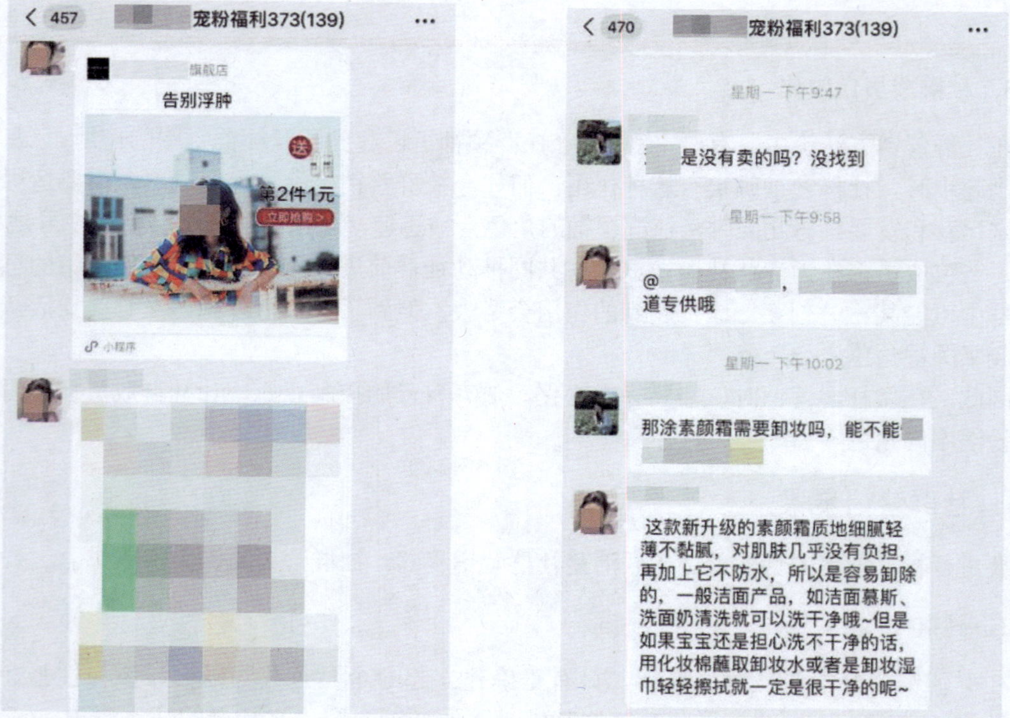

图 3-11　某化妆品牌福利社群

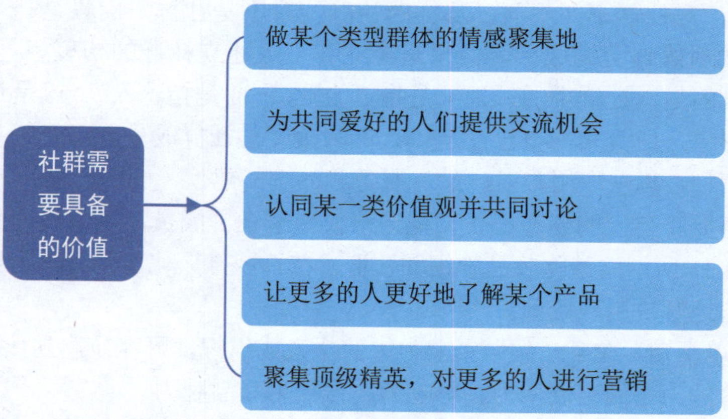

图 3-12　社群需要具备的价值

（4）寻找成员。一开始寻找社群成员时，可以邀请朋友、忠实客户、品牌粉丝和朋友的朋友来帮助撑场面。等有了一定数量的人数，就可以去微博、微信和 QQ 等其他社交平台上吸引新成员。

（5）划分角色。想要建群就必须将社群中的角色划分好，这样才能让社群有秩序、有吸引力，并持续运营下去。社群中具有以下几类角色，如图 3-13 所示。

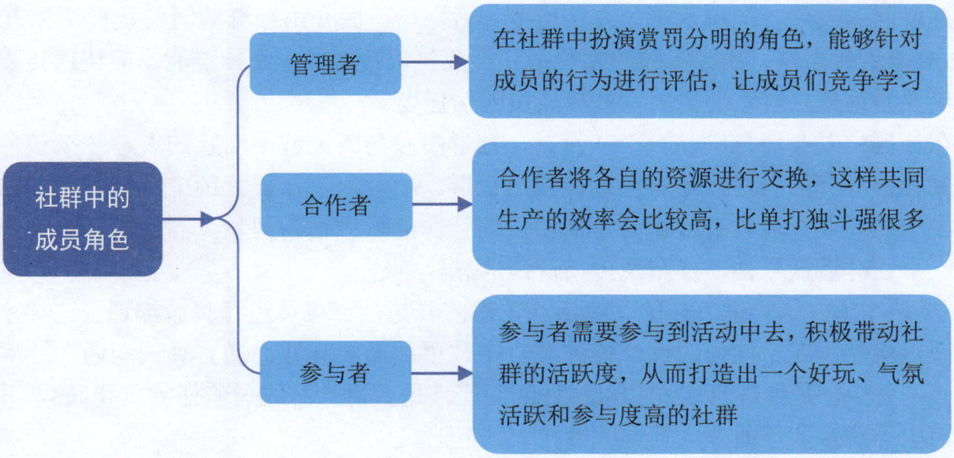

图 3-13　社群中的成员角色

（6）社群结构。社群结构分为内部环形结构和外部金字塔结构。在社群内部环形结构中，每一次交流，都能将社群中每一个人的身份带来影响和变化。在社群里没有等级之分，管理相对松散，没有严格的规矩。

很多社群都是以随意聊天、聊八卦、玩匿名、晒照片和聊情感等内容为主。用户可以在欢声笑语中了解产品的信息，还可以从中培养出美好的友谊。

（7）加群原则。随着社群营销日益火爆，社群出现了两种加入原则，分别是有门槛的邀请加入和无门槛的开放加入。

有门槛的社群，一般是由社群成员邀请进入的，若是用户自己申请，没有一个合适的理由是不会被批准进入的。

无门槛的社群成员比较杂，有很多“不冒泡”的人，不在社群里发表意见，只是一时兴起才加入社群，做一个“占位者”，这些人对社群来说没有什么价值。无门槛的社群经常需要清理社群成员，这样才能保证社群营销有效进行。若不建立“淘汰制”，那么营销社群与普通的 QQ 群没有区别。不过，很多开放性社群都没有建立有效的“动态淘汰制”。

（8）内容输出。若一个社群的输出内容不符合社群成员的需求，那么这个社群很有可能面临散群危机。如果想要规避散群危机，就需要给社群成员提供稳定的内容输出，这才是社群成员加入社群、留在社群的价值，没有服务输出的社群很难保持长久的活跃度和生命力。

▶ 专家指点

动态淘汰制是指在不定的时间里，根据社群运营数据，将那些对社群没有价值的、很长时间不在社群中交流的人移出社群，以便留出空位，吸引更多积极的用户。

2．方法

社群营销无论在方法还是理念上，都与传统营销有很大的不同。不能只在社群中投放广告，而是需要将社群成员利用起来，使他们自愿成为一员，主动帮助宣传产品，拉拢人群来扩大社群圈子。

随着互联网的发展，社群营销的方法也多种多样，下面介绍社群营销的几种常见方法。

（1）培养活跃力量。社群中的领袖都是社群成员信任的人，而社群能不能快速传播某样产品，不仅要看话题内容，还需要看社群成员的信任度。

如果在社群中发布信息的是一个从没有在社群中参与聊天或不活跃的人，那么该信息当然不会受到社群成员的关注，还有可能被踢出社群。所以，在社群营销中，传播产品的信息者是重要的一环。在开展社群营销时，需要借助社群活跃领袖的力量，同他们开展合作，或者培养出一个社群活跃领袖，发布及传播营销信息。

（2）真诚沟通。不管是怎样的营销活动，都需要与社群成员进行真诚沟通，这样才能使营销活动获得成功。在不能面对面交流的社群中，更加需要真诚沟通。真诚沟通在社群营销的内容中必不可少，是体现真实性和可靠性的纽带，是获得社群成员信任的重要砝码。所以，在社群营销中不能掺杂任何夸大其词的宣传。

（3）创建品牌社区。在社群还没有出现时，社区就是社群的雏形。社区是把产生心理共鸣的消费者组织起来，形成一种网络社区形式。

在运营社群之前，可以像某手机品牌一样开展自己的社区。在该社区里，用户只会发布与手机相关的信息，如图 3-14 所示。该手机品牌在社区中找到高质量的社群成员展开社群营销。

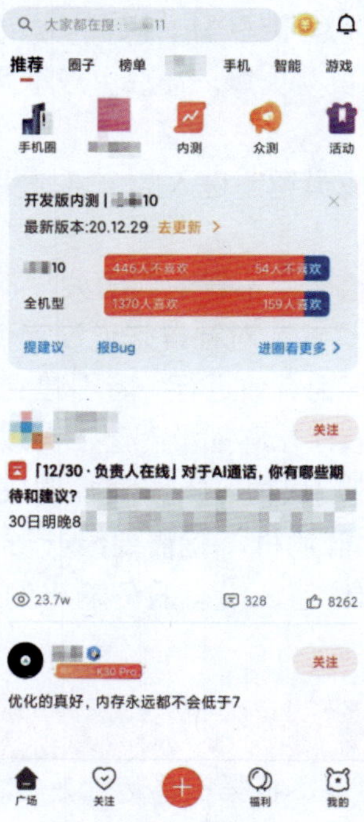

图 3-14　某手机品牌的社区

所以，运营社群之前可以先建立自己的社区，然后在社区中找到适合自己的社群成员。当然在维护社区时，也需要用正确的方式引导用户。

3．优化

曾经利用社群营销而成功的企业和个人，并不是一蹴而就的，他们也是经过多次尝试，才尝到成功的果实。所以说，需要不断将社群进行优化、再优化，才能将自己的社群变成一个参与度和活跃度高的高质量社群。只有打造这样的社群，才能在营销中站稳脚跟，取得营销收获。社群营销需要优化的注意事项如下。

（1）优化准备。社群营销优化可以提升社群成员对产品好感度、对企业的信任度等。优化准备的涉及面很广，概括来说，主要包括：精准社群成员、选择社群载体和话题话术三个方面。

（2）关注动态。在开展营销活动时，需要及时关注营销活动的整个动态，才能让活动顺利地进行下去。若是营销活动成效不好，就应该快速调整策略，比如可以尝试在不同时间发出公告、调整内容，以及增加新视觉效果等。

（3）及时评估。在社群中需要及时评估活动指标。如活动一开始的转换率和社群成员的分享量，这些都是可以作为评估的参考指标。比如，某些社群会发放调查问卷、手机用户的反馈信息，进行评估和决策，如图 3-15 所示。及时评估是社群优化所必备的，可以让单一的社群活动发挥得更好，也可以提供更多的参考数据，为以后的活动做好准备。

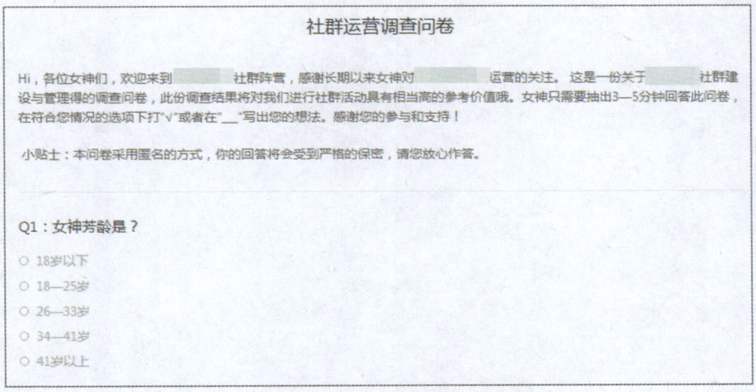

社群运营调查问卷

Hi，各位女神们，欢迎来到　社群阵营，感谢长期以来女神对　运营的关注。这是一份关于　社群建设与管理得的调查问卷，此份调查结果将对我们进行社群活动具有相当高的参考价值哦。女神只需要抽出3—5分钟回答此问卷，在符合您情况的选项下打"√"或者在"__"写出您的想法。感谢您的参与和支持！

小贴士：本问卷采用匿名的方式，你的回答将会受到严格的保密，请您放心作答。

Q1：女神芳龄是？

○ 18岁以下
○ 18—25岁
○ 26—33岁
○ 34—41岁
○ 41岁以上

图 3-15　某社群发放的调查问卷

本章小结

本章首先主要介绍了社群营销的趋势，然后介绍了提高群员互动性的八大方法，最后介绍了社群营销关键点，以及社群营销的构成。通过本章的学习，可以帮助读者少走弯路，营造良好的社群氛围。

本章习题

1. 在“培养铁杆粉丝”的过程中，可以从哪些方面出发？
2. 形成口碑的途径主要有哪些？

第 4 章　新媒体产品营销

本章导读

对于企业和个人来说，产品销量关系到自身收入。如果产品营销得当，成为一时爆品，便可获得较为可观的收入。那么，如何打造爆品，批量化地制造“新媒体人商品”呢？本章将从四个方面分别对产品营销和爆品打造进行介绍。

本章重点

- 把握产品需求与价值
- 产品营销的关键点
- 精准占领目标市场
- 产品营销引爆销量

4.1　把握产品需求与价值

产品和营销二者之间的关系是比较微妙的，既不是毫无关系，也不是竞争关系。产品营销需要打造核心竞争力，才能获得成功。

4.1.1　爆款产品的特质

要想在产品营销过程中取得大的成效，首先要做的是选择合适的产品，这样才能以正确的方式开启新媒体营销之路。

在选择产品之前，要明白成为爆款产品必须承载的几个特质。只有明白了这几个特质，才能找到最适合自己的产品，才能成功地将其打造成爆款。爆款产品的四个特质如图 4-1 所示。

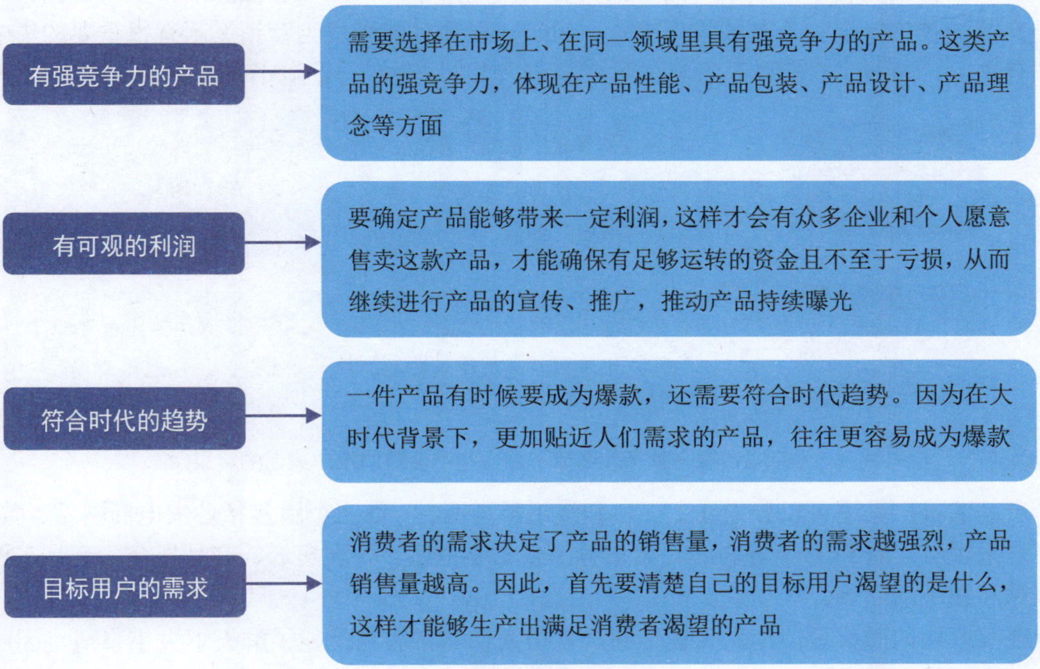

图 4-1　爆款产品的四个特质

4.1.2　清楚目标消费者

在进行产品营销之前，还须找到精准目标用户群体和其痛点，弄清楚此问题，有以下两个方面的好处。

（1）可以帮助生产出更符合消费者需求的产品，这样的产品自然能够成为最受消费者欢迎的产品，同时也是最具市场竞争力的产品。

（2）可以帮助在后期的商品宣传推广过程中，更有针对性地进行推广，减少宣传推广过程中不必要的事项，从而达到更好的推广效果。

更精准定位目标用户群体和找到消费者痛点的两种方法，如图 4-2 所示。

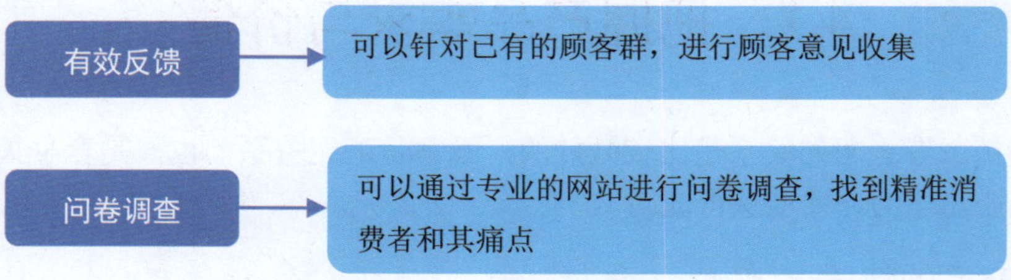

图 4-2　更精准定位目标用户群体和找到消费者痛点的两种方法

“内容”可以理解为自己的产品，如要打造爆款内容，那么就需要清楚自己的粉丝群体最想看的内容是什么，这也就是抓住粉丝的痛点，然后就可以根据粉丝的痛点创作内容。

4.1.3　利用线上线下渠道

在产品营销过程中，除了产品、消费者这两大因素外，还需要注意非常重要的因素，那就是产品的推广渠道。产品的推广渠道，对于一款产品能否成为营销爆款有很重要的影响。同一件产品，选择了合适和不合适的推广渠道，其结果也会不同，详细分析如图 4-3 所示。

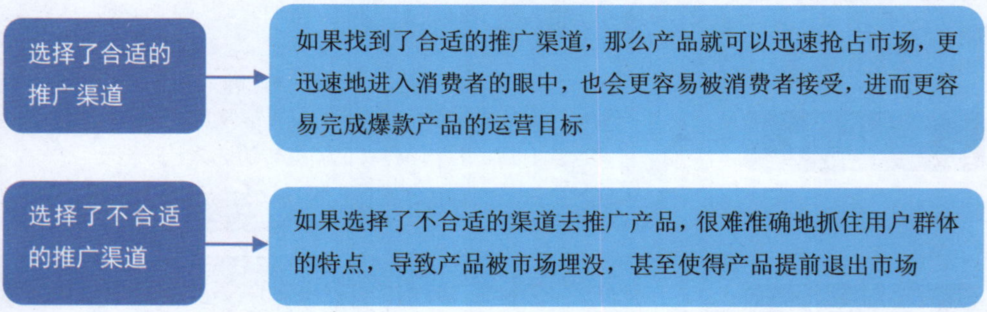

图 4-3　同一款产品选择了合适和不合适的推广渠道的结果

产品的推广渠道可以分为线上渠道和线下渠道两种。线上渠道包括各大电商网站、微信、微博、短视频平台和 QQ 等。线下渠道包括各大零售店、各大卖场、产品展会、产品宣传海报张贴和线下活动等。

在互联网的时代里，信息飞速传播，使得人们非常容易就能了解天下大小事情，因此很多企业会选线上平台去宣传、推广自己的产品。但是，有时候因为产品定位和消费群体的不同，用户在接受营销信息时也会有一定的差异。

因此，针对产品定位的消费群体差异化，可以根据产品的特性、消费群体，选择最佳的推广渠道和方法，为产品宣传造势。

4.1.4　满足不同层次需求

产品的设计是为了满足用户的需求，比如衣食住行是为了满足人们的基本生存需求，手机、电脑是为了满足人们的精神需求，不同层次的需求需要不同类型的产品来满足。

用户的需求绝不是单一的，因为在使用产品时，他们的需求会由中心需求延伸出多个方面的需求。例如，当渴了想要买水喝，是为了解决口渴的需求。“喝饮料”“吃冰淇淋”是对饮料的特性有要求。由此可见，本来很简单的单一需求会不断扩散，以至于最终产生一系列的次要需求。

为了满足用户多层次的营销需求，产品应该怎么设计呢？是不是应该把产品功能打造得一应俱全。假如现在要设计一款适合女性的遮阳伞，遮阳伞的设计分析如图 4-4 所示。

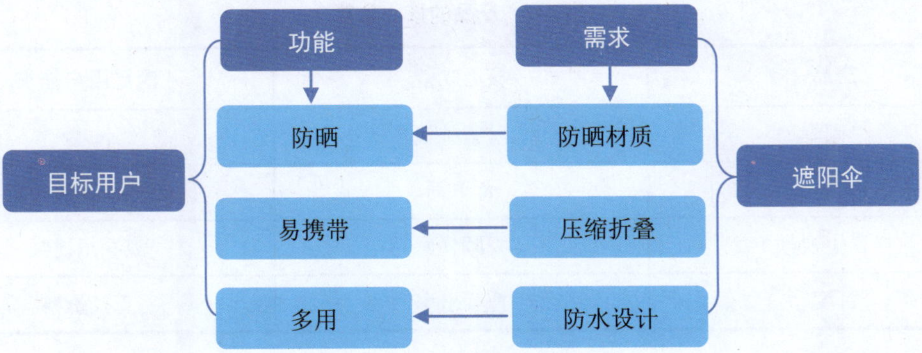

图 4-4　遮阳伞的设计分析

不仅是传统行业产品定位如此，互联网产品也应该致力于满足用户的多种需求，并不断开发出其他功能。

以一款学习英语单词的百词斩为例，它的主要功能包括“查词”“背单词”“复习”“单词TV”“单词电台”“圈子”“小讲堂”“商城”等，满足了“记忆单词”“巩固单词”“与好友共同学习并展开竞争”“学习英语相关知识”“购买英语相关资料”的需求。

新媒体产品营销应把用户需求放在第一位，无论是什么行业的产品，都应综合考虑用户的一系列需求，以设计出相应的功能满足用户。

值得注意的是，产品功能也不能太多太杂，如果给天气预报产品配上新闻资讯功能，似乎有点画蛇添足。因此，在满足用户的需求时，应牢牢把握“准、精、快”三个关键点，才能保证产品对于用户是有价值的。

▶ 专家指点

任何产品若想得到用户的青睐，都需要具备一定的营销价值，就好比一个人想要得到他人的赏识，就应该尽力展示自己的闪光点。不能给用户带来实际利益的产品，是没有办法在市场上站稳脚跟的。

4.1.5　关注核心功能

产品设计主要是为了满足用户的需求，虽然很多用户对产品功能的全面性十分留意，但实际上，他们看重的是产品功能是否能满足自己的需求。

就好比下载一个音乐软件，真正在乎的不是它的功能有多全面，而是它能否满足享受音乐的需求。比如，某君爱听古典音乐，他在乎的功能是是否收录了经典的古典乐；某君想对音乐评论和分享，他看中的是是否有互动和分享功能。

一个产品想要获得众多用户的认可和支持，只靠全面的功能是不行的，还需要分析产品功能是否满足用户需求。

企业为了尽可能满足广阔市场，研发出了出人意料的功能。一个产品的功能再丰富，也无法掩盖它的主体功能，也就是核心功能。核心功能是指重点针对用户需求而设计的功能，它的好坏关系到产品营销的成功与失败。具体介绍如表 4-1 所示。

表 4-1 产品的核心功能

产品	核心功能	满足用户需求
遮阳伞	防紫外线	防晒
百词斩	背单词	记忆单词的技巧
抖音短视频	视频界面	观看短视频
百度	搜索引擎	查找资料

从表 4-1 中可以看出，用户在使用产品时，在意的都是产品的核心功能，需要满足的也是用户根本的、原始的需求。只有找到了产品的核心功能，其他的衍生功能才有存在的意义。

如果产品的核心功能满足了用户迫切的需求，那么这款产品自然而然也就会取得良好的市场效果（出现这种情况的前提是没遇到实力相当的竞争对手）。

4.1.6 抓住基本需求

在了解核心功能可满足用户需求与产品的市场效果之间有密不可分的关系之后，所要面对的问题是：“当打造一款产品时，应该怎样寻找用户的需求点？核心功能到底应该满足用户的什么需求？”其实答案很简单，人的需求的产生是以生存为前提的，因此基本需求才是产品首要满足用户的需求。

尽管每个人的需求是千差万别的，而且人的思想也很复杂，但生活中的一些基本需求是人人都需要满足的，比如衣、食、住、行、被认可、被爱等。无论什么产品，如果核心功能满足了用户的基本需求，那么用户自然会经常使用它，而且也会吸引更多的用户，进而获得更为丰厚的利润。

以互联网三大巨头为例，它们都是围绕满足用户的基本需求来打造自己的产品，从而获得了成功，如表 4-2 所示。

表 4-2 互联网三大巨头案例

公司或企业	满足基本需求	产品
腾讯	交流	QQ 和微信
百度	检索信息	百度搜索引擎
阿里巴巴	网络购物	淘宝和天猫

从表 4-2 中可以看出，只要抓住了用户的基本需求，进行细心运营，就能打造出受用户青睐的优秀产品。

1943 年，美国心理学家亚伯拉罕·哈罗德·马斯洛（Abraham Harold Maslow）在《人类激励理论》一书中提出了“需求层次理论”。此理论将人的需求按照从低到高的顺序分为五类，分别为：生理需求、安全需求、爱和归属感、尊重需求和自我实现的需求，如图 4-5 所示。

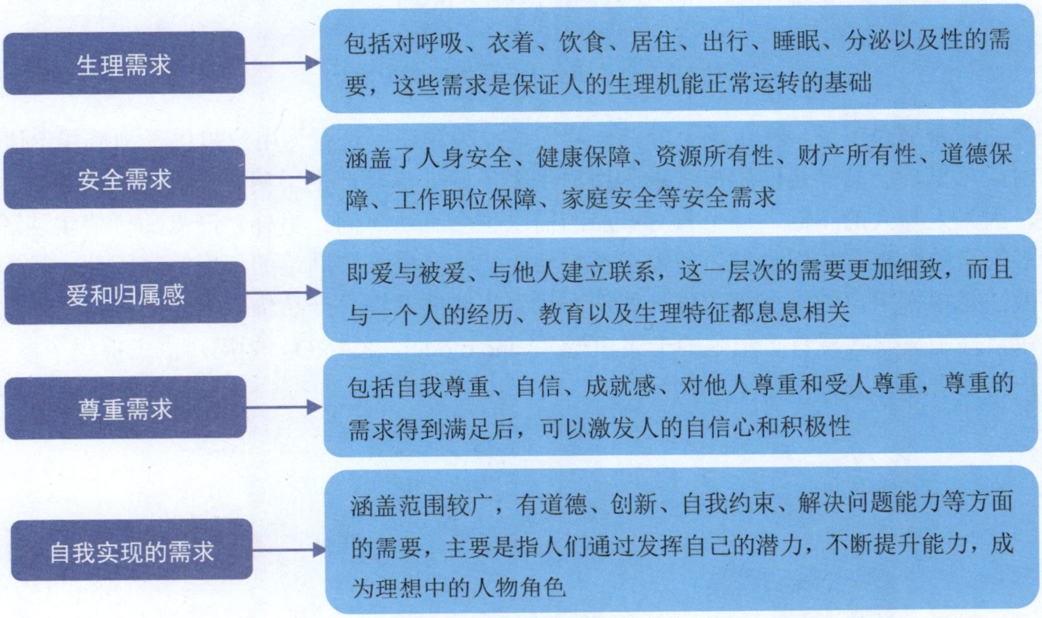

图 4-5　人的基本需求简介

用户基本需求固然重要，值得仔细钻研探索，但不是说只有找到了用户生活中必不可少的基本需求，才能打造出成功的产品。因为大多产品策划都已洞悉了用户的基本需求，竞争趋势也相当激烈。如果产品的核心功能满足了部分用户的需求，那么也能获得某种程度的成功。

▶ 专家指点

“与人交流沟通”是用户的基本需求之一。很多人打开电脑或手机，第一件事就是登录 QQ 或微信，并一天都保持在线的状态。“获取信息”也属于人们的基本需求，当遇到难题不知道怎么解决，就养成了随手“百度一下”的习惯。“购物”同样能够满足人们的基本需求，因此淘宝成功占据了广大市场。由此可见，基本需求的力量是多么强大。

4.1.7　找到高价值需求点

在构建产品的竞争力时，首先应该了解不同层次的用户需求。因为决定产品成功与否的是用户，裁判权掌握在用户的手中，喜欢、满意与否都由用户说了算。所有的产品拥有的机会都是平等的，一致接受用户的评判，最终会出现以下两种情况，如图 4-6 所示。

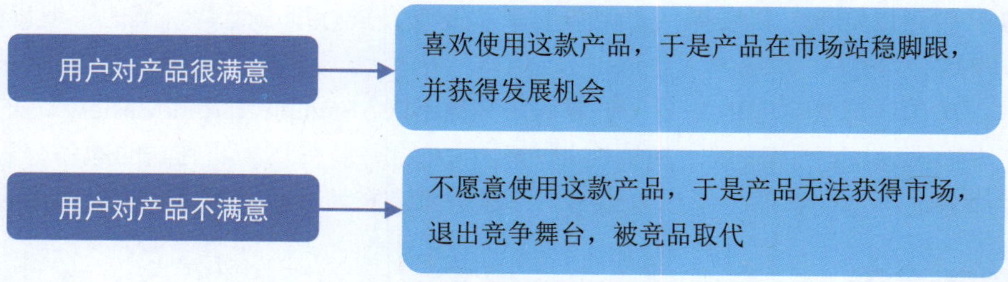

图 4-6　产品接受用户评判的两种情况

产品能否赢得市场，在市场上开辟一片天地，关键在于是否为用户提供了利益和价值。

由此可见，产品满足的用户需求为用户带来了好处，并产生了相应的价值。但需要注意的是，因为人与人的不同，每个人对产品的需求也会有所不同。另外，产品的价值实现还受到诸多因素的影响，如用户群体的需求类型和他们不同需求被满足的程度等。因此，较为明智的做法是根据用户的不同需求进行处理，找到那些能够提升产品价值的需求点。基于此，日本东京理工大学教授狩野纪昭的卡诺模型（kano model，KANO）为用户需求提供了参考，将用户的需求分为五种，如图 4-7 所示。

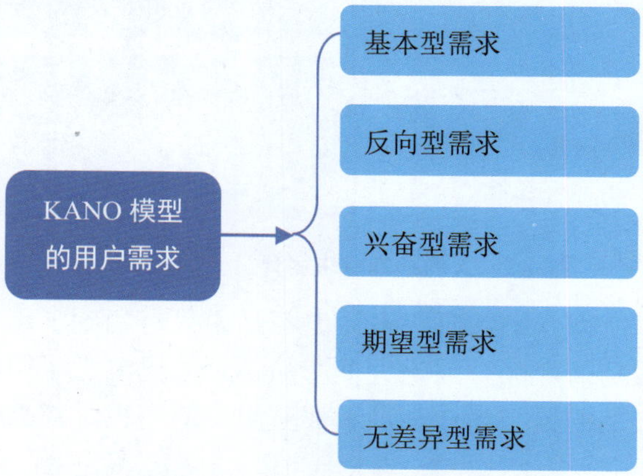

图 4-7　KANO 模型的用户需求

从 KANO 模型中，可以总结出适用于互联网产品的三个需求类型，并由此满足不同层次的用户需求，具体分析如下。

（1）必不可少的需求。即必备型需求，是需要得到充分满足的需求。如果没有满足，用户就会表现出不悦和不满，甚至还会转向使用其他类型产品；如果满足了，用户会觉得是理所当然，而不是惊喜和意外。如音乐软件的“音乐曲库”和“歌词展示”对于用户就是必备型需求。

（2）抱有期待的需求。这类需求是用户希望产品能够提供惊喜的功能，可能不是用户必需的，但却是用户所期待得到的。对于这类需求，如果得到满足且表现良好，产品就能上升一个高度，用户会对产品产生好感；如果没有满足且表现不佳，产品就无法继续晋级，用户会对产品产生进一步的不满。“听音乐的同时能够互动”就是用户对音乐软件抱有期待的需求。

（3）意想不到的需求。这类需求属于用户没有想到的需求，是潜在需求。如果这类需求被满足了，那么用户就会有一种喜出望外的感觉。这类需求即使没有得到满足，也不会产生不满的情绪；但是如果得到满足，即使表现平平，用户也会提升对产品的好感度。

用户在使用产品的过程中给出的需求反馈，大多属于抱有期待的需求。因此，在打造产品竞争力时，要懂得把握用户的反馈，根据反馈开发出产品的独特功能，以贴合用户的期待需求，从而有效地构建产品的真正竞争力，促进产品的销售量，获得更为丰厚的利润。

在上述的三个需求中，还需要注意以下几个问题。一是需求是因人而异的，“一千个读者就有一千个哈姆莱特”，产品应该致力于满足目标用户中的多数人需求；二是需求不是一成不变的，它会随着时间的流逝而发生变化，产品只有与时俱进，跟上用户的步伐才能保证对用户的需求持续满足，打造产品核心竞争力；三是文化的不同会对需求产生影响，比如有些产品更受自己国家用户的欢迎。

4.1.8　围绕需求创造价值

现在市面上的很多产品都拥有各种各样的功能，发展迅速的互联网产品更是不甘示弱，为用户提供的功能不计其数。一款产品满足的用户需求已经构成了一个系统，内容如图 4-8 所示。

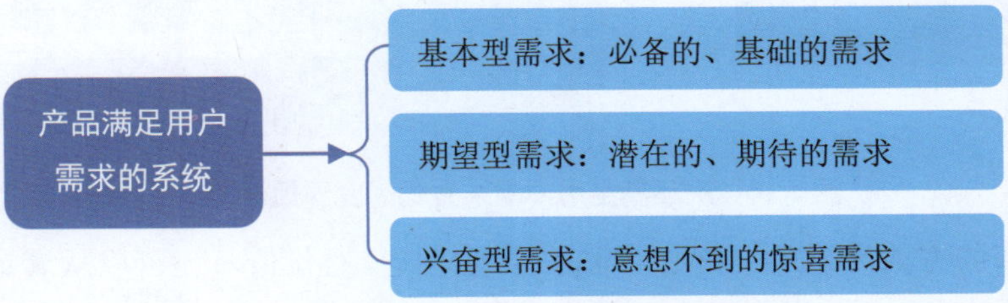

图 4-8　产品满足用户需求的系统

已清楚满足用户需求能为用户带来价值，同时对用户的不同需求层次也已梳理完毕，那么就可以有针对性地为用户提供产品功能，有效提升产品价值，让产品脱颖而出。究竟如何围绕用户需求创建产品价值呢？可以通过创新，满足用户的核心需求，打造产品的核心价值。新产品上线时主要的工作流程，如图 4-9 所示。

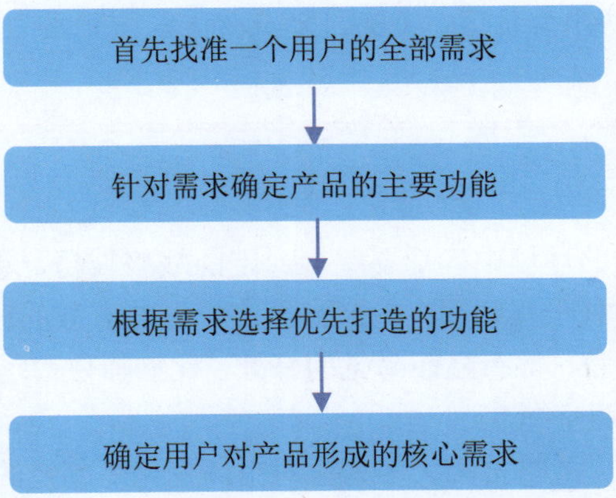

图 4-9　新产品上线时主要的工作流程

核心需求是用户全部需求的中心，同时也是用户重点关注的对象。因此，研发出一种全新的、更高级的方式满足用户核心需求的产品，才能够赢得用户的青睐，吸引众人的眼球，在竞争中占据领先地位。

在互联网行业，核心需求非常重要，一是因为互联网本身就是一个新兴的产品，更新换代的速度很快；二是因为互联网各个领域的产品可取代的产品类型较多，而且门槛相对比较低。

因此，每个领域都会涌现出新的产品，以全新的方式替代已满足用户需求的产品，但因为产品功能之间的不同，所以满足需求的程度也不尽相同，最后带给用户的价值也就截然不同。总之，打造产品的核心竞争力离不开对用户需求、产品价值的关注。而且同样的用户需求被满足的方式可以是不同的，因为时代在变化，方法也在变化，任何事物都是与时俱进、推陈出新的。

产品满足用户需求的方式也是不断发展的，产品满足用户需求方式的发展规律，如图 4-10 所示。

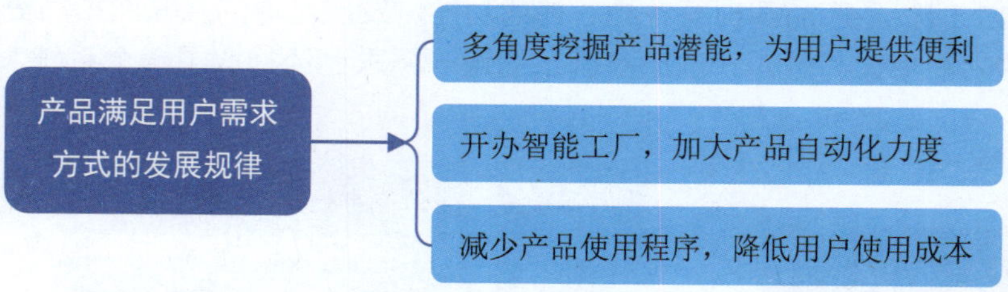

图 4-10 产品满足用户需求方式的发展规律

除了通过创新的方式满足用户核心需求来打造产品核心价值，还可以从满足用户期望型需求的角度着手努力，具体分析如下。

（1）产品团队要灵活地把握市场的动态走向。

（2）转换角度，在找不到较好的满足用户核心需求的方式时，不妨从其他角度努力。

▶ 专家指点

一款产品要是能够遵循发展规律，探索出新颖有趣的满足用户需求的方式，那么该产品将会为用户带来真正实用的价值，并有可能成为一款营销潜力巨大的产品，从而获取丰厚利润。

4.1.9 学会战略布局

无论产品处于什么样的环境中，都要掌握一定的战略技巧，单靠产品功能是无法长久存活于“市”的。尤其是对处于互联网中的产品而言，行之有效的战略更是必不可少。制定相关的战略对企业和产品而言，都有显而易见的好处，比如抓住市场机会，有助于产品的发展，发现潜在危机，提前做好准备等。

对于新媒体产品而言，战略技巧大多为应对市场变化而制定的。想要赢得“战争”，一是要学会制定战略；二是要懂得运用战略。而位于新媒体产品背后的企业，在打好每一场“战争”之前，都会做好十足的准备。特别是大型的企业都善于利用战略技巧来获取收益，而且不惜在战略上投入人力和物力。

> ▶ 专家指点
>
> 无论是互联网产品还是企业，都应该明确战略制定的重要性和目的性。“商场如战场”，每走一步都要深思熟虑，顾全大局。
>
> 因此战略的制定也应该具备长远性和全局性，如此才能帮助产品和企业在激烈的市场竞争中站稳脚跟，进而获得长足的发展。只有在指导战略上拔得头筹，才能进行后续的工作。

4.1.10　显示别样价值

除了要掌握产品的互联网战略技巧和抢占互联网营销渠道外，对产品本身具有的价值打造也不容忽视，能在市场上站稳脚跟且长盛不衰的产品，都是拥有自己独特魅力的。那么，在新媒体平台上，一款产品引人注目的价值有：一是产品有实用的核心价值；二是与众不同，别人难以复制。

产品功能难以被复制有以下两种情况，如图 4-11 所示。

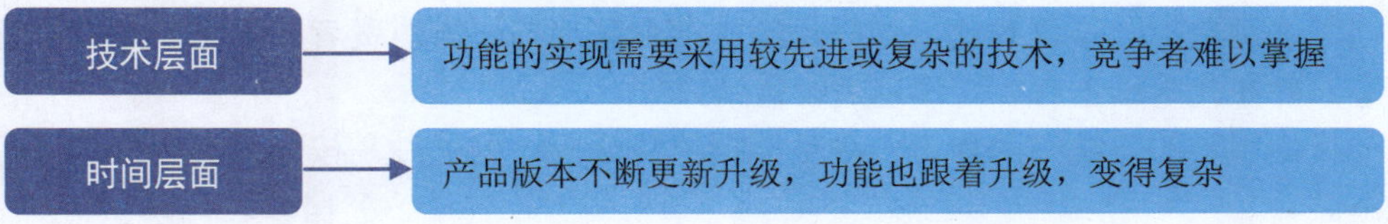

图 4-11　产品功能难以被复制的两种情况

产品内容难以被复制有以下两种原因，如图 4-12 所示。

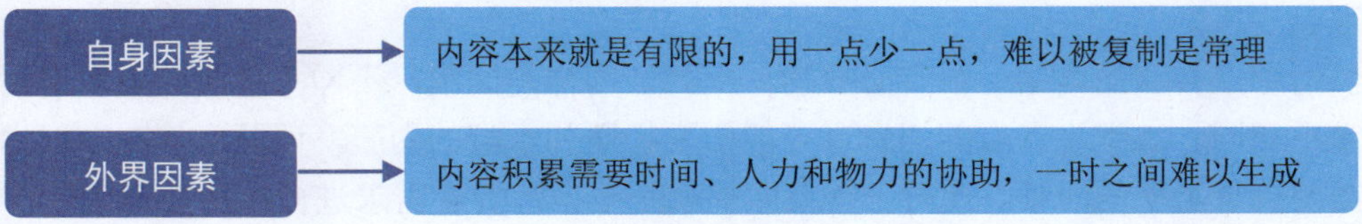

图 4-12　产品内容难以被复制的两种原因

新浪微博上的名人、明星资源很丰富，粉丝可以在平台上与他们进行互动，从而提升平台的活跃度。而且这些内容资源一旦固定，就不会轻易跑去其他平台。所以，名人、明星就是微博上难以复制的紧缺型内容。

例如，豆瓣上的影评、淘宝上的商品信息等，都是通过用户长时间的积累创造出来的。其他产品在短时间内是无法复制的，就算勉强复制出相同数量的内容，但产品质量也很难有保障。因此，当一款产品拥有了非凡的功能和内容之后，也就掌握了击倒竞争对手的诀窍。从自身角度出发，逐渐具备用户所需要的核心价值，不断稳固市场地位，继续开辟更为广阔的天地。

> ▶ 专家指点
>
> 比如 QQ、百度搜索的功能就难以复制，一是因为十几年来一直在围绕用户的需求对产品做出改进和升级；二是因为实现功能所需的技术比较复杂。因此，对于没有经验的竞争对手而言，在短时间内复制它们的产品功能是很难的，想要超越就更是难于上青天！

4.2 产品营销的关键点

市场上形形色色的产品层出不穷，却很难得出一个营销爆品。打造新媒体营销爆品首先要把握好制造爆品的关键点，主要包括找准用户针对营销、及早入场抢占心智和提高颜值留好眼缘等。

4.2.1 找准用户针对营销

在进行产品营销时，关键的一点就是找准用户有针对性的营销。作为产品营销的推手，要清楚地了解消费者。不仅如此，最好还能生动形象地描述出消费者的各种特性以及喜欢的生活状态，并在此基础上有针对性地进行营销。

找准目标用户的方法有两种，一种是根据年龄分段；另一种是按照兴趣爱好划分，具体介绍如下。

1．根据年龄分段

产品营销与人密不可分，研究产品营销之前，一定要先了解人。因此，少不了要分析消费者心理。

提供给用户喜欢的商品是很有必要的，例如，同样是面膜，不同年龄段的消费者对它的功能需求不相同。二十岁左右的消费者可能需要护肤补水型的面膜，而四十岁左右的消费者则可能需要抗衰老型的面膜。此时，需要做的就是根据消费者需求进行针对性营销。

在营销当道的时代，为了寻找到特定的目标消费群体，了解独有的消费需求，就应该学会为不同类型的消费者提供相应的产品或服务。如果不这么做，就很难找准目标用户，那么打造爆品也就成为空谈。

要学会根据年龄段去明确目标消费群体，而不是盲目地打造产品。比如，可以利用这些群体年纪相仿的特性，找到用户的共性。然后，根据共同特征，尝试着就感兴趣的事物进行交流，进而准确把握用户的想法和需求，从而将产品营销出去。

2．按照兴趣爱好划分

按照兴趣爱好或需求来划分的消费者通常与年龄无关。比如很多人跨越年龄的鸿沟，成为忘年之交，只因为有相同的兴趣爱好。

很多人喜欢在电影院看电影，因为很享受影院的氛围。按照兴趣爱好划分消费人群，可以有效打破年龄的限制，让不同年龄的人对同一种产品情有独钟。

例如，喜欢黑科技手机的可能是喜欢创新的科技爱好者；喜欢高端汽车的可能是时尚家或创业达人。相同类型的人对品牌的喜爱是建立在共同的兴趣爱好上的，这与年龄关系不大。而需要明确的是，产品营销的重点就是要抓住消费者的特点，从而找准目标消费群体。

例如，一款健康、营养价值比较高的核桃油虽然质量很好，而且价格也不是特别贵，但一直找不到营销的好办法，其销售状况令人担忧。于是该企业对消费人群进行了调查研究，制定了相关的解决方案，具体如下。

（1）卖油之前先卖核桃，更符合消费者心意。

（2）缩小目标范围，击中消费者的痛点。

（3）设计消费场景，打动消费者的心。

无论销售什么产品，都应该锁定消费者的需求，可以按照年龄阶段区分，也可以根据兴趣爱好区分。这样就可以顺利地找出消费需求，从而更好地进行针对性营销。

4.2.2　及早入场抢占心智

在进行产品营销时，比对手先下手就意味着拥有了赢在起跑线上的优势。在新媒体发展得如火如荼的时代，不仅要把握好内容和发布速度，还要以“快”来指导产品，占领市场。除此之外，抢先一步占领消费者的心智和头脑也很重要。

消费者的心智和头脑综合起来，就是对产品的看法和定位。消费者脑海里浮现出某个名称、品种、观点和事物时，最先想到的就是品牌和产品。比如那些耳熟能详的广告词，能让用户第一时间联想到对应的产品。

那么，为什么要抢占消费者对产品的定位呢？主要有两个原因，一是消费者接收的信息太多太杂，如果不能抢占消费者对产品的定位，将难以在消费者心中留下深刻的印象；二是消费者需要的产品大多是品牌产品，如果产品不能抢占消费者对产品的定位，那么该产品将很难与这些品牌产品竞争。

因此，需要比对手更早进入市场，全面且深入地占领消费者的心智和头脑，稳稳扎根于消费者之中。以某有机辣酱为例，这是一款时尚新鲜的有机产品，产品特色包括无转基因、无农药和无化肥。

把有机辣酱与传统辣酱相对比，很快发现了这款辣酱的优点和缺点，如表 4-3 所示。

表 4-3　某有机辣酱与传统辣酱的比较

辣酱类别	优点	缺点
传统辣酱	比较开胃、保质期长	太油腻、口味重
某有机辣酱	香而不腻、辣而少油、健康营养	冷藏储存、保质期短、开罐七日内即食

面对这样的状况，努力深挖产品特质，即新鲜和有机绿色。于是“鲜”就成了该有机辣酱的主打口号，甚至连该品牌的微博头像都竭力突出一个“鲜”字。值得注意的是，在营销时要稳扎稳打，不能为了产品营销而犯如下错误。

（1）无限扩大抢占目标受众的范围。

（2）纯粹用广告获得消费者对产品的认可。

4.2.3 提高颜值留好眼缘

在这个颜值当道的时代，无论是人还是产品，都十分注重颜值。美的事物是人人都会追求的，因此高颜值的产品往往能在第一时间就把消费者吸引住，从而更容易进行营销推广。作为爆品，如果没有美丽大方的外观是很难成功的。产品颜值的重要性主要体现在以下几点。

（1）消费者对产品的初次印象举足轻重。

（2）产品颜值高就是优势。

（3）产品颜值高才能更好地被展示。

如何对产品颜值进行检测呢？测验的方法主要分为自测法与他测法。自测法就是自行打造高颜值的产品，如产品颜色以纯色为主，或者趋于简洁、产品线条比较流畅、潮流时尚的产品外形设计等。他测法就是从其他地方测试产品的颜值，如征集消费者对产品外观的意见，让网友对产品颜值进行评点，把产品与其他同类型产品进行比较等。提升颜值的问题，具体如下。

（1）了解出色的设计作品。

（2）学习并加上创新元素。

（3）聘请专业的设计团队。

产品有了高颜值，再加上其他方面的优势，想要营销推广出去绝不是一件难事，毕竟高颜值的事物大多是深受消费者喜爱的。

4.2.4 展现让人惊叫的点

一个产品拥有让人尖叫的优势，就能够为消费者提供良好的消费体验。让消费者在使用产品的过程中，对产品和其相关服务产生一种认知和感受，这种体验的好坏直接影响消费者能否会对产品产生好感，从而是否进行二次购买。

很多企业都无法提供让消费者满意的消费体验，原因就在于没有很好地发挥出自己的优势，又或者没有站在消费者角度考虑问题。原因主要有以下几个。

（1）用户体验决定产品或服务的价值。

（2）用户体验决定其是否值得传播。

（3）用户体验决定是否进行二次购买。

以某品牌服饰店为例，它不仅全面体现出了自身优势，还全心全意为消费者考虑，做到了把消费者的体验放在第一位。以店铺中一款女式衬衣为例，在产品的设计上，尤其专注于细节方面的打造，具体内容如下。

（1）简洁的领口设计，注重舒适体验。

（2）绑带的镂空设计，注重时尚体验。

（3）不规则的下摆设计，注重个性体验。

该品牌对产品的细心打造为消费者提供了优质体验，因此赢得了不少消费者的好评。为消费者提供优质体验，需要倾注全部心血。不仅如此，还要学会从消费者的角度出发，知道他们需要什么样的产品和服务，从而打造出受人欢迎的产品。

4.2.5　根据需求定位产品

许多企业一贯思路就是先进行产品定位，然后根据产品定位进行营销，将产品推销给目标消费者。这种营销方式虽然营销针对性强，但因为市场中同类型的产品比较多，难以打造产品的特色，所以产品通常很难达到比较理想的营销效果。

如果能够转换一下思路，就可能获得意想不到的效果。比如，可以根据消费者的需求定位产品，找到消费者需求较为强烈而市场又相对缺乏的产品，打造具有特色的产品。

例如，夏季到了，天气炎热，许多人在家里都吹空调和风扇，但是外出时空调和普通风扇是无法随身携带的。于是，推出了手持小风扇，并将其可随身携带的特点作为营销重点。该产品推出来之后，受到了消费者的热烈欢迎。如图 4-13 所示为某店铺手持小风扇的销售界面，从图中可以看到月销量超过了七万。

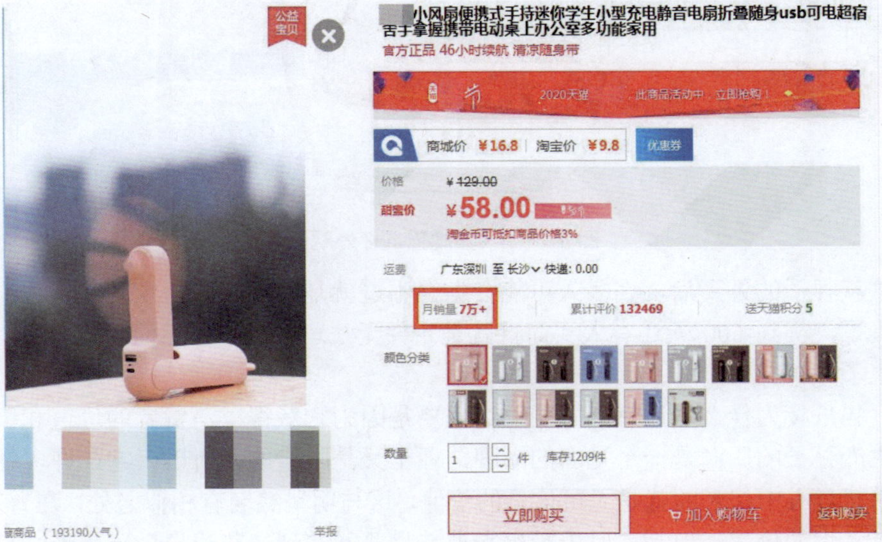

图 4-13　某店铺手持小风扇的销售界面

4.2.6　设计产品营销体系

产品打造出爆品，可以从以下四个方面设计产品营销体系。在提高产品知名度的同时，还要想方设法刺激消费者的购买欲望。

（1）产品（或服务）。消费者购买的是产品（或服务），如何根据产品进行营销，让消费者看到产品的特色和优势是非常关键的。毕竟，对于相对理性的消费者来说，只有认为自己需要的产品（或服务），才会选择进行购买。

（2）品牌。品牌是消费者做出购买决定的重要参考因素。因为消费者认为知名度高、口碑好的品牌，旗下产品往往更容易让人放心。对此，在进行营销时，一方面可以将品牌的知名度和口碑作为一个宣传重点；另一方面也需要想办法提高品牌的知名度和口碑，增强品牌的信服力。

（3）价格。产品的价格一直以来都是消费者购买产品时的重要参考因素之一。如果产品具有价格优势，便可以将其作为一个新媒体营销重点，吸引消费者下单消费。

（4）渠道。产品营销的渠道越多，营销效果通常也就会越好。可以结合短视频平台、电商平台，以及各大新媒体平台进行多渠道营销，提高产品的传达率和知名度。

4.2.7 获得价值和情感认同

某品牌猫爪杯原价是 199 元，却被炒到了 600 元。可即便如此，仍有部分消费者肯花钱购买。如图 4-14 所示为某品牌猫爪杯外观图。

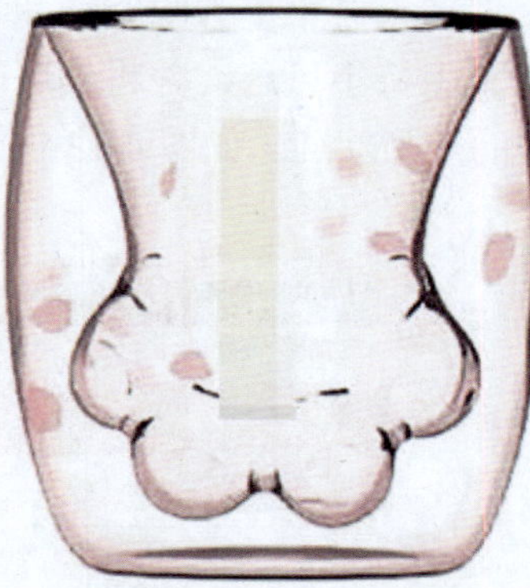

图 4-14 某品牌猫爪杯外观图

看到这款杯子的外形后，许多人可能会觉得不过就是外观有些特别的杯子罢了，卖 199 元都算很贵了，卖到 600 元还有人买简直就是一件无法理解的事。然而，这件看似不可能的事就是发生了。

那么，猫爪杯为什么贵还有人买呢？这主要是因为它获得了消费者的价值和情感认同。一方面，生产杯子的厂商是一个知名的品牌，杯子又是限量的。所以，它在许多经常喝该厂商饮品的消费者心中代表的就是无可估量的价值。这与明星签名有相似之处，在普通人看来，可能并没有太大的价值。但是，对于粉丝来说，只要能拿到，花钱也乐于接受。另一方面，该杯子中的猫爪形状满足了粉丝们的情感需求。产品一旦与猫产生联系，便多了一层情感附加值。再加上该款杯子颜值高，所以会愿意将其买回家，哪怕只是放在家里欣赏。

4.3 精准占领目标市场

产品营销依赖于各方面的共同作用，为了通过打造产品来树立企业口碑，就应该做好产品定位、细分找切入点和抓住长尾市场，从而精准占领目标市场。在新媒体营销中，产品的打造环节更为复杂，但又更加快速，这也决定了企业应该精准占领目标市场，打造爆品。

4.3.1 做好产品定位

利用产品树立口碑和精准占领目标市场，首先要明确产品定位。产品定位是根据用户或者市场的诉求，来设计相对应的产品，使用户得到满足。

在对产品进行定位后，接着制定产品设计方案以及宣传方法，将大大有利于打造产品口碑。可产品定位决定了产品口碑，如果一个产品的定位不准确，那么口碑很难树立起来，自然也就无法精准占领目标市场了。对产品定位应做到以下几点。

1．以产品定位为中心

要想利用产品定位树立良好口碑，从而精准占领目标市场，最重要的就是营销不能脱离定位。因为忽略产品定位与营销之间的联系，有可能酿成“事倍功半”的后果，造成金钱和时间上的双重浪费。产品定位需要考虑以下几个因素。

（1）产品外观的设计。

（2）主要面向的消费群体。

（3）产品具备的主要功能。

确定产品定位后，接着把口碑营销的设计与产品的定位相结合。在进行营销时，切记一切都要以产品定位为中心，如此才能打造好的口碑。

2．添上消费者喜爱的因素

在对产品定位时，一般都会对其目标消费人群进行锁定，也就是在产品诞生之前或诞生之初就明确了目标消费人群。为了能够更有把握吸引目标消费人群，企业最明智的做法就是在产品中加入消费者喜爱的因素，比如美观的包装、实用的功能等。

在产品营销的过程中，也要有意强调特别因素，有效地引起目标消费人群的兴趣，为产品所吸引，从而提高产品口碑。

以某运动蓝牙耳机为例，这款产品主要面向热爱运动的消费人群。在设计前，研发团队发现，随着社会竞争的不断加剧，年轻人喜欢通过运动的方式来减压，在运动的过程中，往往少不了音乐的陪伴。但是，很多耳机都不是很适合运动时使用，而这款运动蓝牙耳机就是专门为运动人群量身打造的。

3．把产品做到极致

想要对产品的定位进行扩展，获得更多消费者的喜爱和支持，就要保证产品的质量和功能。因为只有质量达标，功能实用丰富，才能更加有效地吸引消费者。因此，最好的办法就是把产品做到极致，让产品自己强大起来。这样就能利用定位增添底气，拓宽范围，而不仅仅局限于小部分消费人群。

以某公司的产品为例，在诞生之初就是以“为发烧而生”为基本原则，就是把产品做到“死磕极致性价比”。为消费者带来了一款又一款充满惊喜的产品，其创始团队就是对数码有着深厚的兴趣，因此坚守原则，只为科技本身。

该公司的成功定位，促使发展越来越好，同时也大力推动了口碑营销，获得了电子产品爱好者和科技痴迷者的追捧和支持，从而为企业树立了口碑。

4.3.2 细分找切入点

在进行产品打造之前，需要通过细分市场找到产品打造的切入点，这样，才能精准地占领消费者市场。对市场进行细分时需要注意以下几个问题。

（1）给产品定好位。

（2）给市场进行分类。

（3）明确企业或产品的发展方向。

为了打造产品的切入点，更好地吸引消费者的注意力，企业要在市场的细分上下功夫。一方面要了解市场的动态和趋势；另一方面要让产品跟上市场的步伐和布局，做到精准出击，一触即发。

在思绪混乱时设计和生产产品，这种效率是不高的，产品针对性不强，往往与市场的需求不对口。因此，需要做到细分市场，把产品与市场需求结合在一起，不求和多，只求精和有效。

如此一来，就能打造出符合消费者的产品，得到消费者的认同和支持，从而树立起牢固的口碑。

比如某文化公司为了打造好产品，对市场进行了有效细分，专注于微信公众号的营销，并由此衍生出多个精品，形成口碑。如《微信公众营销：赚钱技巧＋人气打造＋运营方案+成功案例》《微信公众号营销：数据精准营销＋内容运营＋商业变现》《微信公众号营销：微信群的组建、吸粉和营销》等作品，都是微信营销中的优秀书籍。

对于市场的细分一定要重视，不然只会导致产品与市场的错位，从而浪费资源。为了节省时间和资源，打造最佳效果的产品，细分市场、精准出击才是正确的选择。总之，要注重各方面细节，做到谨小慎微和一丝不苟。

4.3.3 抓住长尾市场

产品的打造一是要有个性；二是要抓住长尾。市场需求可分为两类：一类是主流的需求，这部分需求被称为头部需求；另一类则是相对个性化的、小众的需求，这部分需求被称为尾部需求。

大多数企业在给产品定位时，想的可能是提供大多数人都能用的产品。殊不知，这样的产品往往也是比较多的。而那些需求较少的，也就是长尾需求，却往往容易被人忽略。其实，只要抓住了长尾需求，小众的产品也能创造出巨大的价值。

在产品打造过程中，可以通过产品特色更好地吸引消费者。如果一个长相平平、没有任何特点的人走在人群中，肯定不会引起人的关注。但如果是长得漂亮或者是丑陋的人就会使得别人多看几眼。在这里“漂亮”和“丑陋”就是人拥有的特色，产品也是如此。在打造产品时，给产品注入特色的方法有以下几个。

（1）外观设计要新颖。

（2）功能要有亮点。

（3）宣传方式要独特。

由此可见，为产品注入特色不仅是从产品本身入手，还要兼顾产品营销。因为打造产品的目的是赢得消费者的喜爱，并树立一个好的口碑，因此任何方面都不能忽视。

抓住长尾市场，以某国际网购平台为例，它有部分产品十分热销，同时它懂得抓住剩下的市场，因为其他产品加起来的销量与热销的产品份额差不多，这就是“长尾效应”，也是打造口碑的巧妙途径。为了树立企业的口碑，在打造产品个性上是绝对不能松懈的。当然，为了最大程度得到消费者的认可，也要学会抓住长尾，做到头尾两不误。

4.3.4　对比突出优势

打造产品还可以借助比衬（对比衬托）的方法，可以通过产品的打造来赢得市场口碑，吸引消费者的购买力，也可以借助别的知名品牌的名气。这就是借势为自己的产品打广告，做宣传。

这种方法是为新兴企业打响自己的品牌而量身定做的，因为单靠短视频自身的力量而被消费者熟知，并快速地树立起企业的口碑，是一件充满挑战性的事情。因此，一方面要保障好产品的质量；另一方面也要学会借助比衬突出自身。

1．产品兼顾质量和特色

虽然是利用其他品牌来进行比衬，但企业切记要注重自身产品的质量要有保障，具体要做到“三要”，要有品质、要有个性、要有亮点。

如果产品本身毫无特色，而且质量又不过关，那么借助比衬突出的就是产品的缺点和不足，效果只会适得其反。反之，产品将会利用自己的独特优势获得消费者的认同，从而可以迅速树立一个好的口碑。

以某手机品牌为例，手机良好的功能和美观的设计一直被消费者所喜爱，同时也经常与同类产品相比。高端手机一直都是手机行业中的佼佼者，功能和外观是相当出色的。该手机品牌最为显著的优势当数极高的性价比，功能相近其他智能手机。因为价格往往要比同行低得多，这也是许多人成为粉丝的重要原因，如图 4-15 所示。

2．与知名品牌作比较

在选择别的企业作为比衬参考时，要有相应的标准，不能随意乱找，敷衍了事，因为选择的对比对象，也将影响产品的自身高度。选择比衬对象要满足三个条件：市场业绩要高、声誉要好和知名度要高。

选择“靠谱”对象进行比衬，对于企业和产品都是有利的。因为大品牌往往已经形成了固定的消费群体和强大的影响力，借助大品牌的势头能快速吸引消费者的关注，从而打造口碑，更精准地占领目标市场。

3．不能一味地贬低别人

在通过比衬突出自身品牌时，切忌走偏。比衬的实质是借势，而不是通过贬低别人而抬高自己。在比衬的过程中需要明确两点：一是比衬不等于“否定”；二是比衬时不能恶意诽谤。

有些企业在比衬的过程中没有找对方向，或者没有把握好尺度，就会走入“歧途”，做出对其他品牌不利的事情，比如故意抹黑、雇佣水军等。这样做带来的结果只会让企业陷入困境，严重的话，可能会元气大伤。

想要通过比衬这种方式博得更多关注，打造口碑；应该把好产品质量关，寻找正确的比衬参考，以便突出自身产品的特有优势。只有这样，才能吸引消费者的眼球，继而得到消费者的喜爱和追捧。

图 4-15　某手机品牌生产的手机

4.3.5　赋予精神力量

产品从某种角度来讲，也会给人带来一种精神的力量，比如激励、积极和阳光等。这些都是由于在产品打造过程中，为产品加入了“鸡汤”的元素。一款产品设计的好坏可能会左右人的情绪，使人心情愉悦的产品具备以下几种要素。

（1）看：美观的外形。

（2）吃：可口的味道。

（3）听：动听的音乐。

（4）用：实用的功能。

因为产品功能都相差无几，所以很多时候消费者将注意力集中放在了情感和精神方面。所以应该给产品注入正面的能量，具体分析如下。

1．注重产品细节和外观

给产品浇上“鸡汤”从外观设计上体现就是把产品打造得美观大方，而且更要注重产品细节的打磨，带给消费者一种美的感受，提供给消费者最优质的产品体验，让其感受到产品积极的精神。

2．为产品添加文化内涵

在给产品浇上“鸡汤”时，需要注意的不仅仅是外观设计，产品传达的内涵和文化也需要加点“鸡汤”。这样一来，消费者只要一看到产品，就会自动联想到和产品独有的内涵，从而充满力量，不再感到彷徨。这就是给产品内涵加“鸡汤”的意义。

以某品牌手机为例，它就添加了“鸡汤”，而且在营销过程中还主动推出了“勇敢做自己”的宣传文案，对产品进行推广，如图 4-16 所示。这不仅吸引了广大年轻群体的目光，还传递了该手机所含的积极向上的精神。

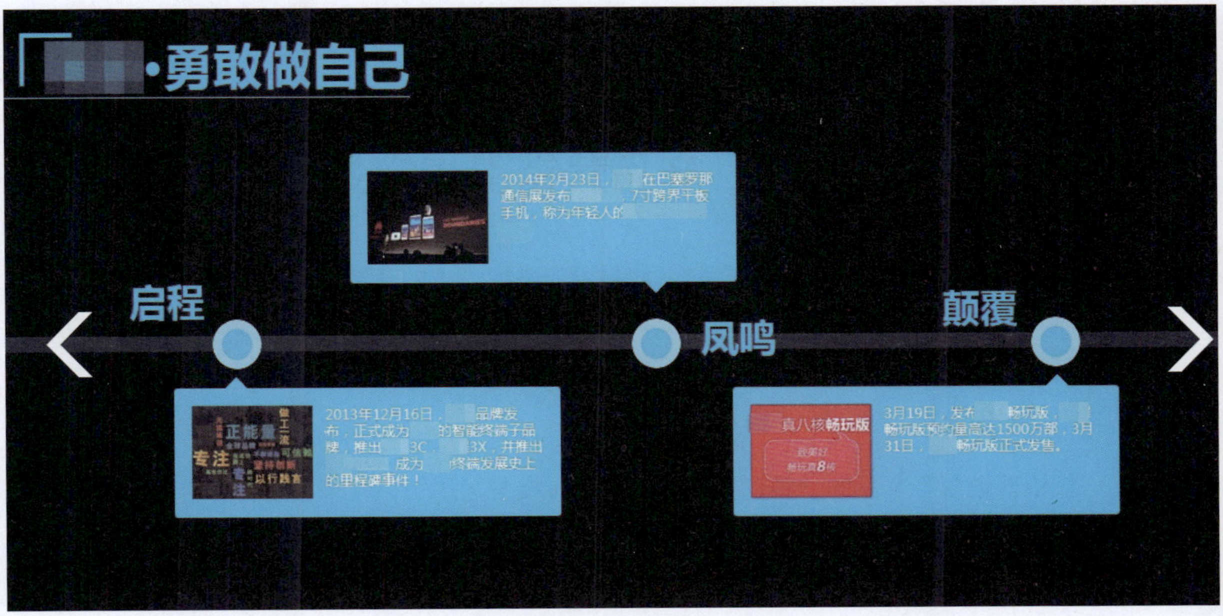

图 4-16　某手机宣传文案

3．展示传统文化的精华

给产品浇上“鸡汤”时，可以把传统文化中的精华部分也结合起来，这样，既可以赋予产品更深厚的含义，也可以助力优秀传统文化的继承和发扬。一个产品如果与优秀传统文化挂钩，就很有可能打动消费者的心，并迅速树立企业的口碑。以知名白酒品牌为例，就成功在产品和营销手段上浇上了“传统文化”的鸡汤，具体的做法如下。

（1）产品名字带有“家”字。

（2）广告语“××家酒，叫人想家”。

（3）推出“回家篇”广告。

该白酒品牌在产品中巧妙地融入了“家”的优秀传统文化，唤起了无数消费者对家的记忆和想念，成功把品牌文化和大众的普遍情感相结合，从而使消费者对产品产生一种特别的情感，为产品打造了坚不可摧的口碑效应。

4．推出“鸡汤”广告

要想给产品浇上“鸡汤”，除了对产品进行加工外，还可以通过打造专门消费者的专属广告传递积极向上的精神。这是一种旁敲侧击的方法，好处就是让品牌推广不那么生硬，而是无限贴近消费者的真实状态，从而使消费者变得能量满满，为企业的文化和品牌所折服。为消费者量身打造的“鸡汤”广告所需要展示的内容有以下几个。

（1）励志，激励人前进。

（2）表现家庭亲情。

（3）发扬社会公益精神。

需要注意的是，“鸡汤”广告虽然能带给消费者正能量，但也要注意不能无限度地使用，要与产品附带的“鸡汤”相结合，才能达到更好的效果。为产品浇上“鸡汤”是帮助产品精准的占领市场的有效方法，可以为企业和店铺树立口碑，也可以推动产品销量的提高，可谓两全其美。

4.4 产品营销引爆销量

在当今社会，“酒香不怕巷子深”，如果不能掌握一定的营销方法，即便再好的事物，可能也难以为人所知，也就更不用说变现了。要想将产品前景和“钱景”握在手中，并借助新媒体营销引爆销量，还得掌握一些必要的产品营销方法。

4.4.1 饥饿营销

饥饿营销属于常见的一种营销战略，但是，要想采用饥饿营销的策略，首先还需要产品有一定的真实价值，并且品牌在消费者心中有一定的影响力，否则目标用户可能并不会买账。饥饿营销就是通过降低产品供应量，造成供不应求的假象，从而形成品牌效应、快速销售产品。

饥饿营销运用得当产生的良好效果是很明显的，对企业的长期发展十分有利。如图 4-17 所示为某白酒和某面膜的饥饿营销相关界面，这二者便是通过极低的价格销售较为有限的数量的方式，使有需求的消费者陷入疯狂抢购之中。

饥饿营销可以起到两个作用。一是获取流量，制造短期热度。比如，在白酒和面膜的秒杀活动中，受价格的影响，大量消费者将涌入该产品的购买界面。二是增加认知度，随着此次秒杀活动的开展，许多用户一段时间内对品牌的印象加深，对品牌的认知度也将获得提高。

图 4-17　某白酒和某面膜的饥饿营销相关界面

4.4.2　口碑营销

在互联网时代，消费者很容易受到口碑的影响，当某一事物受到主流市场推崇时，大多数人都会对其趋之若鹜。对于短视频运营者来说，口碑营销主要是通过产品的口碑，进而通过好评带动流量，让更多消费者出于信任购买产品。

常见的口碑营销方式主要包括经验性口碑营销、继发性口碑营销和意识性口碑营销。

1．经验性口碑营销

经验性口碑营销主要是从消费者的使用经验入手，通过消费者的评论让其他用户认可产品，从而产生营销效果。如图 4-18 所示为某店铺中某商品的评论界面。

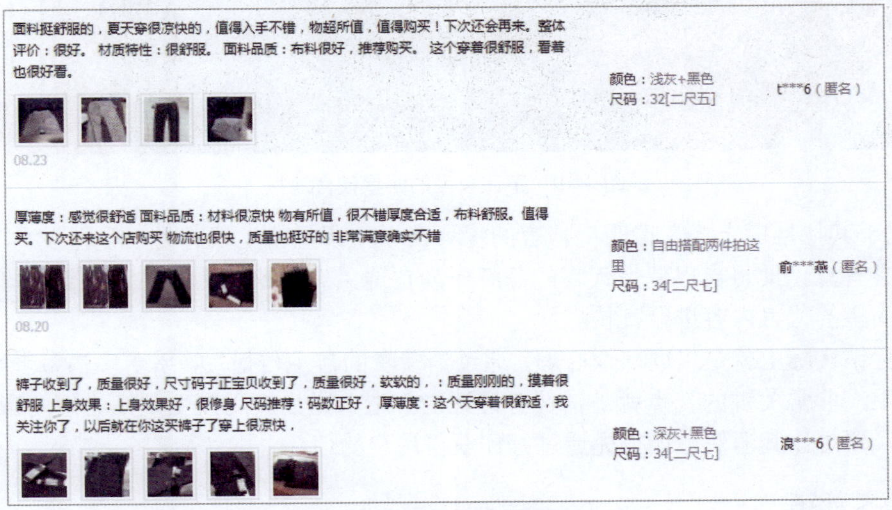

图 4-18　某店铺中某商品的评论界面

随着电商购物的发展，越来越多的人养成了一种习惯，那就是在购买某件产品时一定要先查看他人对该物品的评价，以此对产品的口碑进行评估。如果店铺中某件商品的总体评价较好时，产品便可凭借口碑获得不错的营销效果。

在图 4-18 中，绝大多数用户都是直接给好评。因此，当某一用户看到这些评价时，可能会认为该产品总体比较好，并加入购物清单，产品便借口碑将营销变为了“赢销”。

2．继发性口碑营销

继发性口碑的来源较为直接，就是消费者直接在短视频平台或电商平台上了解相关的信息，从而逐步形成的口碑效应，这种口碑往往来源于短视频平台或电商平台的相关活动。

以“京东”为例，在该电商平台中，便通过“京东秒杀”“大牌闪购”“品类秒杀”等活动，给予消费者一定的优惠。所以，“京东”便借助这个优势在消费者心中形成了口碑效应。

3．意识性口碑营销

意识性口碑营销，主要就是由名人效应延伸的产品口碑营销，由名人的名气决定营销效果，同时明星的粉丝群体也会进一步提升产品的形象，打造产品牌。如图 4-19 所示为某化妆品的明星代言海报。

图 4-19　某化妆品的明星代言海报

相比于其他推广方式，请明星代言的优势在于，明星粉丝很容易“爱屋及乌”，在选择产品时，会有意识地将自己偶像代言的品牌作为首选，有的粉丝为了扩大偶像的影响力，甚至还会将明星的代言内容进行宣传。

口碑营销实际上就是借助从众心理，通过消费者的自主传播，吸引更多消费者购买产品。在此过程中，非常关键的一点就是消费者好评的打造。因为新用户受从众心理的影响进入产品界面后，要想让其消费，还得先通过好评获得用户的信任。

4.4.3　跨界营销

跨界就是从大众熟知的领域中走出来，去开展其他领域的业务。跨界并不是不务正业，而是在原有业务的基础上，探索新的可能性，从而增加运营者旗下产品的整体覆盖面。

对于有一定影响力的企业来说，跨界营销可以说是一种拓展业务范围的有效方式。因为凭借积累的影响力，许多用户已经比较信任了。这就好比“口红一哥”不卖口红，跨界去卖别的产品，甚至跨界去做其他事情，同样也会吸引无数关注，因为他本身就拥有较强的影响力。

4.4.4　事件营销

事件营销就是借助具有价值的新闻、事件，并结合产品的特点进行宣传推广。运用事件营销引爆产品的关键就在于结合热点和时事。

以“垃圾分类”的热门话题为例，随着话题的出现，紧接着一大批明星名人也迅速加入话题讨论，使其成为了网络一大热点。许多企业看到该事件后，推出了垃圾分类益智玩具，如图 4-20 所示。

图 4-20　垃圾分类益智玩具

该垃圾分类益智玩具推出之后，借助“垃圾分类”热点事件，再加上该产品在快手、抖音等新媒体平台上的疯狂宣传，产品知名度大幅度提高，随之而来的是大量消费者涌入店铺，产品成交量快速增加。

事件营销对于打造爆品十分有利，但是事件营销如果运用不当，也会产生一些不良影响。因此，在事件营销中需要注意：事件营销要符合新闻法规、事件要与产品有关联性、营销过程中要控制好风险等。

事件营销具有几大特性，分别为：重要性、趣味性、接近性、针对性、主动性、保密性和可引导性等。这些特性决定了事件营销可以帮助产品变得火爆，从而成功提高产品销量。

本章小结

本章主要介绍了新媒体产品营销的技巧，以及战略，包括四个方面，把握产品需求与价值、掌握产品营销的关键点、精准占领目标市场，以及产品营销。通过本章的学习，可以帮助读者提高产品销量。

本章习题

1. 对产品进行定位时，需要考虑哪些因素？
2. 什么是饥饿营销？有何作用？

第5章　新媒体引流营销

本章导读

新媒体的多元化已是一个发展大趋势，其影响力越来越大，用户也越来越多。对于这个聚集大量流量的地方，企业和个人怎么可能会放弃这么好的流量池呢？本章将介绍新媒体引流营销技巧，让引流效率翻倍，营销能力得到提高，每天都能够轻松吸粉1 000+以上！

本章重点

- 爆发式引流营销
- IP引流营销
- 引流营销技巧

5.1　爆发式引流营销

各大新媒体平台上聚合了大量的热点信息，同时也聚合了很多流量。如何通过新媒体引流，让它为己所用才是关键。本节主要介绍引流营销方法。

5.1.1　硬广引流营销

硬广告引流法是指在图文或短视频中直接展示产品或品牌，建议用户购买一个摄像棚，将平时的图片整理出来，制作成照片或电影来发布视频，如减肥前后效果对比图、美白前后效果对比图等。

例如，某手机的抖音官方账号不仅推出了各种原创类高清短视频，同时结合手机产品优势和功能特点推广产品，吸引粉丝关注，如直接在短视频中提问“××史上最贵的屏幕是什么样子？”，如图 5-1 所示。

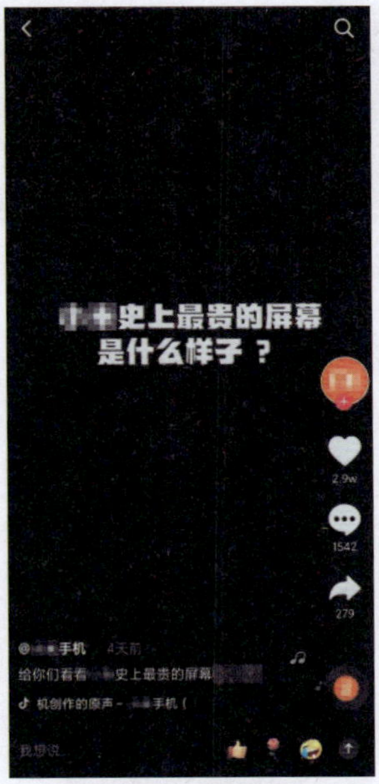

图 5-1　某手机的抖音官方账号硬广引流营销

5.1.2　热搜引流营销

蹭热词已成为一项重要技能。可以利用平台热搜寻找当下的热词，并让图文或短视频高度匹配这些热词，得到更多的曝光和营销机会。利用热搜引流营销的方法有：标题文案紧扣热词、话题与热词吻合、选用背景音乐（background music，BGM）与热词关联度高、账号命名踩中热词。具体介绍如下。

1．标题文案紧扣热词

如果某个热词的搜索结果是与之高度匹配的内容，可以在文案中完整地写出这些关键词，提升搜索匹配度的优先级别。

2．话题与热词吻合

以“医生”热词为例，搜索结果显示，相关话题的浏览人数达到 153 亿，如图 5-2 所示。从视频搜索结果的热门作品中可以看出，能够获得 8 万的点赞量，是因为带有包含“医生”热词的话题，如图 5-3 所示。

图 5-2　“医生”热词的搜索结果

图 5-3　话题与“医生”热词吻合

3．选用 BGM 与热词关联度高

例如，从“最天使”搜索结果看，部分短视频从文案到标签，都没有“最天使”的字样。之所以短视频能得到曝光机会，是因为 BGM 使用了《最天使》这首歌，如图 5-4 所示。因此，使用与热词关联度高的 BGM，同样可以提高新媒体内容的曝光率，以及营销力度。

图 5-4　选用与热词关联度高的 BGM

4．账号命名踩中热词

账号命名踩中热词的方法比较取巧，甚至需要运气。但对跟热词相关的垂直账号来说，一旦账号命名踩中热词，曝光几率会大幅增加。

可以在新媒体平台上寻找“热点榜”。例如，常见的抖音热榜和微博热搜榜，如图 5-5 所示。可以从中选择与新媒体内容相关的话题，并把话题添加到标题中，搭上热榜的顺风车，增加曝光量和营销力度。

图 5-5　抖音热榜（左）与微博热搜榜（右）

5.1.3　原创引流营销

对于能力较强的企业而言，原创引流营销是最好的选择。可以把创作好的原创内容发布到新媒体平台，同时在账号资料中进行引流。如昵称和个人简介中留下联系方式，从而让用户在微信内达成交易。如图 5-6 所示为某些账号的个人简介。

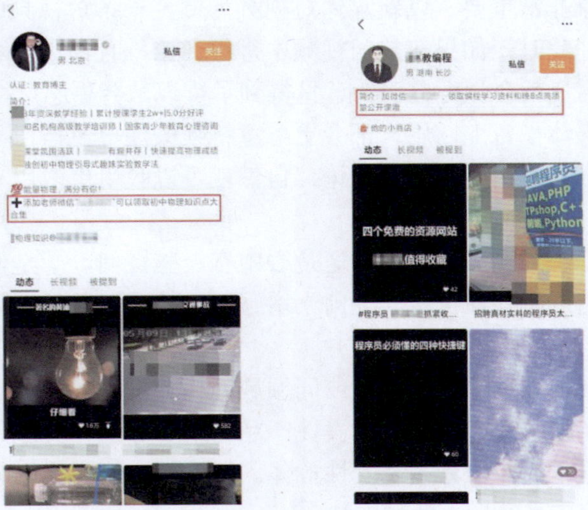

图 5-6　某些账号的个人简介

新媒体上的年轻用户偏爱热门和有创意的内容，如剧情类、才艺类、心得分享、搞笑等多样化内容。因此，可以利用新媒体平台，记录日常生活，内容健康向上，不拘于一个风格，让作品获得更多推荐。如图 5-7 所示为利用才艺进行引流营销的短视频。

图 5-7　利用才艺进行引流营销的短视频

5.1.4　评论引流营销

新媒体评论区的用户，基本上都是精准用户，而且都是活跃用户。可以先编辑好一些引流话术，话术中带有微信等联系方式；也可以在评论区回复其他人的评论，而评论内容直接复制粘贴引流话术即可。

1. 评论热门作品

评论热门作品可分为两点：一点是回复评论；另一点是吸引精准粉丝。

回复评论对于引流非常重要。以新媒体短视频为例，一条短视频成为热门视频之后，会吸引许多用户的关注。此时，如果在热门视频中进行评论，且评论内容对其他用户具有吸引力，那些积极评论的用户就会觉得自己的意见得到了重视，会更愿意持续关注。

不管是在哪个新媒体平台上，用户都会更愿意持续关注尊重自己的账号。如果秉持这个理念，并将这个理念贯彻，用心去回复评论，自然就可以吸引更多用户关注自己的账号，同时还能提高营销能力。

有时候用户虽然有购买产品的需求，但是心中有一些疑问，于是便选择通过评论来寻找答案。此时，便可以通过解答评论中的疑问来增强用户的购买需求，并增强用户对账号的依赖性。

吸引精准粉丝主要是通过关注同行业或同领域的相关账号，评论热门作品，并在评论中打广告，给账号或者产品引流。例如，卖女性产品的企业可以多关注一些护肤、美容等相关账号，因为关注这些账号的粉丝大多是女性群体。可以到“新媒体人大咖”或者同行的评论区进行评论。评论热门作品有以下两种方法。

（1）直接评论热门作品：特点是流量大、竞争大。

（2）评论同行的作品：特点是流量小，但是粉丝精准。

例如，某减肥产品企业，可以在新媒体平台搜索减肥类关键词，便可找到同行的热门作品。可以将以上两种方法结合一起做，同时注意评论的频率。评论的内容不可以千篇一律，不能带有敏感词。

评论热门作品有两个小诀窍，具体方法如下。

（1）登录小号，到热门作品下进行评论，评论内容如：想看更多精彩内容，请点击@大号。

（2）登录大号，直接在热门作品评论区回复：想要看更多好玩的视频请点我。需要注意的是，大号不要频繁进行这种操作，建议一个小时内去评论两到三次即可，太频繁评论可能会被系统禁言。这么做的目的是直接引流，把别人热门作品里的用户流量引入到自身的作品里面。

▶ 专家指点

对于某些大号来说，一一回复用户评论是不现实的。此时，可以重点选择部分热门评论进行回复，或者通过赞同的、精彩的评论点赞，来表示对评论的关注。

2．使用引流软件

网络上有很多专业的引流软件，这些引流软件可以在多个平台二十四小时同时工作，源源不断地进行引流。只要把编辑好的引流话术填写到软件中，然后打开开关，软件就自动不停地在抖音等平台的评论区评论，带来大量流量。

仅仅通过软件自动评论引流的方式还不是很完美，还需要上传真实的视频，对新媒体营销多用心，这样粉丝黏性会更高，流量也更加精准。

5.1.5　矩阵引流营销

矩阵引流营销是指通过同时做不同的账号运营，来打造稳定的粉丝流量池。运营一个账号是运营，运营十个账号也是运营，同时运营多个账号，可以为带来更多的收获。

想要打造新媒体矩阵需要团队的支持，团队至少要配置两名主播、一名拍摄人员、一名后期剪辑人员，以及一个推广营销人员，这样才能够保证多账号矩阵的顺利营销。新媒体矩阵的好处很多，首先可以全方位地展现品牌特点；其次扩大营销范围；最后形成链式传播来进行内部引流，大幅度提升粉丝数量。

例如，被抖音带火的城市西安，就是利用矩阵引流营销。据悉，西安已经有七十多个政府机构开通了官方抖音号，这些账号通过互推合作引流，同时搭配关键意见领袖（key opinion leader，KOL）引流策略，让西安成为了新媒体人打卡城市。西安政府机构通过打造新媒体矩阵，可以大幅度提升城市形象，同时给旅游景点引流。

新媒体矩阵可以最大限度地降低单账号运营风险，这和投资理财强调“不把鸡蛋放在同一个篮子里”的道理是一样的。多账号一起运营，无论是在做营销活动，还是在引流上，都可以达到很好的效果。建立新媒体矩阵的注意事项，如图 5-8 所示。

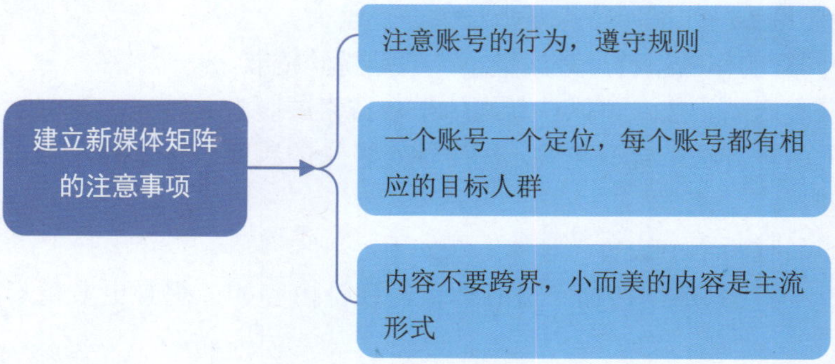

图 5-8　建立新媒体矩阵的注意事项

新媒体矩阵的账号定位非常重要，每个账号角色的定位不能过高或者过低，更不能错位。既要保证主账号的发展，也要让子账号得到很好的成长，还要让彼此成为一个互动的营销矩阵。例如，某国产手机，利用新媒体矩阵分别开设了××终端、××花粉之家、××产品技巧、××手机技巧、××5G、××玩机技巧等一系列子账号，如图 5-9 所示。

图 5-9　某国产手机利用新媒体矩阵开设子账号

5.1.6　跨平台引流营销

跨平台引流营销，可以扩大引流营销面，获取更多的目标用户。

1．微信引流

微信平台引流主要分为：一是微信聊天引流；二是朋友圈引流；三是公众号引流。

（1）微信聊天引流。微信聊天功能既是重要的沟通工具，也是引流营销的渠道。在新媒体平台中，一般都开设了分享功能，可以利用该功能，将新媒体内容直接发送至微信聊天界面，从而达到引流营销的目的。如图 5-10 所示为今日头条（左）与抖音（右）的分享界面。

图 5-10　今日头条（左）与抖音（右）的分享界面

（2）朋友圈引流。朋友圈传播范围虽然小，但是影响程度高，有着其他平台无法比拟的优势，具体如下。

①用户黏性强，很多用户每天都会去翻阅朋友圈。

②朋友圈好友间的关联性、互动性强，可信度高。

③朋友圈用户多，覆盖面广，二次传播范围大。

④朋友圈内转发和分享方便，易于短视频内容传播。

在朋友圈中进行新媒体营销推广，应注意以下几个问题。

第一，在拍摄视频时要注意开始拍摄时画面的美观性。因为推送到朋友圈的视频，是不能自主设置封面的，显示的就是开始拍摄时的画面。也可以通过视频剪辑的方式保证推送视频“封面”的美观度。

第二，在推广新媒体内容时要做好文字描述。呈现在朋友圈中的图文或短视频，能让好友第一眼就能看到。因此，在新媒体内容发送前，要把重要的信息放上去，如图 5-11 所示。这样设置的好处是：一是有助于用户了解图文或短视频内容；二是可以吸引用户点击查看该动态。

第三，在朋友圈推广商品时，要利用朋友圈添加视频号信息的功能。比如，可在视频下方贴出视频号信息，如图 5-12 所示。

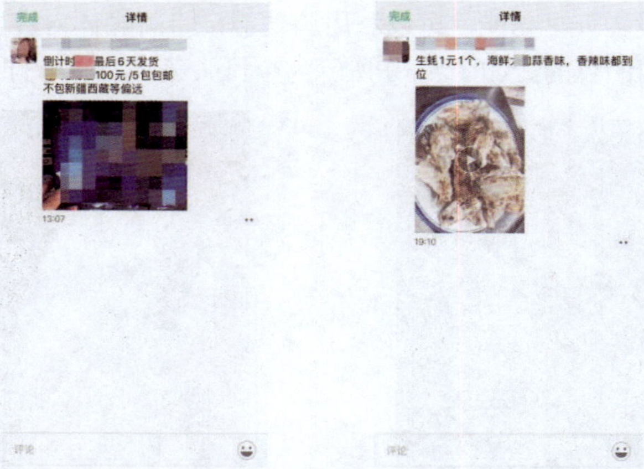

图 5-11 朋友圈重要信息的文字表述界面

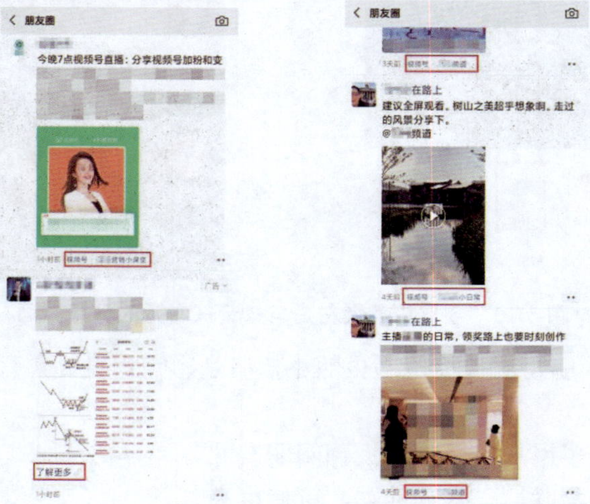

图 5-12 利用朋友圈添加视频号信息的功能

（3）公众号引流。微信公众号就是个人、企业等主体进行信息发布，并通过运营来提升知名度和品牌形象的平台。如果要选择一个用户基数大并通过长期的内容积累构建自己的品牌，实现新媒体营销为目的，那么微信公众号是一个理想的新媒体传播平台。

在微信公众号上进行营销推广时，可以在微信公众号中展示其他平台账号的基本信息，也可以在微信公众号文章中插入其他平台的内容。

对新媒体内容进行营销推广时，其对象并不局限于某一个短视频或某篇图文。如果打造的是有着相同主题的某系列，还可以把新媒体内容组成一篇文案，这样更有助于用户了解该产品的推广主题。

2. QQ 引流

腾讯 QQ 有两大推广利器，一是 QQ 群；二是 QQ 空间。

无论是微信群还是 QQ 群，如果没有设置“消息免打扰”，群内任何人发布信息，群内其他人是会收到提示信息的。因此，朋友圈和微信公众号不同，通过微信群和 QQ 群推广短视频，可以让推广信息直达用户，用户关注和播放的可能性也就更大。

微信群和 QQ 群内的用户都是基于一定目标、兴趣而聚集在一起的，如果推广的是专业类的视频内容，那么可以选择这一类平台。

目前，QQ 群分出了许多热门分类，可以通过查找同类群的方式加入，然后对新媒体内容进行营销推广。QQ 群营销推广主要包括 QQ 群相册、QQ 群公告、QQ 群论坛、QQ 群共享、QQ 群动态和 QQ 群话题等。比如，利用 QQ 群话题来推广新媒体内容，可以通过相应人群感兴趣的话题来引导 QQ 群用户的注意力。在摄影群里，可以提出摄影人士普遍认为有难度的摄影场景，引导用户讨论；然后再适时分享能解决这一摄影问题的短视频。

QQ 空间时引流的好媒介，在 QQ 上建立一个跨平台矩阵账号，这样才能更有利于积攒人气，吸引更多用户关注和观看。常见的 QQ 空间推广方法如下。

（1）QQ 空间链接推广：利用“小视频”功能在 QQ 空间发布短视频，让 QQ 好友点击查看。

（2）QQ 认证空间推广：订阅与产品相关的人气认证空间，更新动态时可以马上评论。

（3）QQ 空间生日栏推广：通过“好友生日”栏提醒好友，引导好友查看动态信息。

（4）QQ 空间日志推广：在日志中放入新媒体账号的相关资料，更好地吸引用户关注。

（5）QQ 空间说说推广：QQ 签名同步更新至说说上，用一句有吸引力的话激起好友们的兴趣。

（6）QQ 空间相册推广：很多用户都喜欢查看相册，所以相册也是很好的引流工具。

（7）QQ 空间分享推广：利用分享功能分享新媒体内容，好友点击动态即可进行查看。

3．微博引流

在微博平台上进行短视频推广，除了需要大的微博用户基数外，还要依靠“@”功能和热门话题实现推广目标。

在进行微博推广的过程中，“@”功能非常重要。在博文里可以“@”明星、媒体或企业，借助他们的粉丝扩大自身的影响力。若明星在博文下方评论，则会受到很多粉丝及微博用户关注，那么短视频定会被推广出去。如图 5-13 所示为某企业通过“@”某媒体做联合营销的案例。

微博“热门话题”是制造热点信息的新媒体平台，也是聚集网民数量较多的平台。所以要利用好热门话题，推广短视频和图文，发表看法和感想，提高阅读和浏览量。

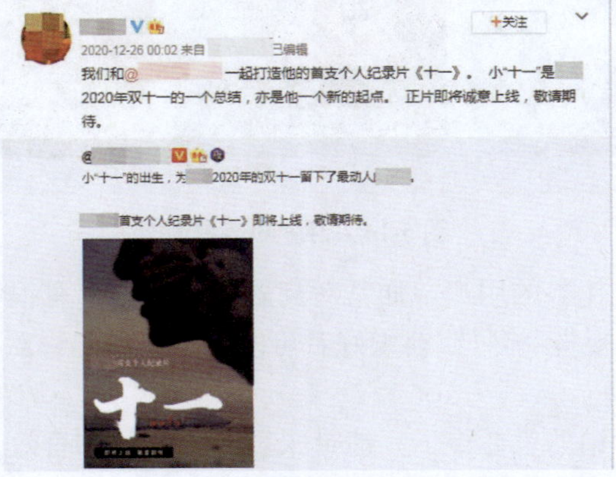

图 5-13　某企业通过“@”某媒体做联合营销的案例

4. 百度引流

作为用户常用的搜索引擎，百度毫无悬念的成为了互联网 PC 端强劲的流量入口。借助百度进行引流营销，可从百度百科、百度知道和百家号这三个平台切入。具体介绍如下。

（1）百度百科。百科词条是百科营销的主要载体，做好百科词条的编辑对企业至关重要。百科平台的词条有多种分类，从引流营销角度出发，主要词条包括以下四种。

①行业百科。可以以行业领头人的姿态，参与到行业词条信息的编辑，为想要了解行业信息的用户提供相关行业知识。

②企业百科。所在企业的品牌形象可以通过百科进行介绍，例如某些知名汽车在这方面做得十分成功。

③特色百科。特色百科涉及的领域十分广阔，例如名人可以参与自己相关词条的编辑。

④产品百科。产品百科是消费者了解产品信息的重要渠道，能够起到宣传产品，促进产品使用和产生消费行为等作用。

企业可以通过百度百科对企业的相关信息进行介绍，并将百度用户引流至新媒体平台，转化成该企业的营销对象。而以个人形式运营的用户，可以利用个人名气，创建个人特色百科。

（2）百度知道。百度知道在网络营销方面，具有很好的信息传播和推广作用，利用百度知道平台，通过问答的社交形式，对快速精准定位客户有很大帮助。百度知道在营销推广上有两大优势：精准度和可信度高。这两种优势能形成口碑效应，对新媒体营销显得尤为珍贵。如图 5-14 所示为百度知道界面，如果对图中置顶问题进行解答，就能吸引不少流量。

图 5-14　百度知道界面

通过百度知道询问或作答的用户，通常对问题涉及的内容有很大兴趣。比如，用户想要了解“有哪些饮料比较好喝”，部分饮料爱好者可能会推荐自己喜欢的饮料，提问方通常也会接受推荐去试用。

百度知道是新媒体营销的重要渠道，能带来直接的流量和有效的外链接。基于百度知道而产生的问答营销，是一种新型的互联网互动营销方式，问答营销既能为企业植入软性广告，同时也能通过问答来推广潜在用户。

（3）百家号。百家号是百度旗下的新媒体平台，于 2013 年 12 月份正式推出。入驻百度百家平台后，可以在该平台上发布文章，而平台会根据文章阅读量的多少给予一定收益。与此同时，百家号还以百度新闻的流量资源作为支撑，能够帮助企业对新媒体内容进行营销推广。

百家号上涵盖的新闻有五大模块，科技、影视娱乐版、财经版、体育版和文化版。另外，百度百家平台排版十分清晰明了，用户在浏览新闻时非常方便。在新闻模块的左边是该模块的最新新闻，右边是该模块新闻的相关作家和文章排行。

除了对品牌和产品进行宣传外，还可以通过发布内容，从百家号上获得一定的收益。百家号的收益主要来自以下三大渠道。

①广告分成：百度投放广告盈利后采取分成形式。

②平台补贴：包括文章保底补贴和百+计划、百万年薪作者的奖励补贴。

③内容电商：通过内容中插入商品所产生的订单量和分成比例计算收入。

5．注意事项

引流是变现的必经过程，没有流量就没有用户愿意购买产品。因此，在引流过程中，应该避开以下引流误区。

（1）盲目跟风。不要看当下什么火，什么内容可以大量吸粉，就跟着做。完全不考虑自身是否擅长这类内容，也不考虑自身账号设定是否适合发布这类内容。某手机品牌创始人曾说："站在风口，猪都会飞。"但是，猪能够飞起来，肯定是有准备的。同样的道理，不应该盲目跟风，要有所准备。

（2）软件刷粉。快手之类的软件采用的是智能算法，当使用第三方软件刷粉或者刷播放量，这只不过是利用快手的漏洞做的工具，刷出来的粉丝都是僵尸粉。对于引流没有意义，甚至会降低粉丝活跃度，伤害自身的账号。一旦快手查询到恶意刷粉，会列入黑名单，这种做法得不偿失。

5.2 IP 引流营销

知识产权（intellectual property，IP）引流营销包括：参与挑战话题、互推引流营销、IP 形象营销等。打造一个完美的 IP 引流营销，可以快速实现 IP 流量暴涨和产品大卖。

5.2.1 参与挑战话题

许多新媒体平台都有话题挑战赛，如抖音和快手。挑战性聚流是抖音开发的商业化产品，抖音平台运用了"模仿"这一逻辑，实现了品牌最大化的营销诉求。

根据平台发布的数据，以及在抖音上参加过挑战赛的品牌来看，这种引流营销模式是非常可行的。参与挑战赛需要注意的四点规则如图 5-15 所示。

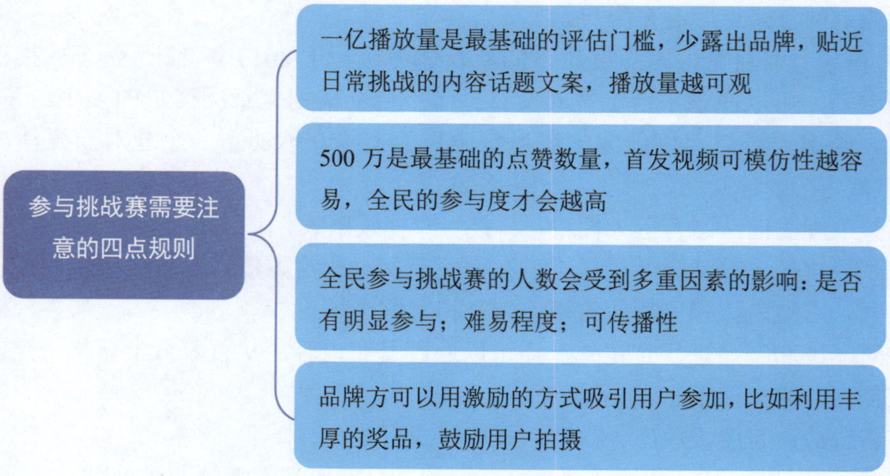

图 5-15　参与挑战赛需要注意的四点规则

如图 5-16 所示为某汽车品牌在抖音发起的“Kpose 挑战赛”，点击播放量达到了 16 亿多，该汽车品牌将抖音作为一个转化的重要平台，让品牌变得年轻化，向年轻群体靠拢。

图 5-16　某汽车品牌在抖音发起的“Kpose 挑战赛”，

参加挑战赛，官方会为品牌方提供更多的曝光，带去更多的流量。通过流量，可以实现累积粉丝、沉淀粉丝和更容易被用户接受等一些附加价值。

5.2.2　互推引流营销

互推引流营销指的是平台上寻找其他的运营者一起合作，互相将对方账号推给自己的粉丝群体，以达到双方可以引流和增粉的目的，做到双赢的效果。

互推和互粉引流营销比较类似，但是渠道不同。互粉主要通过社群来完成，而互推则更多的是直接在新媒体平台上与运营者合作，来互推账号。在账号互推合作时，还需要注意基本原则，这些原则可以作为选择合作对象的依据，如图 5-17 所示。

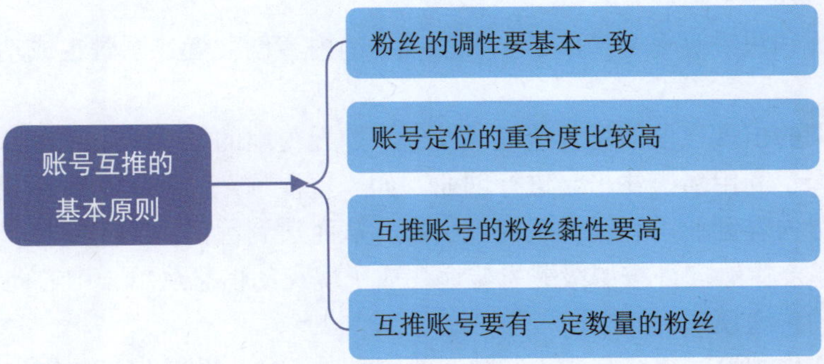

图 5-17　账号互推的基本原则

不管是个人号还是企业号，在选择要合作进行互推的账号时，还需要掌握账号互推的技巧，如图 5-18 所示。

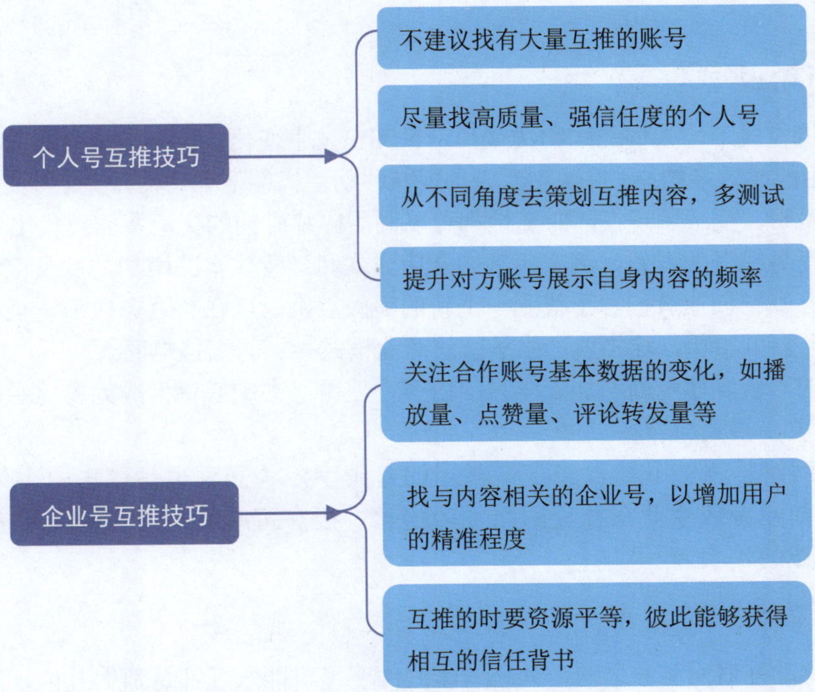

图 5-18　个人号和企业号的互推技巧

随着抖音在人们生活中出现的频率越来越高，不仅是短视频社交工具，也是重要的商务营销平台。通过互推，别的人脉资源也能很快成为自身的人脉资源，拓宽人脉圈。

5.2.3 IP形象营销

互联网时代，各种新媒体平台将内容创业带入高潮，再加上移动社交平台的发展，为新媒体营销带来了全新的粉丝经济模式，成为了新时代的商业趋势。

1．去中心化的粉丝经济

秒拍、微视和快手等平台聚集了一大批成功的内容创业者，同时也成功地吸引了大量的粉丝。

移动互联网的出现也使信息传统模式发生了翻天覆地的变化，与传统商业模式比，现在更多的企业选择了利用新媒体平台进行创业。如“短视频”为例，很多企业会选择在各个短视频平台上进行内容创业，利用优质内容引流，从而达到营销产品的目的。在新媒体时代，信息从之前的单一中心向外按层级关系传递变成了现在的信息从单一中心向多中心、无层级、同步且更快速的传递模式。

面对去中心化潮流，传统行业正在被互联网颠覆，并由此产生了O2O、互联网金融以及移动电商等新模式。同时，这也带来了更多的创业机会，通过网络成为了新媒体人。这些新媒体人都有一个共同的特点，就是都拥有强大的粉丝群。

在移动互联网时代，信息的传播速度急速增长，信息的碎片化特征也越来越明显，这些都对粉丝经济模式形成了一定的推动作用，同时也对互联网中的创业者和企业产生了深远的影响。

2．催生新商业模式

在粉丝经济模式下，人们的购物决策和路径都在发生变化。比如线下商圈变成了线上平台购物，之前用的比较多的PC端购物变成了现在移动手机端下单购物。以前需要固定的时间和地点才可以消费，变成了现在随时随地都可以利用碎片时间购买消费的现代化生活方式。

随着电子商务模式的发展，淘宝店铺的开店成本和运营成本的增加，以及市场竞争的逐步激烈，导致互联网创业者们急于找到一个新的突破点。所以在抖音、快手、视频号等新媒体平台上看到了新的希望，这样就产生了新的商业模式——新媒体电商。

先进模式的“新媒体电商”加上丰富的内容，使得“去中心化”成为粉丝经济的焦点，同时塑造IP形象变得更加容易。

借助社交网络传播就是粉丝经济最常用的营销手段，同时也是“去中心化商业”的具体表现。而创业者或企业在社交网络中的粉丝，很有可能就是潜在的消费者，甚至可能会成为最忠诚的消费者。

3．通过新媒体打造个人IP

例如，在移动互联网到来之前，认识、喜欢的明星可能永远都是那么几位，而且通常也只是一线明星才会拥有大量粉丝。然而，现在的明星已经变得更加多元化，粉丝们或者看上的是他们的“高颜值”；或者是欣赏的是他们的多才多艺；又或者是简单地喜欢他们展示生活的方方面面。

在去中心化的粉丝经济下，也许只是一个默默无闻的基层创业者，但只要拥有大量的粉丝，那么也就拥有了强大的号召力，就有可能成为一个IP。

5.2.4　引流营销分析

在互联网商业时代，流量是所有商业项目生存的根本。可以用最少的时间获得更高、更有价值的流量，就可能实现营销变现机会。最常用的引流营销方式就是短视频或者直播，而且大部分都是真人出镜的演出模式。真人出镜的要求会比较高，需要克服心理压力，表情要自然和谐，同时最好有超高的颜值或才艺基础。

因此，真人出镜通常适合一些“大 V”打造真人 IP，积累一定粉丝数量后，通过接广告、代言来实现 IP 营销。这样做的门槛高，后期变现的上限也非常高。

通过短视频或直播引流时，也可以采用“无人物出镜”的模式。这种方式的粉丝增长速度虽然比较慢，但可以通过账号矩阵的方式来弥补，以量取胜。具体介绍如下。

1．真实场景＋字幕说明

例如，“手机摄影构图”抖音号发布的短视频都是关于手机摄影构图方面的内容，如拍摄道路的构图方法、拍摄城市夜景的构图方法、拍摄枫树的构图方法、拍摄野花的构图方法等，主要通过真实场景演示和字幕说明相结合的形式，将观点表达出来，如图 5-19 所示。

图 5-19　真实场景演示和字幕说明相结合的案例

这种拍摄方式可以避免人物的出现，同时又能将内容完全展示出来，非常接地气，自然能够获得关注和点赞。

2．图片视频＋字幕配音

例如，某抖音号发布的视频内容都是关于抖音、微信和微博营销的专业知识，很多作品都采用“图片视频＋字幕配音”的内容形式，如图 5-20 所示。

图 5-20 “图片视频+字幕配音”的内容形式案例

3. 图片演示+音频直播

通过“图片演示+音频直播”的内容形式，可以与用户实时互动交流。用户可以在上下班路上、休息间隙、睡前、地铁上、公交上、上厕所、边玩 APP 边听课程分享，节约宝贵时间，带来更好的体验。

执行力远大于创意。不管短视频还是直播，都需要坚持，这样才能获得更多的流量，这是企业和个人的基本底线。

4. 游戏场景+主播语音

大多数新媒体用户看游戏类直播，重点关注的可能还是游戏画面。因此，这一类直播，直接呈现游戏画面即可。另外，主播之所以能够吸引快手用户观看直播，除了本身过人的操作外，语言表达也非常关键。因此，“游戏场景+主播语音”就成为了许多主播的重要直播形式。

5.3 引流营销技巧

无论是引流，还是粉丝黏性都非常重要。而引流和粉丝黏性又都属于引流营销的一部分，因此，大多数对引流营销都比较重视。

5.3.1 打造人设引流

许多用户之所以长期关注某个账号，就是因为该账号打造了吸睛人设。如果通过账号打造一个让用户记得住的、足够吸睛的人设，那么便可以持续获得粉丝。通常，可以通过以下两种方式打造账号人设引流。

（1）直接将账号的人设放在账号简介中进行说明。

（2）围绕账号的人设发布相关视频，在强化账号人设的同时，借助该人设引流。

▶ 专家指点

新媒体平台的官方活动会快速吸引许多用户的关注，可以通过参加官方活动，创作相关的新媒体内容，并借助新媒体内容，将其中的部分用户变为粉丝。

5.3.2　大咖合拍引流

大咖之所以被称为“大咖”，是因为他们带有一定的知名度和流量。如果发布与大咖的合拍视频，便能吸引一部分对该大咖感兴趣的用户，并将其中部分用户转变为自己的粉丝。

通常，与大咖合拍主要有以下两种方式。

（1）与大咖合作，现场拍摄一条合拍视频。

（2）通过短视频平台中的“拍同款”功能，借助大咖已发布的视频，让大咖与内容同时出现在画面中，手动进行合拍。

这两种合拍方式各有优势，与大咖现场合拍的视频，能够让用户看到大咖的现场表现，内容看上去更具有真实感。而通过“拍同款”功能进行合拍，操作相对简单，只要大咖发布了可合拍的视频，便可以借助对应的视频进行合拍。

5.3.3　个性语言引流

许多用户关注某个新媒体账号，主要因为该账号有着鲜明的个性。构成账号个性的因素有很多，个性化的语言便是其中之一。因此，可以通过个性化语言打造鲜明的个性形象，从而借此吸引粉丝的关注。

以短视频为例，短视频主要由两个部分组成，画面和声音。而具有个性的语言则可以让视频的声音更具特色，同时也可以让整个视频对用户的吸引力变得更强。一些个性语言甚至可以成为企业的标志，让用户一看到该语言就会想到某位，甚至在看某位的视频和直播时，会期待其标志性语言的出现。

5.3.4　转发视频引流

每个人都有自己的关系网，这个网包含的范围很大。比如虽然同在某个微信或 QQ 群，但从没见过面的用户。如果能够利用关系网，将账号中已发布的内容转发给他人，那么便可以有效地提高新媒体内容的传播范围，为账号引流和营销创造更多可能性。

大多数新媒体平台开通了分享功能，可以借助该功能将新媒体内容转发至微信、QQ 等平台。转发完成之后，微信群和 QQ 群成员如果被吸引就很有可能登录平台，关注账号。通过这种方式吸粉，应尽可能地让新媒体内容与分享的微信群、QQ 群中的主要关注点有所关联。例如，同样是转发摄影技巧的图文，将其转发至关注摄影的微信群获得的吸粉效果，肯定会比转发至专注唱歌的微信群获得的效果要好。

5.3.5　互关引流技巧

如果用户喜欢某个账号发布的内容，有可能就会关注该账号，方便以后查看该账号发布的内容。虽然关注只是用户表达喜爱的一种方式，大部分用户，也不会要求进行互关。但是，如果用户关注了账号之后，企业进行了互关，那么用户就会觉得自己得到了重视。在这种情况下，互关的粉丝就会更愿意持续关注该账号，粉丝黏性自然也就增强了。

这种增强粉丝黏性的方法在新媒体营销早期尤其实用。因为账号营销初期，粉丝数量可能比较少，增长速度也比较慢，但是粉丝流失率却可能会比较高。也正因如此，要尽可能地与粉丝互关，让粉丝感受到被重视。

5.3.6 话题内容引流

在内容创作的过程中，可以为用户提供一个表达的渠道，通过创作具有话题性的内容，提高用户的参与度，让用户在表达欲得到满足的同时，愿意持续关注账号。所以，新媒体账号的粉丝黏性便得到了增强，营销带货能力也间接得到了一定程度地提升。

本章小结

本章首先对爆发式引流营销的技巧做了详细介绍，包括广告引流法、利用热搜引流营销、原创引流营销、评论引流营销、矩阵引流营销和跨平台引流营销；然后介绍了 IP 引流营销的四大方法；最后介绍了六大引流营销技巧。通过本章的学习，可以帮助读者利用新媒体平台获取大量粉丝，实现新媒体营销效果。

本章习题

1. 什么是矩阵引流营销？
2. 可以通过哪些方法打造账号人设引流？

第 6 章　新媒体直播营销

本章导读

直播有即时性、互动性和面对面的特点，对企业或主播积累人气、推广品牌等有很大的作用，因此企业或主播了解直播营销的知识技巧是相当重要的。本章主要介绍直播营销相关的内容，帮助读者提高营销能力，获得更多粉丝关注。

本章重点

- 直播营销本质
- 提高直播竞争力
- 直播营销秘诀
- 直播营销技巧
- 营销推广相结合

6.1 直播营销本质

在“千播大战”中直播行业面临着激烈的竞争，统一的规模架构使得直播行业不得不逐渐回归初心，并垂直领域发展，提供纵深的服务。

从营销本质上出发，关注点又回到了人与人的互动上，具体表现在两个方面：细化用户标签和用户及时消费心理。

6.1.1 细化用户标签

细化用户标签，主要体现在对用户进行分层，例如对用户进行分级。如图 6-1 所示为用户分层的方式。

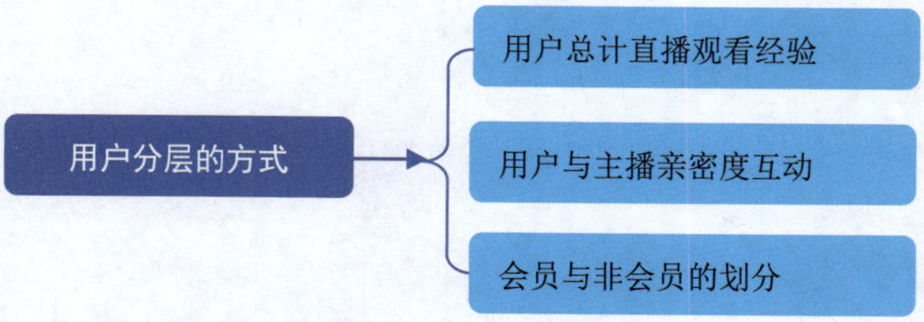

图 6-1 用户分层的方式

直播平台根据用户直播观看经验总计可以设置用户的经验等级，依照经验等级的不同，为用户设置不同等级的权限。如图 6-2 所示为哔哩哔哩（bilibili，B 站）会员不同等级权限介绍。

特权与等级	Lv0	Lv1	Lv2	Lv3	Lv4	Lv5	Lv6
滚动弹幕	×	√	√	√	√	√	√
彩色弹幕	×	×	√	√	√	√	√
高级弹幕	×	×	√	√	√	√	√
顶部弹幕	×	×	×	√	√	√	√
底部弹幕	×	×	×	√	√	√	√
视频评论	×	×	√	√	√	√	√
视频投稿	×	√	√	√	√	√	√
购买邀请码	×	×	×	×	×	1个/月	2个/月

图 6-2 B 站会员不同等级权限介绍

以 B 站为例，刚注册成功时，用户是不可以发送弹幕的，需要答题测试，通过后可成为 Lv1，但只能发送滚动弹幕。如图 6-3 所示为 B 站前三个会员等级详情说明。当然，直播平台也会设置相应的提升经验的方式。如图 6-4 所示为 B 站经验的增长方式。

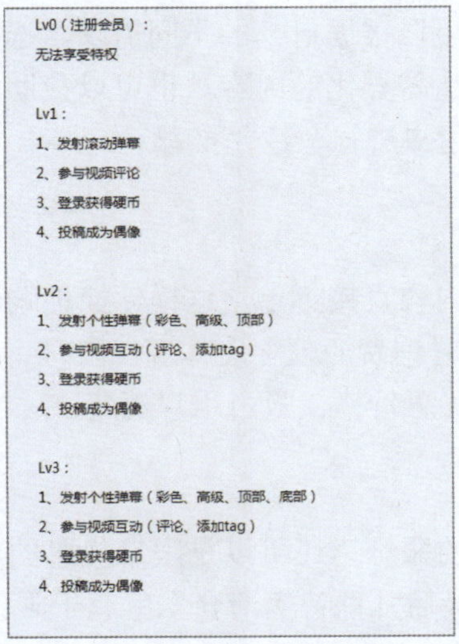

Lv0（注册会员）：

无法享受特权

Lv1：

1、发射滚动弹幕

2、参与视频评论

3、登录获得硬币

4、投稿成为偶像

Lv2：

1、发射个性弹幕（彩色、高级、顶部）

2、参与视频互动（评论、添加tag）

3、登录获得硬币

4、投稿成为偶像

Lv3：

1、发射个性弹幕（彩色、高级、顶部、底部）

2、参与视频互动（评论、添加tag）

3、登录获得硬币

4、投稿成为偶像

图 6-3　B 站前三个会员等级详情说明

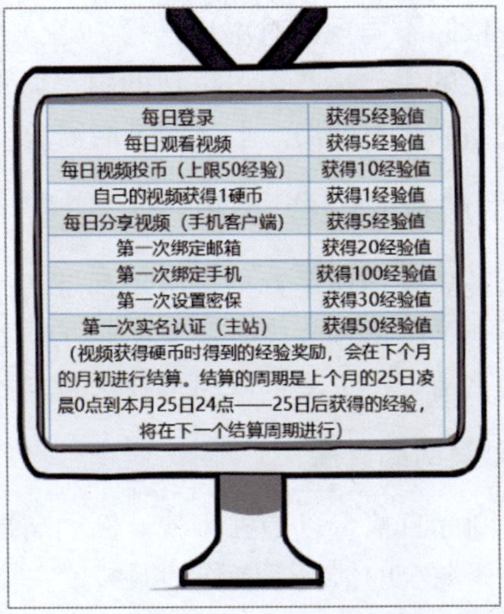

每日登录	获得5经验值
每日观看视频	获得5经验值
每日视频投币（上限50经验）	获得10经验值
自己的视频获得1硬币	获得1经验值
每日分享视频（手机客户端）	获得5经验值
第一次绑定邮箱	获得20经验值
第一次绑定手机	获得100经验值
第一次设置密保	获得30经验值
第一次实名认证（主站）	获得50经验值

（视频获得硬币时得到的经验奖励，会在下个月的月初进行结算。结算的周期是上个月的25日凌晨0点到本月25日24点——25日后获得的经验，将在下一个结算周期进行）

图 6-4　B 站经验增长方式

关于用户与主播亲密的互动值，平台也会设置相应的等级划分，如根据用户对主播进行的打赏数值进行守护等级设置，如图 6-5 所示为虎牙平台主播守护等级说明。

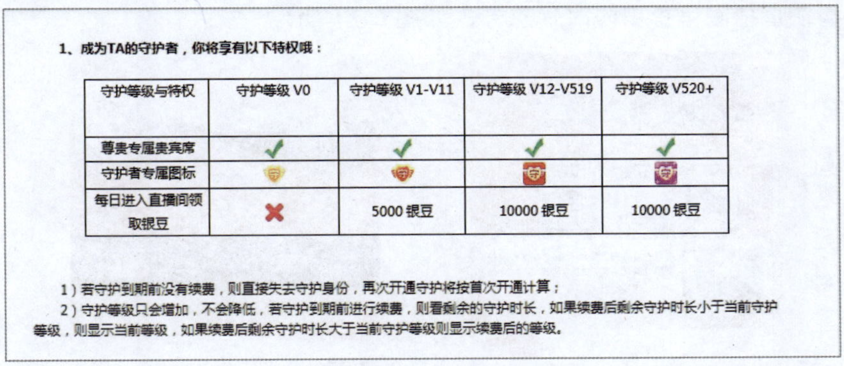

1、成为TA的守护者，你将享有以下特权哦：

守护等级与特权	守护等级 V0	守护等级 V1-V11	守护等级 V12-V519	守护等级 V520+
尊贵专属贵宾席	✓	✓	✓	✓
守护者专属图标				
每日进入直播间领取银豆	✗	5000 银豆	10000 银豆	10000 银豆

1）若守护到期前没有续费，则直接失去守护身份，再次开通守护将按首次开通计算；

2）守护等级只会增加，不会降低，若守护到期前进行续费，则看剩余的守护时长，如果续费后剩余守护时长小于当前守护等级，则显示当前等级，如果续费后剩余守护时长大于当前守护等级则显示续费后的等级。

图 6-5　虎牙平台主播守护等级说明

用户还可以通过会员充值，享受不同的观看特权，例如 B 站，可以充值大会员，成为 B 站大会员后可享有四个特权。如图 6-6 所示为 B 站大会员的内容特权和装扮特权。

图 6-6　B 站大会员的内容特权和装扮特权

平台依照不同规则对用户进行细化分类，用户也可以根据自己的不同需求，选择自己的权限。细化的用户标签，可以帮助用户运营，以及打造差异化的内容，也可以帮助主播增加用户黏性，满足不同用户群体的不同需求，针对不同用户进行个性化推荐。

6.1.2 用户及时消费心理

无论是短视频还是直播，用户都是通过观看具体内容直接下单，这样便捷地购买方式正是利用了“用户及时消费心理”来销售产品。“用户及时消费心理”还体现在限时、秒杀价这些标签的直播中，主播可以利用限量的方案和限时的优惠价格，吸引用户消费。

1. 限量商品直播

限量商品直播可以是独家款，例如高端定制品牌的服饰，还可以是限量优惠的产品，也可以是在资源少的情况下制作的服装，主播口中的“最后几件特卖清仓”就属于限量特惠。

2. 限时商品直播

限时商品和限量是相交融的，但也可以是在直播间限时优惠，直播结束后恢复原价，这也是限时商品直播。无论是限量还是限时，都会促使用户即时消费。比如，淘宝直播，可以看到某些主播在直播间里推出限时优惠券，如图 6-7 所示。

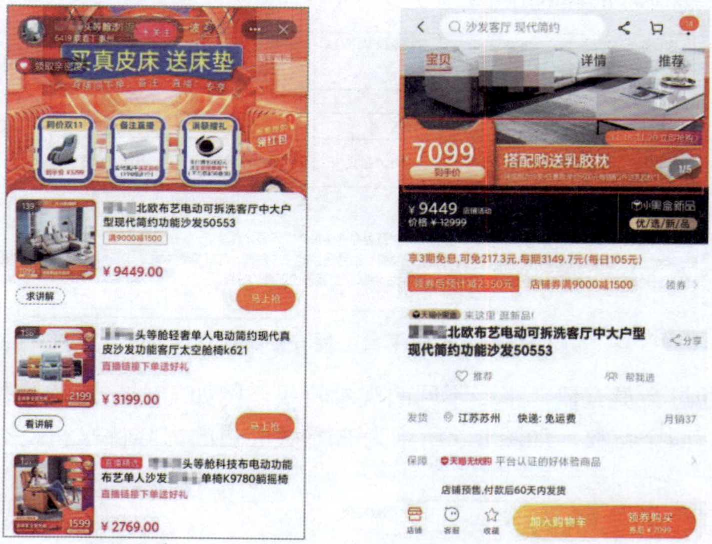

图 6-7 某些主播在直播间里推出的限时优惠券

6.2 提高直播竞争力

在直播营销中，主播的作用和影响也是关键的，例如在服装直播中，外表颜值较高的主播会具有较强的竞争力，年轻的时尚女性是服装购买用户中的主力军。美的事物，更能吸引用户进行点击，这一点在蘑菇街平台挑选颜值较高的女性，作为主播条件尤为重要。

除此之外，具有竞争力的直播并不仅靠主播的颜值，还与销售重点的转变、直播关系的转变、直播技术的提升有关。

6.2.1　直播营销的转变

在直播中，将原本销售关系中的重点“货品”的营销转变为“内容”的营销，直播的“内容”主要分为直播间标题设置和主播直播的能力两种。

1．直播间标题设置

直播间标题设置可以与时下最热门的综艺节目热点相关联，吸引用户的观看和点击。如图 6-8 所示为某直播的名称直接利用综艺选秀的名称，标题为“青春有你，元气少女”，这些直播标题都与时下热点相关联，借助热点的热度，吸引用户。

图 6-8　“青春有你，元气少女”

2．主播直播的能力

主播在直播营销中可以进行“内容”的添加，例如在营销的同时让用户获得额外的收获。在美妆品牌的直播销售中，主播利用产品给用户试妆，进行演示，让用户在购买的同时，学习化妆的技巧；也会进行发型，以及穿搭示范。

除此之外，具备良好的专业素养也是优质主播的特性，例如在直播中能迅速找到直播产品的特性，并且进行针对性营销，推动直播产品销售量。电商直播中，与用户沟通的很可能只是主播而不是企业。因此，主播在直播中具有重要作用，这也导致了企业在直播合作中，更倾向于与主播进行合作。

6.2.2　聚焦于社交圈

新型电商直播，主要是“从人到人”的社交关系，可以从以下两个方面进行介绍。

（1）由用户从使用的感受中或者使用后，推广分享给新的朋友圈用户。例如拼多多直播的小红包，就是诱惑用户通过分享，获得小红包，进而增加更多的 APP 使用者。

（2）体现在主播与用户之间的关系，主播在直播过程中，会获得人气以及粉丝，主播可以通过粉丝的经营，获得更多的粉丝。而且主播与粉丝之间的关系，也是“从人到人”的社交圈。

在直播中的互动也是人际交往的一种体现，所以直播中，重点是人，而不是商品，销售的是服务，营销的也是人。整个营销的重点是如何获得用户的信任和提高复购率，以及提升品牌影响力，促进产品价值变现。

6.2.3 以粉丝利益为核心

主播或者企业获得粉丝后，整个销售过程中，都是以粉丝利益为核心。下面主要从明星同款和明星互动进行说明。

1．明星同款

在电商直播中，会邀请明星参与直播。在这个直播中，粉丝可以通过购买产品与明星使用同款，可以让粉丝与明星之间的距离更近。当然，也有许多主播在直播间会邀请一些明星，共同直播，如图 6-9 所示。

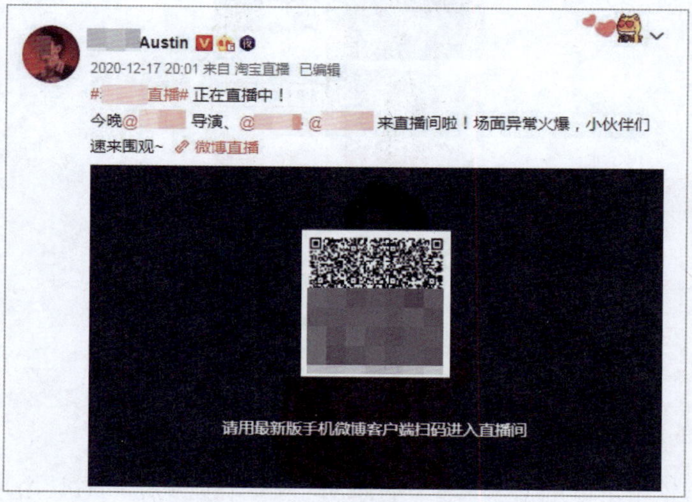

图 6-9　主播在直播间邀请明星共同直播

2．明星互动

在直播中，关键是用户可以与主播进行互动。某些明星进行直播时，粉丝可以与明星进行交流，增强明星与粉丝之间的亲密度。因此在明星的直播间内，可以满足粉丝与主播使用同款，还可以让粉丝与明星进行沟通。

6.2.4 高科技增强用户体验

虚拟现实技术（virtual reality，VR）、云技术等高科技技术可以促进用户的直播体验。例如在电商直播中，可以利用高科技，让用户在直播中，进行云试衣，或者体验妆效，这样可以让用户在线上进行使用，提升用户的购买体验。如图 6-10 所示为试水 VR 直播的案例。不过，相信随着技术的发展，总有一天能让 VR 直播得到普及。

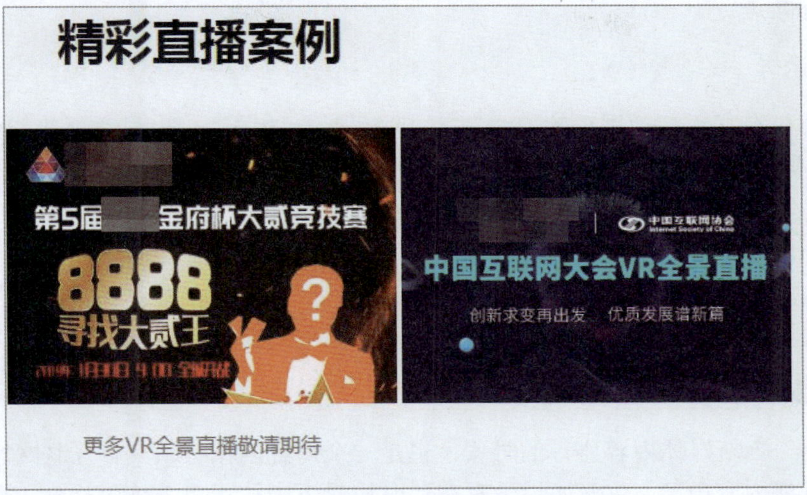

图 6-10 试水 VR 直播的案例

6.3 直播营销秘诀

直播营销不仅能为主播带来成交量和利益，还能实现流量增长，使得直播营销形成一个闭环。本节主要介绍直播中的营销引流、营销优势和营销误区。

6.3.1 提供优质内容

利用直播进行营销，内容是最值得注意的。只有提供优质内容，才能吸引用户和流量。结合多个方面综合考虑，为创造优质内容打好良好基础。下面从内容包装、互动参与、情景诱导、突出卖点、快速分发、创意营销、用户参与、真实营销、增值服务、专业讲述和内容创新等方面介绍如何提供优质内容。

1．内容包装

对于直播的内容营销要通过盈利实现自己的价值。因此，内容的电商化非常重要，否则难以持久。要实现内容电商化，首先要学会包装内容，给内容带来更多的额外曝光机会。

例如，专注于摄影构图的主播发布过一篇预告文章：“《流浪地球》人像构图，高票房电影原来是这么拍出来的！”通过将内容与影视明星某些特点相结合，凭借明星的关注度，来吸引消费者的眼球，这是直播内容营销惯用的手法。

2．互动参与

内容互动性是联系用户和直播的关键，直播推送内容或者举办活动，最终的目的都是为了和用户交流。

寻找和筛选直播内容对用户之间的互动起着重要的作用，内容体现价值，才能引来更多粉丝的关注和热爱。而且，内容的质量不是从粉丝数的多少来体现，和粉丝的互动情况才是最为关键的判断点。

3．情景诱导

直播内容只有真正打动用户的内心，才能吸引长久的关注。也只有那些能够留驻与承载用户情感的内容才是成功的。在这个基础上加上电商元素，就有可能引发更大更火热的抢购风潮。

不论直播内容是平淡如水；还是精彩纷呈；又或是惊喜不断，都不是用最简单的方式拼凑出来的。而是需要提前筹划布局，做好万全准备，产品的功能才最终展现在用户面前。就是企业或主播不仅要告诉用户产品名称，还要将产品的功能巧妙展示出来。

4．突出卖点

如今，是一个新媒体内容盛行的时代，也是一个内容创作必须具有互联网思维的时代。

尤其做直播内容电商，90%如果没有在适时情景下表达卖点，连怎么卖、哪里卖的问题都没有解决的话，可以断定这样的直播内容注定无法吸引用户的关注。

此外，内容电商不是简单的美文，也不是纯粹的小说，更不是论坛上无所谓的八卦新闻；最终目的就是达成销售。所以，如何激发读者的购买冲动，才是直播内容创造唯一的出路。

5．快速分发

在计算机和生物界，“病毒”都是一种极具传播性的东西，而且还具有隐蔽性、感染性、潜伏性、可激发性、表现性或破坏性等特征。在直播营销中，病毒营销确是一个好的方式，可以让企业的产品或品牌在不经意中通过内容大范围传播到许多人群中，并形成“裂变式”“爆炸式”或“病毒式”的传播状况。

例如，“你比想象中更美丽”是由某著名女性品牌发布的一部视频短片。据悉，该视频推出不到一个月，就收获了 1.14 亿的播放量和 380 万次转发分享，同时该品牌账号还因此获得了 1.5 万个 YouTube 订阅用户。

该品牌在全球范围内做相关的调查，得出一个惊人的结论：54%的女性对自己的容貌不满意。因此，在“你比想象中更美丽”视频中，塑造了一个联邦调查局（Federal Bureau of Investigation，FBI）人像预测素描专家。他可以在不看对方容貌的情况下，只通过女性自己的口头描述便可以描绘出她们的素描画像。然后，再通过其他人对同一位女性的印象再画一张画像。最后，通过将这两张画像对比，发现同一个女性人物在其他人眼中要远远比在自己眼中更漂亮。

动人心弦的视频内容，再加上”病毒式”营销手段，通过将视频翻译成二十五种不同的语言；通过 YouTube 下面的三十三个官方频道同步播放，其内容很快扩散到了全球一百一十多个国家，使该品牌获得了巨大的成功。

6．创意营销

创意不仅是直播营销发展的一个重要元素，同时也是必不可少的“营养剂”。互联网创业者或企业如果想通过直播来打造自己或品牌知名度，就需要懂得“创意是王道”的重要性，在注重质量的内容基础上更要发挥创意。

一个拥有优秀创意的内容能够帮助企业吸引更多的用户，创意可以表现在很多方面，新鲜有趣只是其中之一，还可以是贴近生活、关注社会热点话题、引发思考、蕴含生活哲理、包含科技知识和关注人文情怀的。

对于直播营销来说，如果内容缺乏创意，那么整个内容只会成为广告的附庸品，沦为庸俗的产品，因此企业在进行内容策划时，一定要注重创意性。

7．用户参与

让用户参与内容生产，这个不仅仅局限于用户与主播的互动，更重要的是用户真正地参与到企业举办的直播活动中来。当然，这是一个需要周密计划的过程，好的主播和优质的策划都很重要。

8．真实营销

优质内容的定义是能带给用户真实感的直播内容。真实感听起来很容易，但透过网络平台再表现，似乎就不用那么简单了。主播要明确传播点，即你所播的内容是不是用户所想要看到的，你是否真正抓住了用户的要点和痛点。这是一个相当重要的问题。

例如，用户群大多都是喜欢美妆、服装搭配的，结果邀请了游戏界的顶级玩家主播讲了一系列关于游戏技巧和乐趣的内容。那么就算主播讲得再生动，内容再精彩，用户都不会感兴趣，直播也不会成功。

9．增值服务

很多优秀的主播在直播时并不是光谈产品，要让用户心甘情愿地购买产品，最好的方法是提供给用户产品增值内容。增值内容的技巧主要有以下几个，如图 6-11 所示。

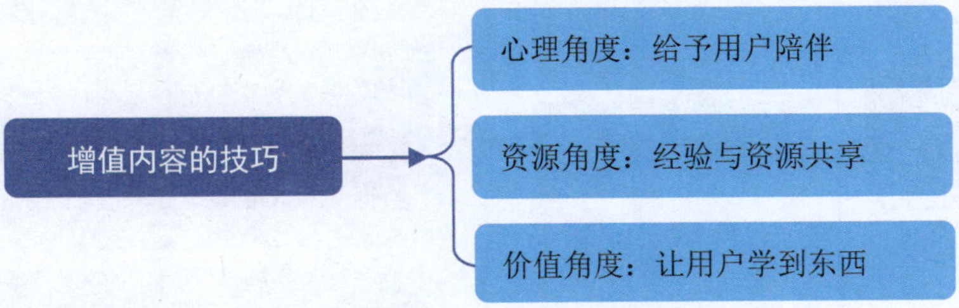

图 6-11　增值内容的技巧

最典型的增值内容就是让用户从直播中获得知识和技能。天猫直播和淘宝直播在这方面就做得很好。例如，淘宝直播中的一些化妆直播，一改过去长篇大论介绍化妆品成分、特点、功效、价格以及适用人群的老旧方式，而是直接在镜头面前展示产品，边涂口红边介绍产品，如图 6-12 所示。

这样，用户不仅通过直播得到了产品的相关信息，而且还学到了护肤和美妆的窍门，对皮肤也有了系统的了解。用户得到优质的增值内容自然就会忍不住想要购买产品，直播营销的目的也达到了。

图 6-12　淘宝直播中边涂口红边介绍产品

10．专业讲述

自从直播火热以来，各大网红层出不穷，用户早已对此感到审美疲劳。而且大部分新媒体人的直播内容没有深度，只是一时火热，并不能给用户带来什么用处。

因此，很多企业使出了让首席执行官（chief executive officer，CEO）亲自上阵这一招，CEO 亲自上阵直播会让用户对直播有更多的期待。当然，CEO 想成为直播内容的领导者，也需要具备一定的条件，如图 6-13 所示。

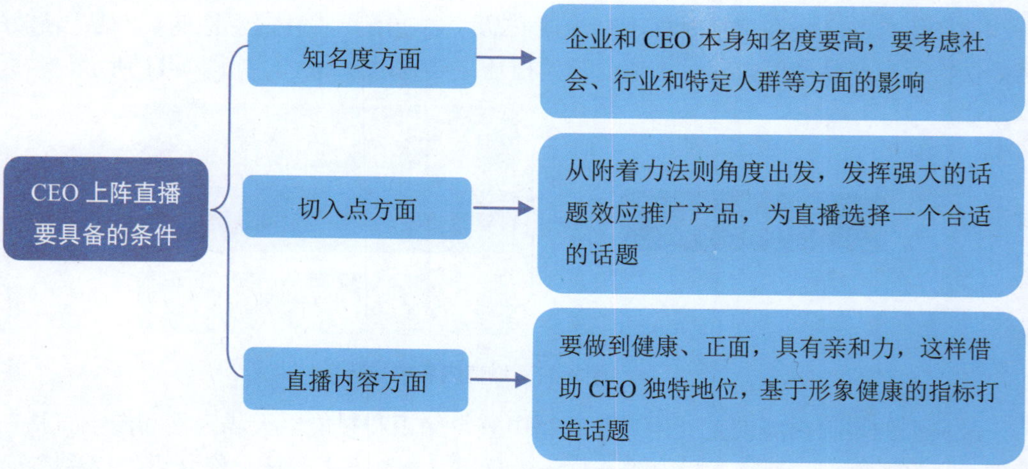

图 6-13　CEO 上阵直播要具备的条件

CEO 上阵固然能使营销内容更加专业化，可以吸引更多用户关注，但同时也要注意直播中的一些小技巧，让直播营销内容更加优质。

11．内容创新

“无边界”内容指的是有大胆创意的，不拘一格的营销方式。比如平时常见的有新意的广告，某些品牌的广告内容没有产品的身影，但表达出来的概念却让人无法忘怀。由此，可以看出“无边界”内容的影响力之深。

现在很多主播做直播时，营销方式大多都比较死板，其实做直播也应该创新，多创造一些“无边界”的内容，吸引用户的兴趣。例如，淘宝直播中有一个专门卖电子产品的主播就十分有创意。该主播的直播内容以《××手游面临下架，竟因这个》为题，这让人很难想到这家店铺是为了卖电脑等产品而做的直播。

很多用户都以为这是一个日常的直播，没想到后来竟弹出了相关产品的购买链接，而且直播中还讲述了一些与游戏相关的知识，不看到产品链接根本无法联想到是电子产品的营销。这样无边界的直播内容更易被用户接受，而且会悄无声息地引发用户的购买欲望。当然，主播在创造无边界的内容时，也一定要设身处地地为用户利益着想，才能让用户接受你的产品和服务。

6.3.2　直播营销优势

虽然直播营销还处在初级的摸索阶段，但直播的互动性营销优势已经成为共识。围绕直播的实时互动性，直播营销的优势如下。

1．增强用户的参与感

直播营销过程中，如果只是主播一直在介绍产品，那么用户肯定会觉得枯燥无味，离开直播间，甚至会取消对主播的关注。这时，应该大力发扬直播平台本身的交互优势，主播一定要及时与用户互动，这样才会带动用户的参与，增强用户的参与感。比如，在展示商品的同时与观看者进行交流沟通，及时回应用户提出的问题。

例如，在淘宝直播中，有一个主题为“懒人必备自热小火锅”的食品直播，在直播中，用户可以提出对产品的各种疑问，然后主播对其进行解答。比如用户提问：“小龙虾优惠多少？”除此之外，如果用户觉得主播的产品很实用，还可以关注主播，或者送礼物给主播。

用户在直播中获得了自己想要的信息，大大增强了参与感，已经不能和单纯的观看直播相提并论。这也使得直播营销的业绩不断提升，直播间人气也不断高涨。

2．加强企业品牌黏性

加强企业品牌黏性也是直播的营销优势之一，而加强企业品牌黏性又需要根据用户的需求进行直播。很多企业也需要向人气高的主播学习直播的技巧，之所以得到众多用户的喜爱和追捧，原因就在于主播们懂得倾听用户的心声，并实时根据用户的需求来直播。企业要倾听用户的需求就应该把握用户心理、及时做出反馈和对直播进行调整。

3．应用大众从众心理

在直播营销中，不仅有主播与用户的互动，也有用户与用户之间的互动。比如，用户之间用弹幕进行交流，谈论产品的性价比等。

用户在进行交流的同时，会产生一种从众心理，从而提高购买率。因此在直播时，直播界面还时不时弹出“某某正在去买”这样的字眼，如图 6-14 所示。其目的就在于利用用户的从众心理，吸引用户去购买产品。

图 6-14　某直播界面显示“某某正在去买”

6.3.3　直播营销雷区

主播在进行直播营销时，往往容易走入依赖第三方、自建平台、盲目从众、擅自经营和侵犯他人等误区。

1．依赖第三方

很多因为看准了第三方直播平台的用户数量多和流量大，所以常借助娱乐直播平台进行直播营销。实际上这种做法是非常不可取的，因为对于企业而言，第三方直播平台的用户与企业并不完全对口。

企业在某些小众平台进行直播，换来的只是表面上的虚假繁荣，犹如“泡沫经济”，并不能实现营销效果。此外，网络环境也是利用第三方直播平台进行直播的一个问题。一般大型发布会现场的网络信号时常不稳定，这将会严重有损用户的观看体验。

因此，在利用直播宣传时，可以通过与专业的直播平台展开合作，充分利用成熟的技术，就能解决直播中卡顿的问题，让直播更加顺畅。

2．自建平台

有些企业为了营销自建直播营销平台，这虽然保证了用户的精确度，但增加了营销成本，不是最佳选择。其实，如今成熟的视频直播解决方案平台已经在市场上崭露头角，并提供了专业的帮助。

3．盲目从众

视频直播不仅是一个风靡一时的营销手段，还是一个能实实在在带来盈利的优质渠道。当然，不能把视频直播片面地看成是一个噱头，而是要大大提高营销转化的途径。

特别是对于一些以销售为目的的企业而言，单单利用新媒体人造势，还不如直接让用户在视频直播平台中进行互动，从而调动用户参与的积极性。

比如，某直播平台联合家具行业的周年庆进行直播，用户可以在微信上直接观看直播，并分享到朋友圈，还可以在直播过程中参与抽奖。这种充满趣味性的互动，大大促进了用户与品牌的互动。

4．擅自经营

当下网络直播大热，各种直播经营者一拥而上，面对着直播行业的巨大经济利益的诱惑，许多经营单位未经过许可就擅自经营从事网络表演等活动。从法律上已经涉及了违规经营和超范围经营，按照相关法律法规，文化部门和工商部门都有权对其进行查处。

5．侵犯他人

在直播内容方面，容易存在侵犯他人肖像权和隐私权。比如网络直播将商场或人群作为直播背景，全然不顾别人是否愿意上镜，这种行为极有可能侵犯他人肖像权和隐私权，让主播深陷官司风波之中。

自从视频直播逐渐渗入人们的日常生活，用户已经没有隐私，成为了别人观看的风景或他人谋利的工具。用户可以通过某些直播平台，观看不同地方的路况、商场等场景，甚至可以观看生活场景。

隐私权的关键有两方面。第一，隐私权具有私密性的特征，权利范围由个人决定。第二，隐私权由自己控制，公开信息由个人决定。

在公共领域时，并不意味着自动放弃了隐私权，可以随意被他人上传到直播平台。用户可以拒绝他人的采访，也可以决定是否出现在视频直播中，因为在公有空间中用户有权行使隐私权。

6．逃税暗礁

对于视频直播，丰厚的利润是众所周知的。很多主播也是看中了其中的高收入，才会蜂拥而上。人气火爆的主播月薪上万很普遍，再加上直播平台的吹捧，年薪甚至会达到千万。这样可观的收入就涉及了缴税的问题，比如某些明星也会出现逃税的问题。如果主播逃税，不仅是对自身，甚至对整个直播行业也会造成极其恶劣的影响。

6.4　直播营销技巧

一个商品，如果仅仅只是通过图片、文字等方式传播和转化，往往难以达到惊喜的效果，而且这种营销方式很有可能随着技术和人们的生活方式的改变逐渐失去部分优势。因此，利用直播的方式进行营销具有非常实用的价值，那么如何在直播间中进行营销呢？本节主要介绍直播营销技巧，帮助主播提升粉丝关注量。

6.4.1　守护主播

主播要想在直播间维护好粉丝，可以对直播间标题进行暗示，直播间内进行粉丝群的宣传，那么如何促进粉丝入群呢？可以通过以下几个方法。

（1）气氛引导。如果直播间的主播过于沉闷，则无法调动用户的积极性，更加无法促使粉丝加群。因此主播需要通过互动提高直播间氛围，例如关键词抽奖。主播还可以对新进直播间的用户表示欢迎，让用户觉得自己受到重视，进而选择停留观看。

（2）网络流畅度。卡顿或者画面延迟等直播画面问题会给用户带来不舒适的观看体验，进而影响粉丝的心情，因此想要沉淀新粉丝，流畅的画面是必不可少的。选择合适的直播设备以及稳定的网络，可以为主播确保直播画面的流畅度。

（3）观看画面效果。这里的画面效果指清晰漂亮的效果展示，例如直播间的灯光、主播的服饰以及直播间的背景等。

直播的灯光要足够明亮，这样更有利于体现产品的展示效果；直播间的背景可以选择单一干净的背景，也可以在背后放置一些带货产品的展示。

吸引新粉丝入群之后，主播要管理好粉丝群。例如设置管理员，并且要加强线下的交流以及沟通，可以在群内分享一些最新的活动和最近的生活等。

6.4.2 智能回复

智能回复有三种常用的回复类型。第一种是粉丝输入关键词到直播界面内就可以得到自动回复的内容。第二种是粉丝进入直播间后，会自动邀请粉丝关注自己。第三种是主播被粉丝关注后对粉丝的自动感谢回复。设置智能回复，是希望主播能够及时与粉丝进行互动和沟通，也方便粉丝获取所需要的信息。

作为直播销售，主播在直播间回复的内容有以下三种常见类型。

（1）主播信息回复。主要是向观众或粉丝回复主播身高和体重这种信息。顾客在购买服装前，会向主播询问身高和体重作为尺码的参考。现在更多的主播是直接把这类信息显示在直播界面，如图 6-15 所示。

图 6-15　直播间里主播个人信息

（2）商品信息回复。当主播开始展示下一件服装商品时，如果有粉丝想再了解一下主播前面试穿的产品资讯时，可以点击直播界面左下角的宝贝口袋，选择感兴趣的产品，点击看讲解即可进行直播回放，如图 6-16 所示。

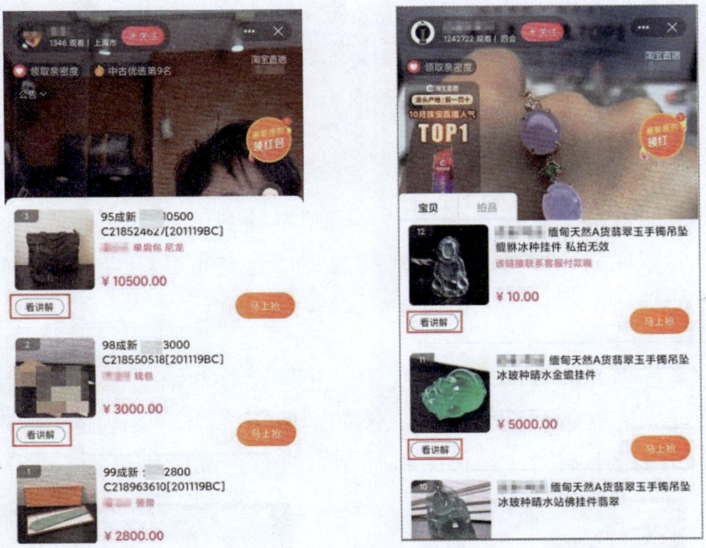

图 6-16　产品直播回放

（3）优惠信息回复。主播可以在个人资料里的直播优惠填写相关的优惠内容。这样在用户问及优惠信息的时候，即使当主播有事离开直播间，或者忙于产品展示时，也可以把信息自动回复给粉丝，如图 6-17 所示。有的主播也会设置小助手，对用户进行优惠券领取提醒，如图 6-18 所示。

图 6-17　优惠信息自动回复

图 6-18　优惠信息提醒

6.5 营销推广相结合

在进行直播营销推广之前，主播要做好直播营销方案，这样才能按部就班、循序渐进地执行直播的宣传推广工作。本节主要介绍直播营销的方案与宣传引流的方法等，以提升主播的人气和影响力。

6.5.1 营销方案要素

在制定直播营销的方案之前，主播需要弄清楚直播营销方案的必备要素有哪些，这样才能做好方案内容的整体规划。直播的营销方案主要有五大要点，具体内容如下。

1. 直播营销目的

直播营销的方案首先要具备的第一个要素就是确定好营销的目的，主播需要告诉参与直播营销的工作人员直播的营销目的是什么。例如，新年将至，某电脑品牌为了提高新品预售的销量和扩大品牌的口碑影响力，在淘宝直播平台进行产品营销直播，如图 6-19 所示。

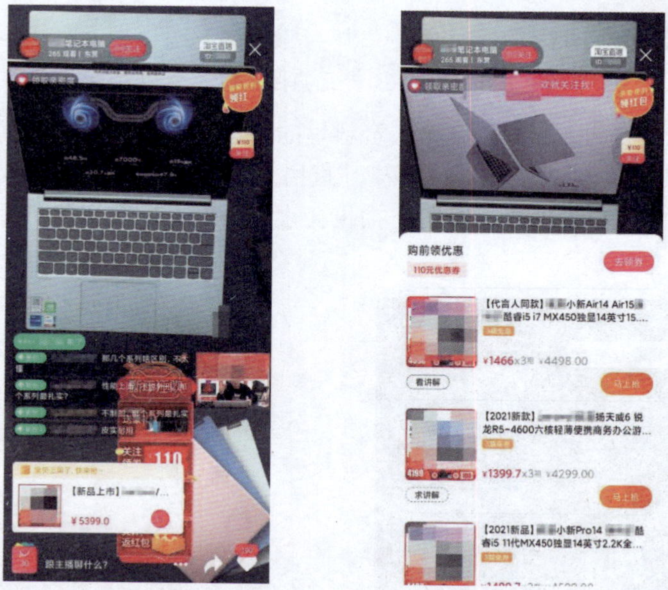

图 6-19 某电脑品牌在淘宝直播平台进行产品营销直播

2. 营销内容简介

直播营销方案需要对直播营销的主要内容进行概括，包括直播营销的主题、直播营销的形式和直播营销的平台等。例如，2020 年 11 月 26 日，某企业举行 NOTE 系列手机 5G 新品发布会的直播，直播发布会的主题为“三剑齐发”。如图 6-20 所示为 NOTE 系列手机新品抢购的内容简介。

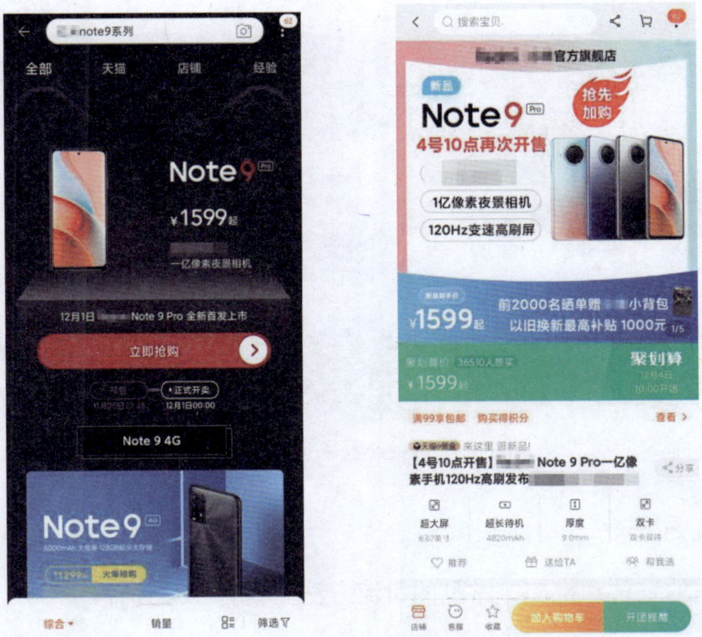

图 6-20　NOTE 系列手机新品抢购的内容简介

3．营销人员分工

直播营销方案需要安排好直播营销工作的人员分配，比如渠道的寻找、内容的制作和推广的执行等。只有落实好直播营销工作的人员安排，才能确保直播营销的顺利进行和圆满成功，也才有可能取得预期的营销效果。

4．把控时间节点

在直播营销的推广过程中，要规划好直播营销的时间节点。时间节点包括两个部分，一个是直播的整体时间节点，包括直播的开始时间和结束时间等。另一个是直播营销的每个步骤环节的时间节点。直播营销的时间规划有利于保证直播营销工作的按时进行，减少主观因素导致的工作延期。

5．控制成本预算

在直播营销方案中，主播要估算好直播营销活动的成本大概有多少，以及可以承受的预算是多少。只有弄清楚这些问题，才能评估直播的营销效果和后期带来的收益。

6.5.2　营销方案执行

主播要想确保直播营销方案的落实和执行，就需要参与直播营销的各工作人员对直播营销的工作内容胸有成竹。直播营销方案的执行规划主要有以下三个方面，如图 6-21 所示。

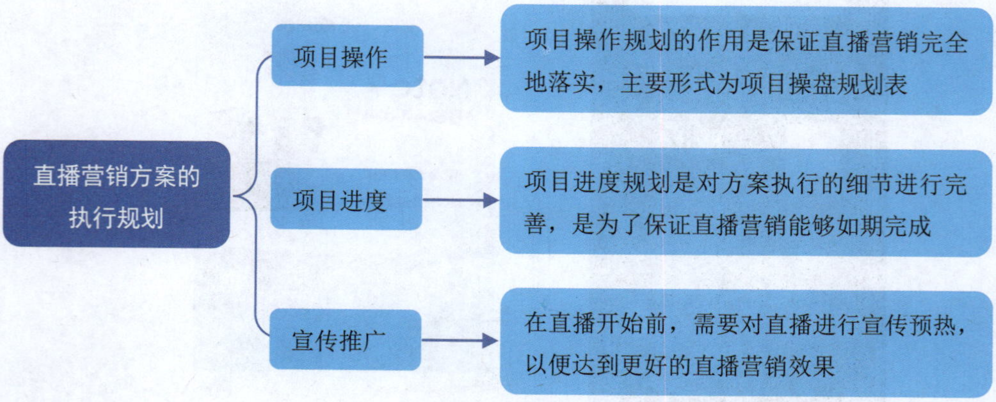

图 6-21　直播营销方案的执行规划

6.5.3　宣传引流方法

关于直播营销的宣传和推广，常见的引流方法主要有以下几种。

1．硬性广告宣传

硬性广告是原来最常见的广告营销手段，是指直接介绍商品以及服务内容的传统广告形式。像电视广告、广告牌和杂志广告等都属于硬性广告。硬性广告是以强制手段强迫受众接受，使得绝大多数人很反感，特别是网络上打开网页时自动弹出的广告。虽然硬性广告具有传播速度快等优点，但是缺点更加明显，硬性广告的缺点有以下几点。

（1）费用昂贵，广告投入的成本高。

（2）数量过多且滥，同质化很严重。

（3）渗透力比较弱，时效性比较差。

在采用硬性广告的引流手段进行直播营销时，要注意尽量避免硬性广告的缺点，发挥其优势，这样才能取得直播营销的效果。

2．视频引流方式

相较于文字图片的宣传推广方式，视频引流的传播效果会更好，因为视频的表达形式更加直观明了和生动形象，也易于被用户所理解。在现在这个快节奏时代，用户已经不太愿意，也不太可能花很多时间来了解所写的内容，所以越来越多的主播开始利用视频进行推广和引流。

3．直播平台引流

在各大直播平台上，一般都会有“推送”或“提醒”的功能设置，在正式开始直播之前，可以将开播的消息直接发送给关注主播的粉丝们。这样做既能在直播平台进行预热，提高直播间的人气，吸引更多关注；又能利用这段时间做好直播的各种准备工作，如直播硬件设备的调试，以便达到直播的最佳状态。

以京东直播平台为例，受众可以在主播直播的预告页面点击“提醒我”按钮，即可设置提醒，平台会在直播即将开始时发送消息提醒，如图 6-22 所示。

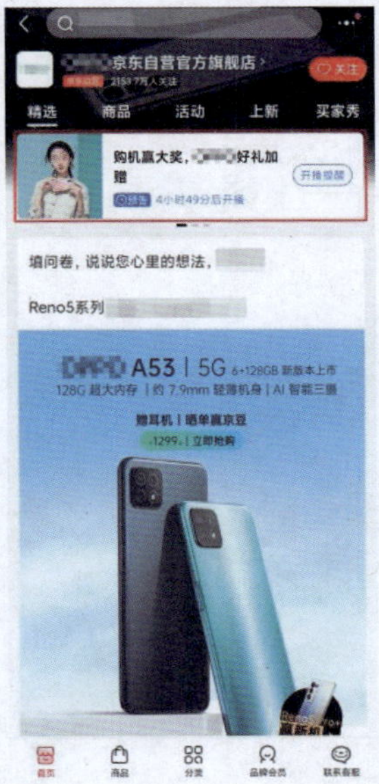

图 6-22　直播预告的提醒功能

4．社区问答引流

利用社区平台进行引流也是常用的营销推广方式，主播可以通过在平台上选择相关的问题进行回答，然后在答案中巧妙地留下自己的联系方式或直播链接。这样做既帮助了用户，又把流量引入到直播间，可谓一举两得，这也是软文推广的形式之一。常见的社区问答网站有百度贴吧、百度知道、百度经验、天涯论坛和知乎问答等。

本章小结

本章主要介绍了新媒体直播营销的知识和技巧。首先介绍了直播营销的本质，以及提高直播竞争力的四个方法；然后介绍了直播中的营销引流、营销优势和营销误区；最后介绍了直播营销的两大技巧和营销推广工作。通过本章的学习，可以帮助读者提高直播能力，获得更多的直播技巧。

本章习题

1．直播营销的本质是什么？

2．直播营销方案的必备要素有哪些？

第 7 章　新媒体视频与音频营销

本章导读

新媒体视频与音频内容的传播适用范围非常广泛，能够在任何悠闲时刻看短视频，收听音频节目。视频与音频营销相比其他新媒体营销模式来说，更能满足人们的碎片化需求。本章主要介绍视频与音频营销相关的内容与技巧，帮助读者获得实际收益。

本章重点

- 视频营销
- 视频平台
- 音频营销
- 音频平台

7.1　视频营销

成功的视频营销，不仅要有优质的视频内容，还需要有高人气的推广平台和高效率的营销策略，这样才能使得短视频营销的效果实现最优化。本节将针对如何进行有效的短视频营销进行分析，从而让新媒体营销拥有更多可能。

7.1.1　针对性推广

如何通过视频实现高效营销呢？很简单，在制作好视频后进行针对性推广，再结合受众特点进行营销，就可以达到理想效果。当然，还需考虑其他因素，具体分析如下。

1．分别推广

视频类别对于视频的推广效果来说，是一个相当重要的影响因素，因为不同类别的视频产生的效果不同。如果想要让推广方式的效果达到最佳，目标人群喜爱的程度更高，就应该根据用户的喜好，来使用不同的视频类别进行营销。不同视频类别适合宣传的类型如图 7-1 所示。

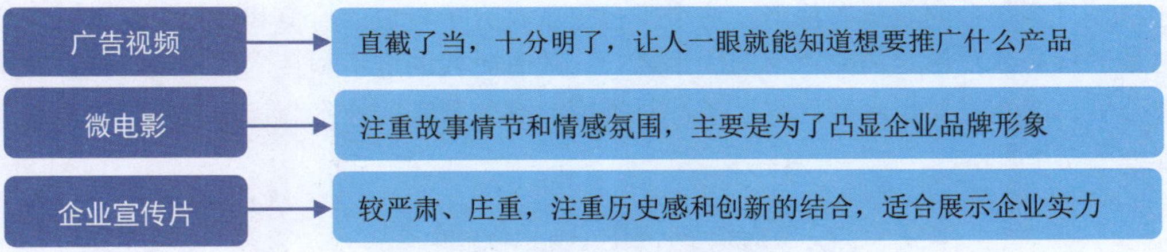

图 7-1　不同视频类别适合宣传的类型

2．有效宣传

在进行视频推广时，应该考虑不同的人喜欢浏览什么类型的网站。显而易见，不能随意地将视频放在不对口的平台上进行推广，这样做成效不高。也不能为了方便就在所有的平台上进行推广，这样是对资源的极度浪费。根据目标受众的特征利用视频推广的流程如图 7-2 所示。

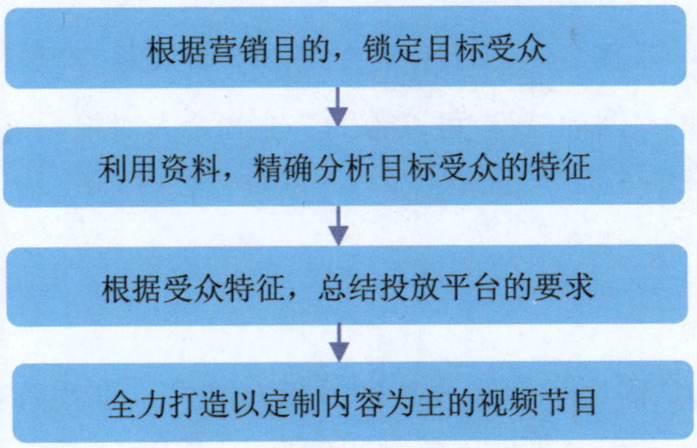

图 7-2　根据目标受众的特征利用视频推广的流程

3．选择匹配平台

在新媒体平台上投放视频时，最重要的就是明确推广目标。要达到什么目的，就选择与之相配的平台。推广目标一般以打响品牌和提升品牌理解度为主，不同推广目标选择平台的不同，如图 7-3 所示。

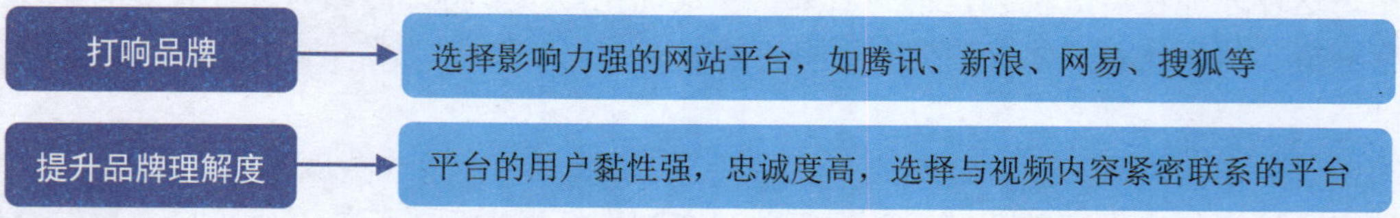

图 7-3　不同推广目标选择平台的不同

4．让营销保障

平台价值的高低是以平台本身的质量为基础的。质量分为“质”和“量”，具体分析如下。

（1）对于平台而言，“质”代表平台的影响力、关注度、综合环境（广告、编辑、宣传等）和专一程度。

（2）“量”指浏览量、点击率、转发量和收入成本等。

通常，只要平台的质量有保障，这个平台也就具有了投放的价值和资格。因此，平台的价值也是进行高效营销时需要考虑的因素之一。随着时代的进步和技术的发展，现在很多具有强大公信力的新媒体平台都已掌握了针对推广、高效营销的技术。进行针对性的高效营销的流程如图 7-4 所示。

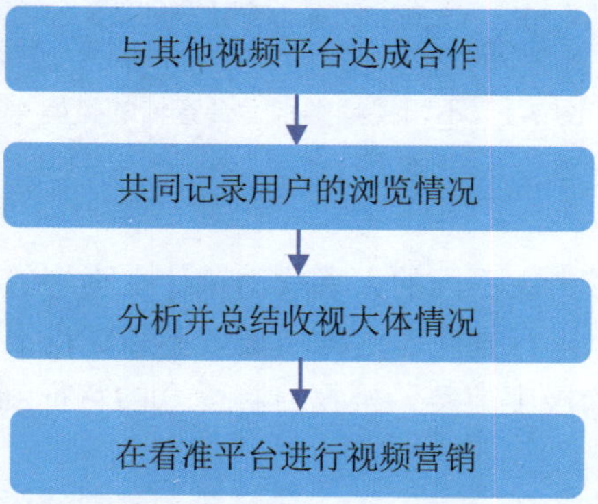

图 7-4　进行针对性的高效营销的流程

此外，还有简单明了的“四问法”，可以帮助企业和个人对视频进行精准投放，提四个问题，比如“谁会来看”“在哪里看”“要看什么”，以及“会看几次”，弄清楚这几个问题，也就能对视频进行精准投放。

7.1.2　AISWS 营销

在进行视频营销之前，需要了解经典高效的营销模式，即“AISWS”模式。这种营销模式分为五个步骤：注意、兴趣、搜索、观看和分享。AISWS 营销模式的五个步骤如图 7-5 所示。

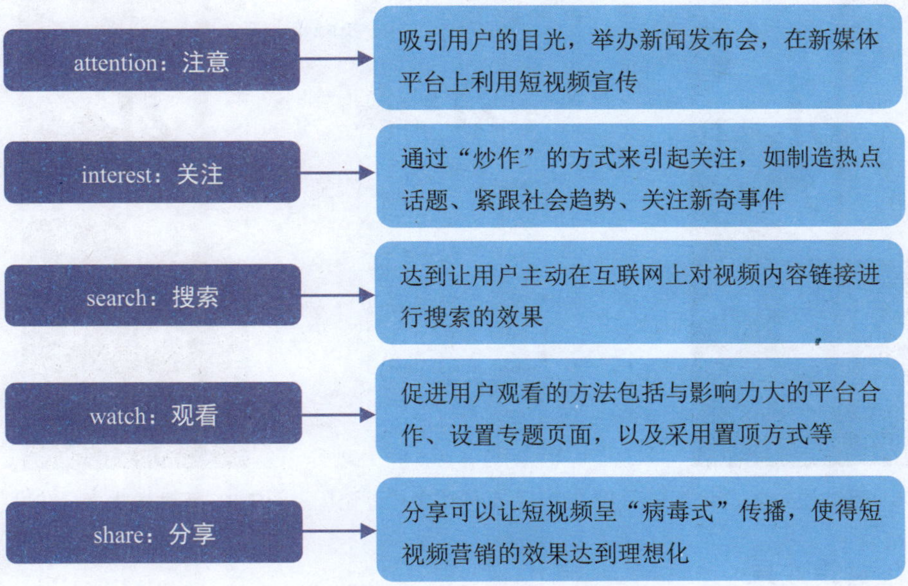

图 7-5　AISWS 营销模式的五个步骤

7.1.3　多类整合营销

在移动互联网时代，每个用户使用的新媒体平台都略有不同。根据自身的习惯和兴趣爱好，有的用户喜欢用微博分享喜、怒、哀、乐等情绪，或查看时事新闻；有的用户喜欢用 QQ 聊天；有的用户喜欢在抖音上刷短视频；还有的用户喜欢在豆瓣上写日记，分享感受。

正因为新媒体的繁杂性、用户使用习惯及行为的不同，才导致单一的视频营销很难取得很好的效果。因此，必须和其他移动平台进行整合，才能达到营销推广目的。比如，可以在企业网站上开辟专区，大力吸引目标客户的关注；还可以跟主流门户或视频网站合作，提升短视频的影响力。

对于新媒体用户来说，参与线上活动和线下活动也是极其重要的。因此，需要通过新媒体平台上的视频营销，整合线下活动，进行品牌传播，使视频在线上推广达到更好的效果。在美拍平台上，曾有九大品牌发起一个名为“广告也有戏”的话题，此话题引发了众多年轻用户的热情参与和效仿。这对品牌的传播起到了不可忽视的促进作用，同时还为品牌的宣传增添了创意和灵感。

7.1.4　视频互动营销

视频互动营销是一种比较常见的营销形式，显著的特点就在于让用户与视频中的内容展开互动。通过这种方式进行视频营销，以新奇有趣的视频吸引用户的注意力。

以抖音为例，在视频界面，代表对短视频内容的赞赏，如图 7-6 所示；则是评论标志，用户可以发表自己的看法，如图 7-7 所示；意味着用户如果喜爱该短视频内容，可以进行转发，如图 7-8 所示。

图 7-6　互动模式之“点赞”

图 7-7　互动模式之“评论”

图 7-8　互动模式之“转发”

7.1.5　视频营销效果

在利用视频进行营销的过程中，虽然推广是很重要的组成部分，但对视频营销效果的监测也不可忽视。

1．视频的播放量

通常，在视频下方都会显示一个播放多少次的具体数字，也就是固定周期内视频文件的播放次数。视频播放量的大小决定了视频影响力程度的高低，同时也就间接影响了视频营销效果的好坏。此外，还有不少影响视频播放量的因素，如内容质量、投放时间、传播平台和播放频次等。

2．用户的观看反应

用户在观看视频时或观看完视频后对视频的反应，同样也是衡量视频营销效果的重要凭证。用户对短视频产生反应的具体形式如图 7-9 所示。

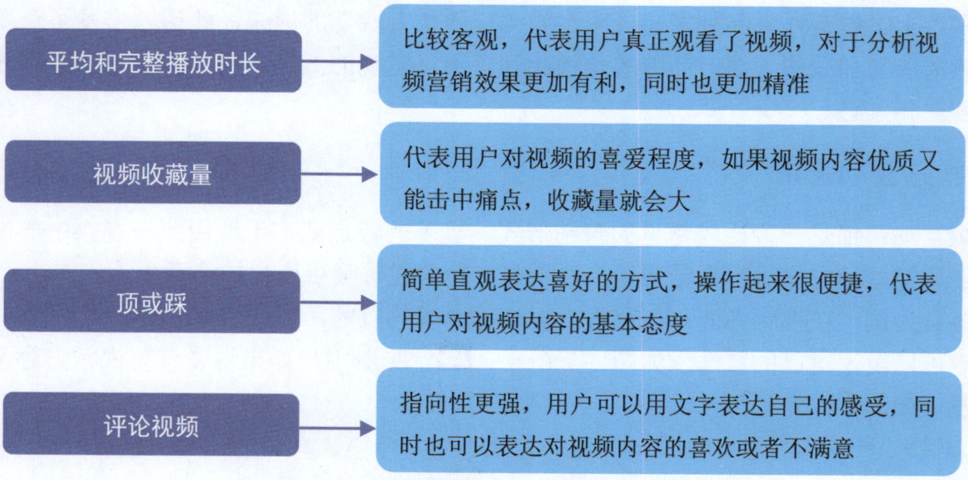

图 7-9　用户对短视频产生反应的具体形式

3．行动影响程度

行动影响程度是指用户在观看视频后衍生出的一系列与视频相关的行为。行动影响程度的行为如图 7-10 所示。

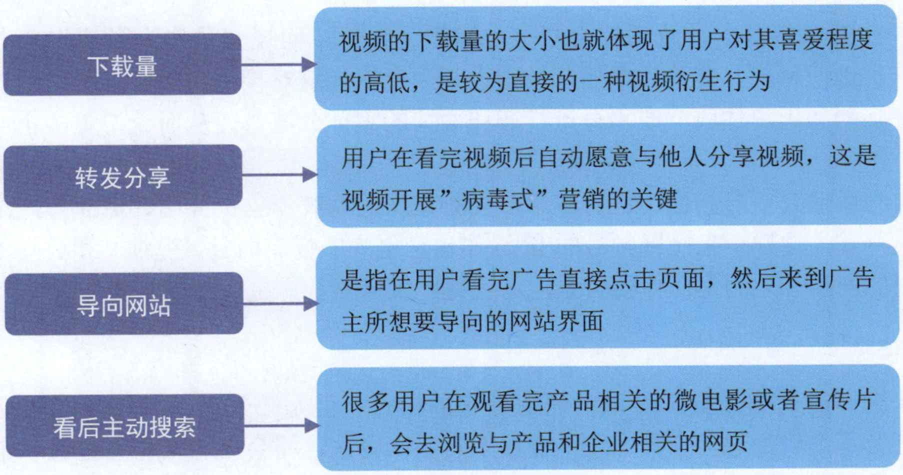

图 7-10　行动影响程度的行为

值得注意的是，用户在看完视频后进行搜索的这种行为也受到一些要素的感染，比如品牌的影响力度加大、视频的内容足够优秀以及视频富有创意等。

4．视频的拓展效果

对于视频效果而言，既包括在观看过程中产生的效果，也包括在观看完视频之后产生的拓展效果。这种拓展效果虽然出现得不是那么及时，但是对树立企业的品牌和口碑的作用是无可替代的，主要包括品牌认知度、品牌好感度、购买意向度和品牌联想度等。

7.2　视频平台

随着各种短视频平台的兴起与发展，视频营销也随之兴起，并成为了广大企业进行新媒体营销常采用的一种方法。可以借助视频营销，将目标群体开发为自己的客户。本节将以视频号、抖音、快手和 B 站为例，介绍视频营销的相关内容。

7.2.1　视频号营销

随着短视频平台的飞速发展，很多企业和个人都开始将目光投向了短视频领域，借助短视频进行品牌营销。此时，腾讯推出视频号，对于企业和个人而言，又多了可以营销推广的渠道。

1．视频号的营销优势

虽说视频号现在还处于发展的初期，各种功能也还在完善的过程中，视频号的新媒体营销价值也在逐渐显现。

而且，汽车、地产和家居等各行各业都先后在各个短视频平台试水。短视频作为新媒体营销的渠道，是通过扩大品牌的忠实用户来提升品牌影响力，也就是为品牌创建专属的私域流量。

目前，在新媒体营销领域比较火的是“双微一抖”，而视频号作为微信生态内容的补全，与抖音、微博相比，其背靠微信，社交性强，可以无缝对接用户的生活工作圈。视频号一旦完善好功能和用户体验，或将分走抖音和微博的大部分流量，从而获得更多企业和个人的青睐。

视频号与微信公众号相比，优势在于短视频塑造的品牌形象更鲜明、更立体，给到用户的感受也最直观，这样一来，视频号的 IP 运作也会更为顺畅。而且，视频号和公众号同为微信平台推出的产品，之间是协作的关系，而且彼此优势互补，更有利于新媒体营销。

2．补全微信生态内容

微信作为即时通信工具，可以说通信是它的核心。但是随着微信各种功能的推出和完善，微信已经不仅仅是通信工具，还是链接工具。在将来，将会在微信生态打造一个营销闭环，即公众号＋视频号＋小程序，为企业和个人挖掘新流量。

以视频号和公众号为例，作为微信生态内容的一环，之间是协同关系，而非竞争关系。在形式上，在视频号可以添加公众号文章链接，打通了视频号与公众号之间的联系；在内容上，公众号文章以图文为主，视频号以短视频为主，二者之间优势互补。

如何让视频号与公众号进行合作，放大它们的营销优势呢？其实合作方式并不复杂，品牌打造出专属 IP，然后根据品牌特性和 IP 定位在视频号上持续产出优质的短视频内容，吸引更多的目标用户，并强化品牌在这些用户心中的形象和认知，然后在合适的时机导入到公众号。

3．场景营销凸显卖点

每个产品都有对应的使用场景，在为产品做新媒体营销时，不妨借助其使用场景进行展示。这样做主要有以下两个好处。

（1）可以通过特定场景下产品的使用情况，来凸显产品的卖点。

（2）将产品融入场景中，广告植入可以变得更加巧妙。

在进行新媒体营销时，也可以通过这种方法来凸显产品的卖点，让用户看到产品的真实使用场景。这不仅可以对产品进行很好地展示，也能通过产品的使用，提醒用户在哪些场景中需要用到该产品。

7.2.2 抖音营销

在抖音短视频平台上，用户可以看到各种信息，如果不做好新媒体营销，那么产品很可能没有多大的销量。如何运用短视频的产品体系，通过深挖抖音短视频的营销力，获取更好的营销效果呢？具体介绍如下。

1．广告营销技巧

抖音短视频中有一些营销模块，这些营销模块可以在进行广告营销，也可以让视频内容获得海量曝光和精易触达。抖音短视频平台上支持的营销模块如下。

（1）Topview 超级首位。Topview 超级首位是包含两种广告形式的营销模块。该营销模块由两部分组成，即前面几秒的抖音开屏广告和之后的信息流广告。

从形式上来看，Topview 超级首位模块很好地融合了开屏广告和信息流广告的优势。既可以让用户在打开短视频 APP 的第一时间就看到广告内容，也能通过信息流广告对营销内容进行完整展示，并引导用户了解详情。

（2）开屏广告。开屏广告模板，就是打开抖音就能看到的广告营销内容模板。如图 7-11 所示为开屏广告模块的运用案例。开屏广告的优势在于，用户一打开抖音短视频 APP 就能看到，所以广告的曝光率较高。缺点则体现在呈现的时间较短，因此可以呈现的内容较为有限。

按照内容的展示形式，开屏广告可细分为三种，即静态开屏（一张图片到底）、动态开屏（中间有图片的更换）和视频开屏（以视频的形式呈现广告内容）。可以根据自身的营销需求，选择合适的展示形式。

（3）信息流体系。信息流体系模块就是一种通过视频传达信息的营销模块。运用信息流体系模块的短视频，文案中会出现“广告”字样，而用户点击视频中的链接，则可以跳转至目标界面，从而达到新媒体营销的目的。

图 7-11　开屏广告模块的运用案例

2．创意信息营销

经常看短视频的用户，更看重的是创意。如果短视频毫无亮点，可能会直接选择划走。因此，还要想办法让短视频内容更有创意。比如，可以通过一些创意信息的添加，突显内容的亮点，从而提高相关链接的点击率，促进新媒体营销的转化率。

（1）下载直达。信息流体系模块中常见的按钮设置有两种，一种是查看详情；另一种是去玩一下。一些需要引导抖音用户下载 APP 的企业，便会设置“去玩一下”或“立即下载”

按钮，让用户直达下载界面，从而有效提升新媒体营销效果。

（2）磁贴显示。“磁贴”就是粘贴在抖音短视频上的一种像小卡片的附件，实际作用与信息流广告中设置的按钮类似，只是显示的形式有所不同。当然，与信息流广告中设置的按钮也有一些不同之处，其中比较显著的一个差异就是用户可以直接在抖音视频中去掉磁贴。可以通过磁贴，让用户直达某个页面，从而传达重要的营销信息。

（3）电话拨打。有时候用户在看完抖音视频或相关信息介绍之后，心里会有一些疑问。如果能够通过设置“电话拨打”按钮，为用户提供一个沟通渠道。

通常，“电话拨打”按钮的设置可分为两类，一种是抖音蓝 V 企业号认证成功之后，在抖音主页中设置的“电话拨打”按钮；另一种是进行了信息点（point of information，POI）地址认领的店铺在店铺信息展示界面中设置的“电话拨打”按钮。如图 7-12 所示为某短视频中设置 POI 地址。

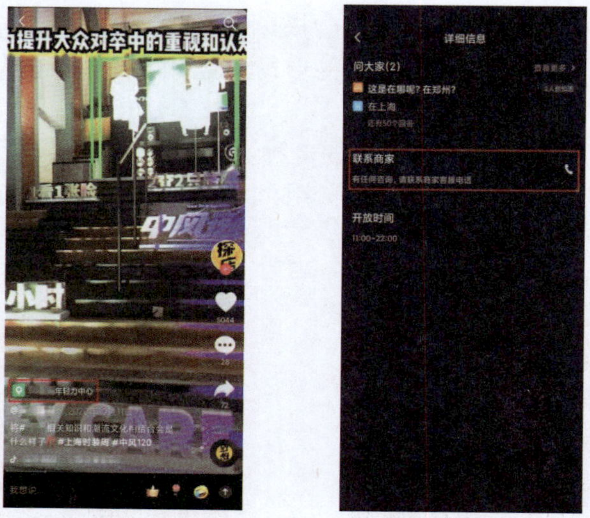

图 7-12　某短视频中设置 POI 地址

3．营销复盘

要想成为优秀的营销人员，除了要做好新媒体营销外，复盘也是必不可少的工作。复盘并不是简单的总结，而是对过去所做的全部工作进行一个深度的思维演练。如图 7-13 所示为抖音营销复盘的流程，如图 7-14 所示为抖音营销复盘的作用。

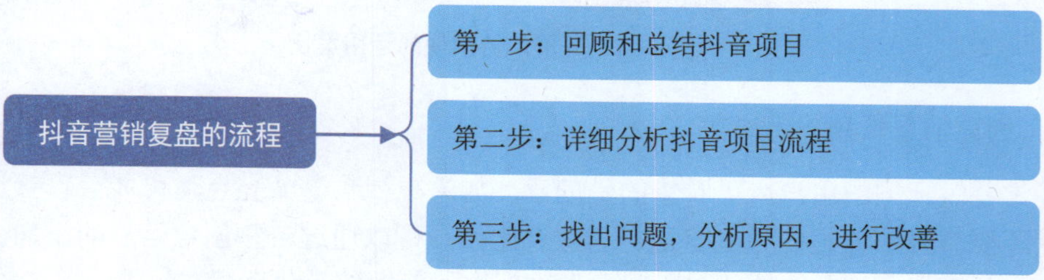

图 7-13　抖音营销复盘的流程

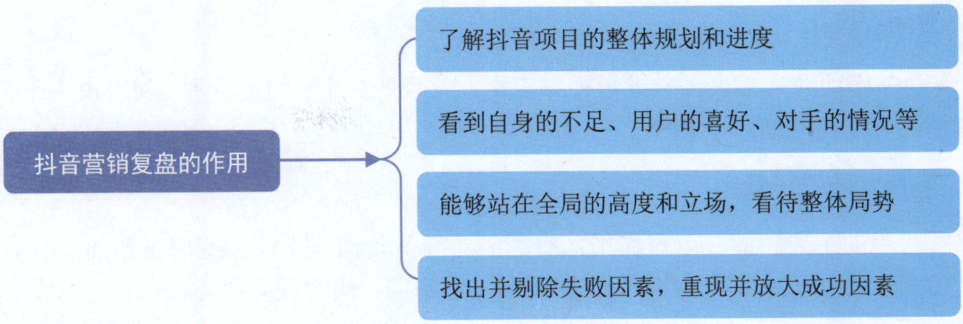

图 7-14 抖音营销复盘流程的作用

总之，抖音的复盘就是分解项目，并在此过程中分析和改进项目各种营销问题，从而优化最终的落地方案。对于企业而言，复盘是一项必须学会的技能，是个人成长最重要的能力，要善于通过复盘来将经验转化为能力，具体操作步骤，如图 7-15 所示。

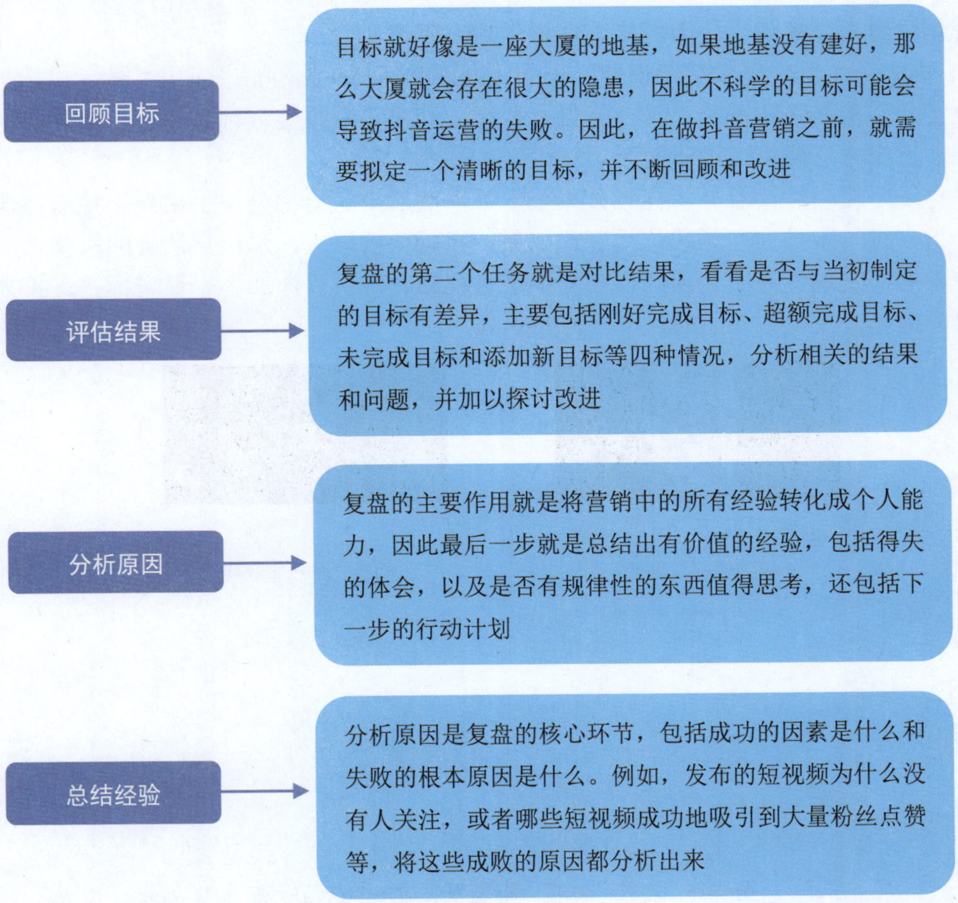

图 7-15　复盘的操作步骤

7.2.3 快手营销

当年 4G 移动网络带火了一批短视频应用，快手便是其中的佼佼者。利用快手平台进行新媒体营销的方法主要有以下几个。

1．利用功能进行营销

熟悉快手的主要功能，以及作用，有利于新媒体营销、引流和变现工作的展开。

（1）缩略图。与抖音直接停留在短视频界面不同，快手视频缩略图运用了大量的文字色块，并通过双 Feed 瀑布流形式吸引用户，提高点击量。因此，可以选择视频里最抓人眼球的画面作为缩略图。

（2）群聊。快手社交属性要强于其他短视频软件，比如快手搜索内容后展示的“群聊”功能，可以进一步增加粉丝互动和黏性。

2．两种精准营销方法

从营销内容角度来说，快手的核心主要包括内容和人。

（1）内容。机器的光学字符识别（optical character recognition，OCR）技术虽然可以识别和读取图片，但是还不准确。换句话说，快手单纯靠算法来读取视频内容，以判断将来是否受欢迎，这个方法现在还不现实。

快手算法是模糊性读取并将视频分成很多类，然后推送给部分快手用户。接着，快手根据反馈分析，进一步扩大视频的传播度。如果该视频传播够大，那么算法会随机挑选一些视频放入快手的“发现”界面。因此，在发快手短视频时，可以添加多个话题标签，扩大短视频营销面，提高“发现”界面的几率，如图 7-16 所示。

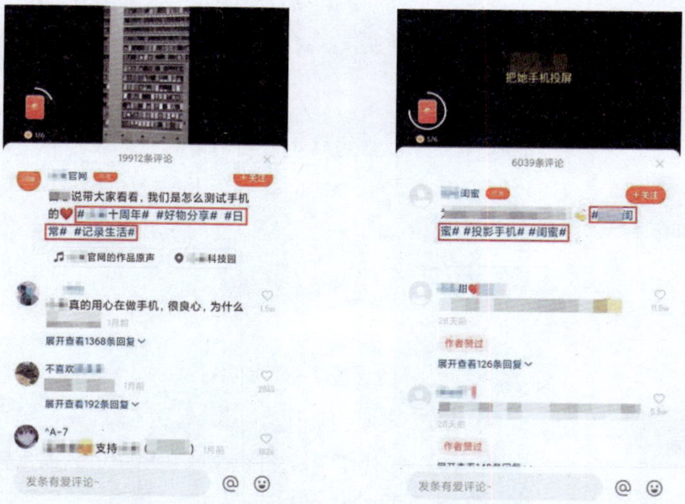

图 7-16 在快手短视频标题里添加多个话题标签

（2）人。不仅人与人之间需要时间互相熟悉，连机器也需要时间来了解一个人。在用户刚注册快手时，快手算法会结合用户观看行为和内容，进而推荐更多类似的视频。当然，一个用户拥有的特征越多，算法推荐的视频结果则越精准。从这个层面分析，快手算法需要大量的用户记录和习惯，以建立算法模型，为用户实现精准推荐。因此，为了实现精准营销，在拟定视频标题时，应该抓住用户的痛点，实现精准营销。

3．营销内容质量至上

在快手做新媒体营销时，如果能够创作出足够优质的营销内容，便可以快速吸引用户的目光，在用户心中建立权威，加强信任度和忠诚度。在创作营销内容时，可以运用以下技巧，轻松打造优质营销内容。

（1）做真正喜欢和感兴趣的领域。

（2）做更垂直、更差异的内容，避免同质化。

（3）多看热门推荐内容，多思考总结亮点。

（4）尽量做原创内容，不要直接搬运。

7.2.4　B 站营销

B 站营销方式相对来说比较多，除了 B 站内部的课程营销和绿洲计划外，还可以积极探索站外营销手段，如配合微信公众号进行跨平台营销等。

1．课程营销

可以将课程设置成付费，B 站用户通过付费购买课程，获得一些新知识，可以凭借课程营销获得收益，如图 7-17 所示。

图 7-17　凭借课程营销获得收益

2．绿洲计划

B 站推出了“绿洲计划”，B 站希望通过这个计划让 UP 主在新媒体营销和创作之中取得平衡，如图 7-18 所示。

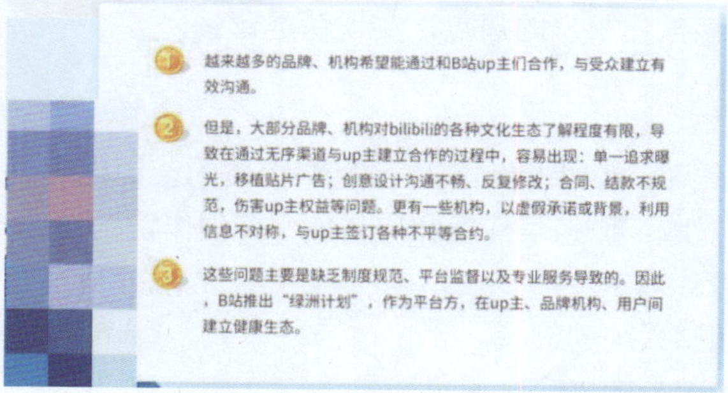

图 7-18　“绿洲计划”界面

UP 主参与这个计划后，不仅能获得与企业交流的机会，而且 UP 主的利益会受到进一步地保护，如图 7-19 所示。

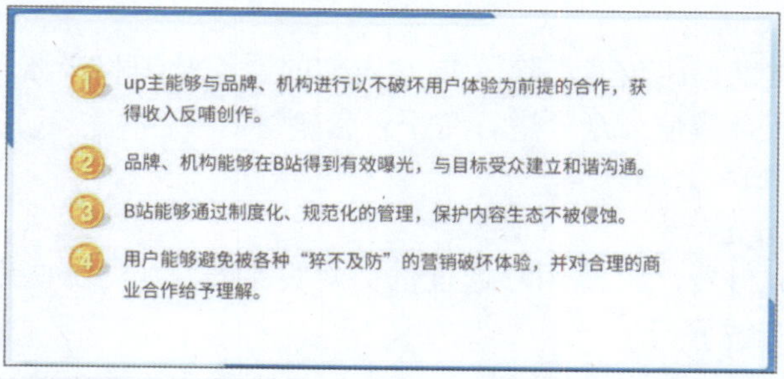

图 7-19　“绿洲计划”目的

3．跨平台营销

B 站 UP 主通过微信公众号变现，其中最成功的是某影视博主，他毕业后通过业余时间剪辑影视片段，整理和“吐槽”佳片和烂剧，在 B 站和微信公众号获得上百万的粉丝，如图 7-20 所示。之后，该博主辞职，自己成立公司，成了一名专职的影视博主。

该博主通过在多个平台的积累和沉淀，已经建立了一个强大的视频创作团队，有负责剪辑的、有负责文案的、有负责运营的等，他创立公司、建立团队、投资小型网剧，都是通过新媒体营销慢慢实现的。

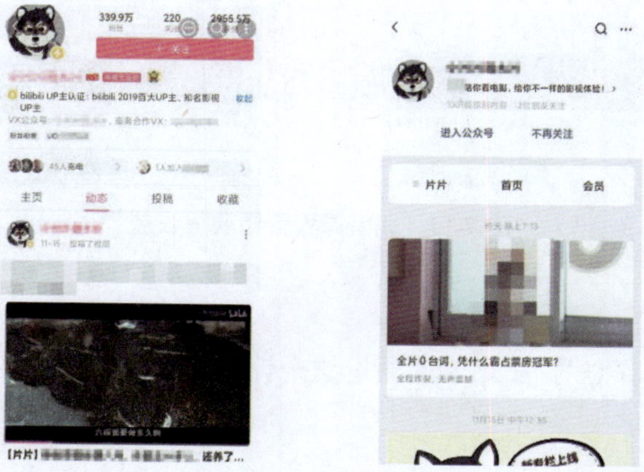

图 7-20　某 UP 主的 B 站账号和微信公众号

7.3　音频营销

音频营销是一种新兴的营销方式，主要以音频为内容的传播载体，通过音频节目运营品牌和推广产品。随着移动互联的发展，以音频节目为主的网络电台迎来了新机遇，与之对应的音频营销也进一步发展。音频营销具有以下两个特点。

（1）闭屏特点。闭屏的特点能让信息更有效的传递给用户，这对品牌、产品推广营销而言更有价值。

（2）伴随特点。相比视频、文字等载体而言，音频具有独特的伴随属性，不需要视觉上的精力，只需双耳在闲暇时收听即可。

7.3.1　内容中植入广告营销

内容植入是新媒体营销推广中常用的方式，音频内容中植入广告的方式有些不一样。用户能在开车、散步等多种场景中收听音频节目，因此音频广告效果要比平面广告、视频广告要好得多。除了用户在收听接受上的方便外，音频的广告植入效果主要受以下因素影响，如图 7-21 所示。

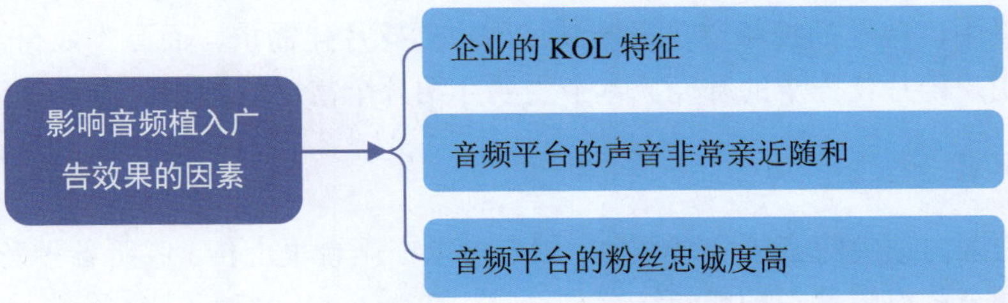

图 7-21　影响音频植入广告效果的因素

7.3.2　创建音频新媒体营销

相比建立微信公众号和开通官方微博，搭建自己的音频新媒体平台，也是一种很好的拓展营销渠道方式，对于推广品牌和提高粉丝黏性具有积极效果。建立音频电台要结合自身特点，选择合适的电台定位和发展方向，具体可参考以下几种类型。

（1）知识攻略型。

（2）达人互动型。

（3）幽默搞笑型。

（4）活动传播型。

（5）美文疗伤型。

7.3.3　通过专题节目营销

策划专题节目指的是，通过专题节目来促进新媒体营销，在粉丝参与度方面比例较高，是一种常用的音频营销形式。如图 7-22 所示为完整的音频专题节目营销需要经历的三个阶段。

内容植入、新媒体搭建和专题节目策划这三种核心的音频营销方式，可以有很多形式的创意玩法。可以根据公司和产品的情况，选择一种或多种方式，发挥出音频营销的潜力。

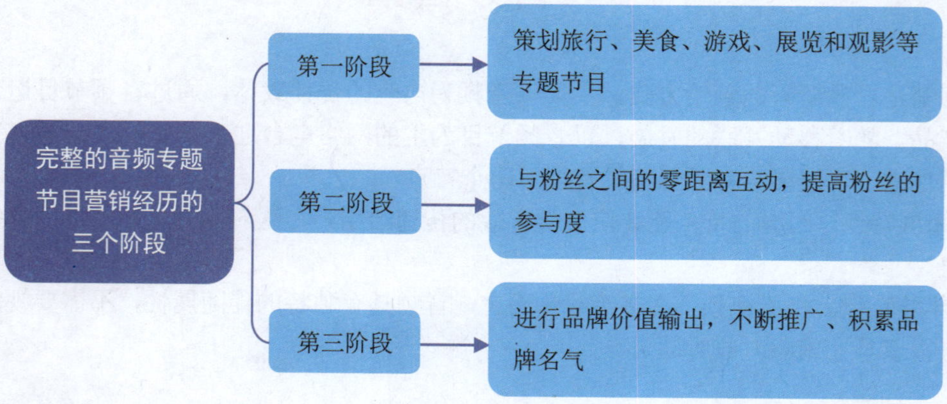

图 7-22　完整的音频专题节目营销经历的三个阶段

7.4　音频平台

在各种移动场景中，单纯的视频节目很难满足用户的碎片化需求，而原本显得没落的音频节目恰好能作为用户碎片化需求的补充。本节主要介绍几个常用的音频营销平台。

7.4.1　喜马拉雅 FM

喜马拉雅 FM 是国内顶尖的音频分享平台，用户可以在平台里上传、收听各种音频内容，它支持手机、电脑和车载终端等多种智能终端。

1．栏目信息

喜马拉雅 FM 平台官网首页的热门推荐有三个热门音频节目，企业和个人可以与喜马拉雅 FM 进行合作，将自己的音频节目置顶，获得更大的营销曝光度，如图 7-23 所示。

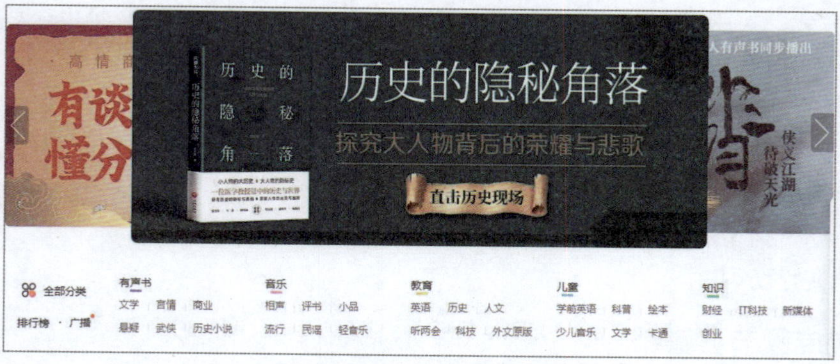

图 7-23　喜马拉雅 FM 首页热门推荐界面

喜马拉雅 FM 平台上有很多不同种类的音频节目，具体包括有声书、音乐、娱乐、相声评书、儿童、资讯、脱口秀、情感生活、历史、人文、教育培训、英语、广播剧、戏曲、电台、健康养生、旅游、汽车、动漫游戏，以及电影等多种节目类型。在喜马拉雅首页有榜单入口，如热播榜、新品榜和付费畅销榜，如果营销产品能通过此榜单展示出来，必定能获得不少的关注。

音频内容的传播适用范围更为多样，用户在运动、读书甚至工作等多种场景，都能悠闲地收听音频节目。音频相比视频来说，更能满足用户的碎片化需求。

在喜马拉雅 FM 平台上，用户可以收听国内海外等地区的几十万个音频栏目。而且喜马拉雅 FM 相比其他音频平台，具有以下功能特点，如图 7-24 所示。在喜马拉雅 FM 平台上，可以直接通过搜索栏寻找自己喜欢的音频节目。对此，企业和个人只需根据自身内容，选择热门关键词作为标题，便可将内容传播给目标用户。

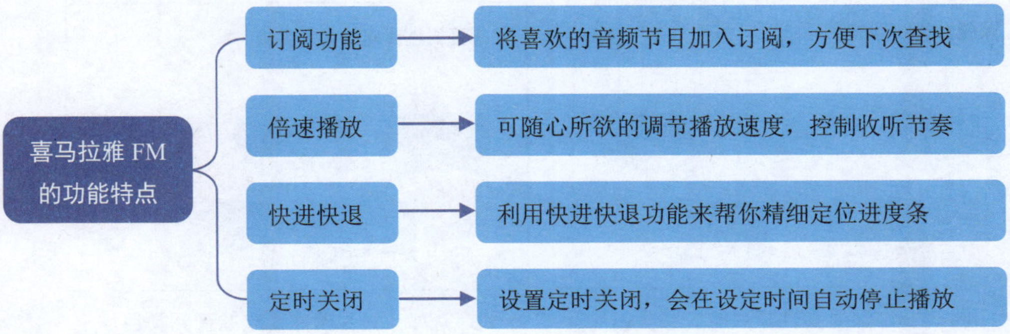

图 7-24 喜马拉雅 FM 的功能特点

此外，应该充分利用用户碎片化的需求，通过音频平台进行发布直播信息广告，音频广告的营销效果相比其他形式的广告投放更为精准。而且，音频广告成本也比较低，十分适合新人。

例如，美食主播可以与“美食”相关的音频栏目组合作。因为这些节目通常有大量关注美食的用户收听，广告的精准度和效果会非常好。还可以在自己或别人的音频节目的弹幕和评论区发送营销信息，获得更多用户的关注，实现新媒体营销的目标，如图 7-25 所示。

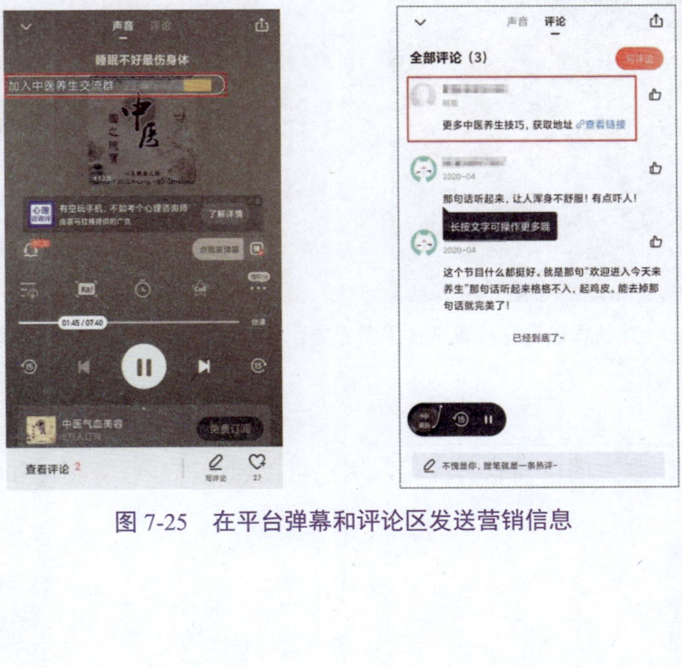

图 7-25 在平台弹幕和评论区发送营销信息

2．针对性引流

根据相关数据显示，喜马拉雅 FM 上的女性用户大多关注的是情感、轻音乐、娱乐、家庭以及婚姻之类的栏目，如图 7-26 所示。18～30 岁以内的女性用户，主要对星座、情感、娱乐、八卦和轻音乐等栏目感兴趣；而 30～40 岁的女性用户将心思大多放在家庭、婚姻、魅力养成等栏目上。

喜马拉雅 FM 上的男性用户大多关注是汽车、创业、历史、相声，以及社交之类的栏目，如图 7-27 所示。18～30 岁以内的男性用户为上班族，正处于人生打拼阶段，他们对休闲性质的新闻、创业、励志和社交类栏目感兴趣；而 30～40 岁的男性用户将心思大多放在相声、历史、怀旧歌曲等栏目上。

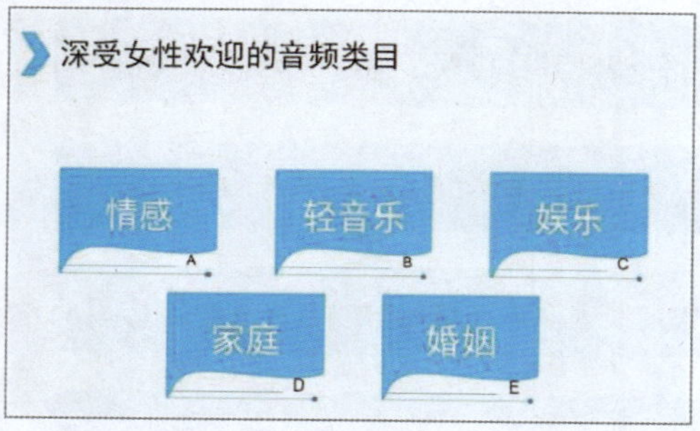

图 7-26　深受女性喜欢的音频类目

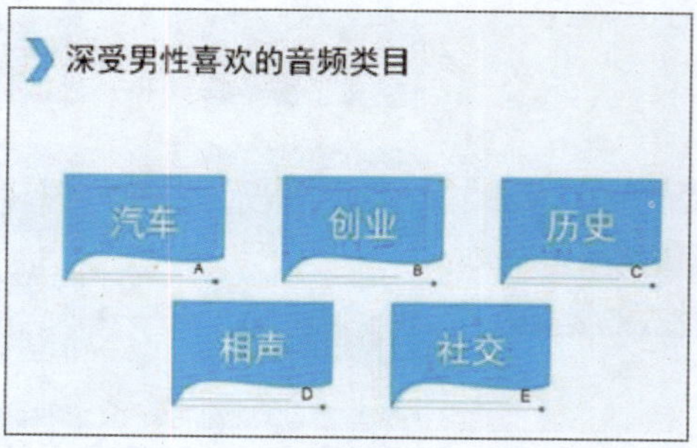

图 7-27　深受男性喜欢的音频类目

可以与喜马拉雅 FM 合作推出相应的活动，吸引用户和主播积极参与活动，有机会获得丰厚福利，顺势为自己的品牌进行引流推广。如图 7-28 所示为某品牌在喜马拉雅 FM 平台上推出的“拯救上火计划”的营销活动。

图 7-28　某品牌在喜马拉雅 FM 平台上推出的“拯救上火计划”的营销活动

7.4.2　蜻蜓 FM

蜻蜓 FM 是一款强大的广播收听应用，用户可以通过在线收听国内和海外等地区千个广播电台。

1．栏目信息

蜻蜓 FM 相比其他音频平台，具有以下功能特点，如图 7-29 所示。

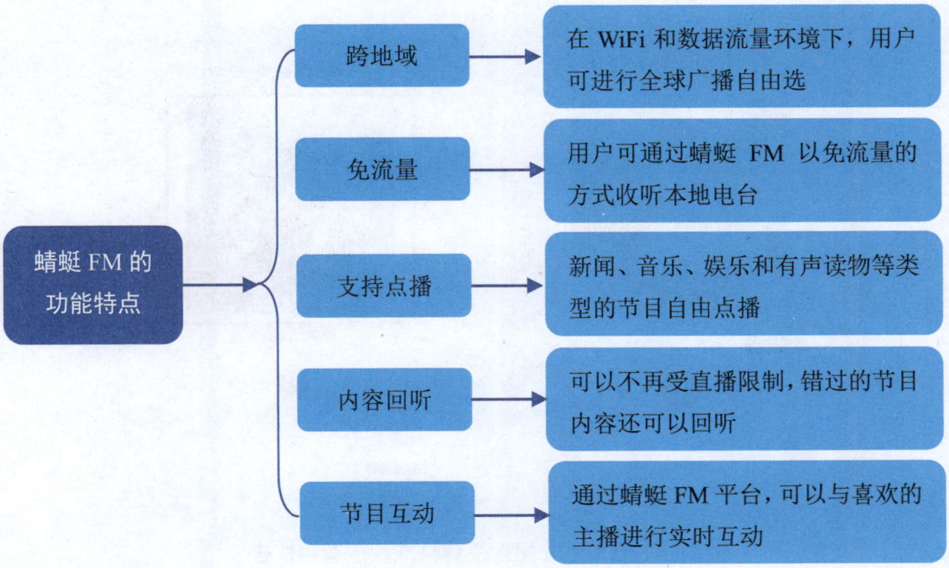

图 7-29　蜻蜓 FM 的功能特点

蜻蜓 FM 的内容分类十分丰富，包括小说、音乐、相声小品、脱口秀、情感以及历史等多种类别，为推广提供了多样性发展的可能。此外，应该充分利用用户碎片化需求，通过蜻蜓音频平台来发布产品营销信息，音频成本比较低廉，十分适合本地中小企业或个人做新媒体营销。

2．针对性引流

蜻蜓 FM 是客户覆盖面广、流量较大，且用户都有某种特定的偏好，更利于做针对性引流。蜻蜓 FM 针对性引流操作方法如下。

（1）先找好音频内容，每天按照计划录制三条音频，并且按时推送出去。如，可以上午 7 点至 8 点推送一条；中午 12 点推送一条；晚上 6 点左右推送最后一条。

（2）音频平台与视频平台最大的不同是，视频平台看重颜值，而音频平台倾向于声音。如果音频声音非常动听，就能为自己的音频节目增色不少。当然，如果嗓音不好听，又是新人，那么可以花钱雇佣配音师。

（3）录制的音频不能太长，也不能太短，建议每条音频时长控制在十分钟左右。如果音频时长过长，用户没有耐心听完，影响完播率；如果音频时长过短，则无法将内容完整表达出来。

3．营销案例

下面以某品牌为例，具体分析蜻蜓 FM 的音频营销操作及效果。我国的儿童穿戴市场已经进入快速发展阶段，加之各种高科技的加持，儿童穿戴设备已成为集娱乐、教育和安全守护于一身的热门产品。

在这种背景下，某品牌选择与蜻蜓 FM 合作，开始涉及音频营销领域，推出了少儿有声绘本《拯救精灵村 Kido Go!》。同时，蜻蜓 FM 积极配合该品牌进行营销，在平台多个入口精准投放了广告，如图 7-30 所示。

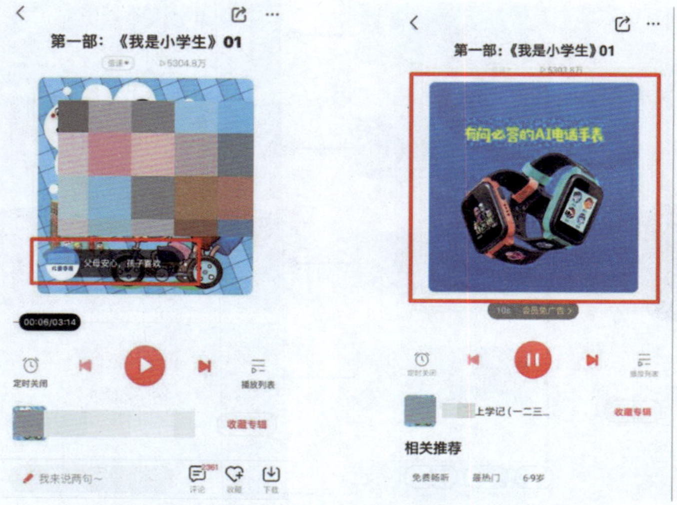

图 7-30　蜻蜓 FM 配合品牌精准投放营销广告

7.4.3　听伴 FM

考拉 FM 在完成 A+轮投资之后，正式升级为听伴 FM，在智能车载领域名声极高，其最大的优势在于个性化音频引流，在聚集了大批粉丝的同时，逐步实现商业化运作。听伴 FM 要进驻直播领域，其推出的直播功能，主要服务于行业大事件的现场直播，比如演唱会、发布会、电影节，以及娱乐明星专访等，如图 7-31 所示。

图 7-31　听伴 FM 主播界面

听伴 FM 价值点除了移动客户端外，深耕的领域便是车载。曾与某知名车企进行合作，推出了品牌电台。品牌电台是一个定制的智能化车载音频平台，车企可以通过该平台，面向广大车主传递品牌传播、活动直播和生活资讯等多种营销内容。

通过听伴 FM 的品牌电台进行音频营销，主要有以下几个好处。

（1）车载环境是一个封闭环境，比如车主在开车听音频广播或节目时插入相关营销广告，触达率比其他形式的营销更高。

（2）通过品牌电台，所需要展现的营销内容往往更有温度，也更容易博得车主信赖。

（3）通过听伴 FM 独家的 AI 技术，营销广告能更精准触达人群。

7.4.4　荔枝 FM

在音频营销渠道中，荔枝 FM 无疑是一个值得关注的语音直播平台。在这个平台上，用户不仅可以收听各种优秀的电台节目，更重要的是，就如宣传语“人人都是主播”一样，是一个支持在手机终端推出新媒体电台的平台。

同时，荔枝 FM 打造了一条从节目录制到一键分享再到各社交平台的完整的生态链。可见，如果选择荔枝 FM 音频渠道，可以通过创建音频新媒体的方式实现营销目标。

其实，相比建立微信公众号和开通官方微博，搭建自己的音频新媒体平台，也是一种很好的拓展营销渠道的方式，对于推广品牌和提高粉丝黏性具有积极效果。当然，在荔枝 FM 平台上建立音频新媒体平台时，需注意问题，如图 7-32 所示。

图 7-32　企业建立音频新媒体平台要注意的问题

如果是资金相对雄厚的企业，还可以联合荔枝 FM 开展跨界营销。例如，某零食品牌曾与荔枝 FM 开展过以说唱为主题、年轻化为特点的跨界营销活动，当时荔枝 FM 就将此活动海报放在 APP 首页，如图 7-33 所示。

图 7-33　跨界营销活动海报

本章小结

本章首先介绍了视频营销的模式，以及效果；然后对视频号、抖音、快手和 B 站这四大短视频平台进行了具体说明；最后以喜马拉雅 FM、蜻蜓 FM、听伴 FM 和荔枝 FM 为例，对音频营销进行了详细介绍。通过本章的学习，可以帮助读者提高视频营销的能力，增强粉丝黏性。

本章习题

1．场景营销具有哪些好处？

2．音频营销具有哪两个特点？

第 8 章　新媒体文案营销

本章导读

文案营销是新媒体营销中常见的一种营销方法，也是营销效果非常不错的一种营销方法。因此，要进行新媒体营销，就必须要对文案营销十分了解。本章主要介绍文案营销相关的知识，助力读者打造出火爆文案和吸睛标题。

本章重点

- 文案营销创作技巧
- 文案营销的秘密
- 体现内容表达效果
- 促成文案营销目标
- 避开文案营销陷阱

8.1 文案营销创作技巧

在互联网时代，有很多小成本的企业大放异彩，他们成功的主要原因之一就在于创作了许多优质的文案。要想通过文案达到理想的品牌宣传和推广的效果，首先需要掌握文案营销的写作技巧。本节主要介绍一些实用的文案营销的创作技巧。

8.1.1 以读者为中心

很多文案从折扣角度出发，想抓住读者的注意力，以达到最终的营销目标。如果给出的折扣不具有吸引力，这种文案创作方法的效果并不能彻底打动读者。总之，在创作文案时，要做到以读者为中心，就要做好以下五点，如图 8-1 所示。

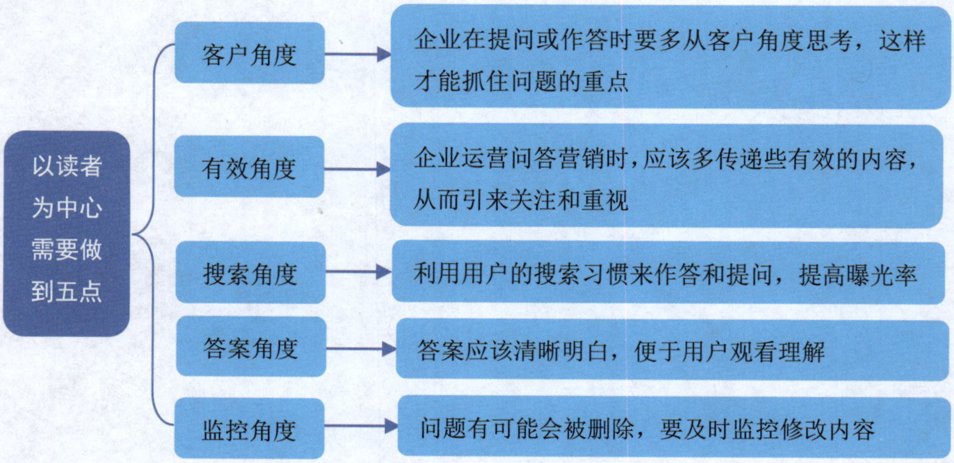

图 8-1 以读者为中心需做到的五点

8.1.2 了解写作思路

在文案创作的思路中，常用的思路主要有以下几种，如图 8-2 所示。

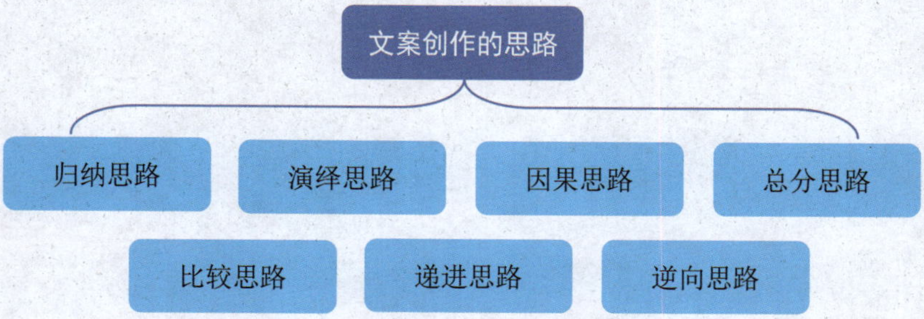

图 8-2 文案创作思路

其中应用最为广泛的主要是归纳思路、演绎思路和递进思路三种，下面对这三种思路分别从表现形式和根本作用两方面进行具体分析。

1．归纳思路

归纳思路的表现形式和根本作用，如图 8-3 所示。

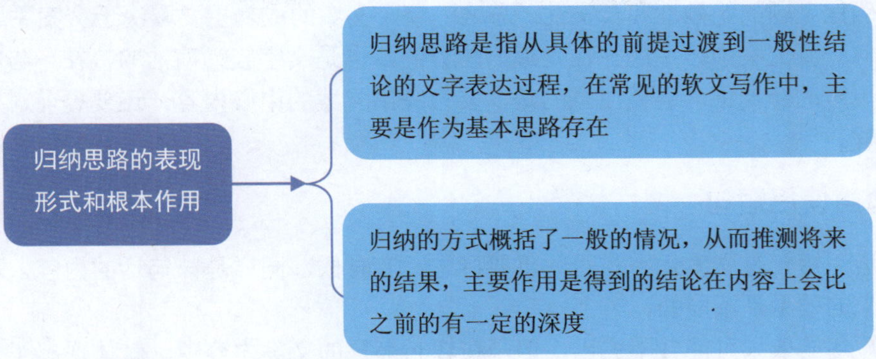

图 8-3　归纳思路的表现形式和根本作用

2．演绎思路

演绎思路的表现形式和根本作用，如图 8-4 所示。

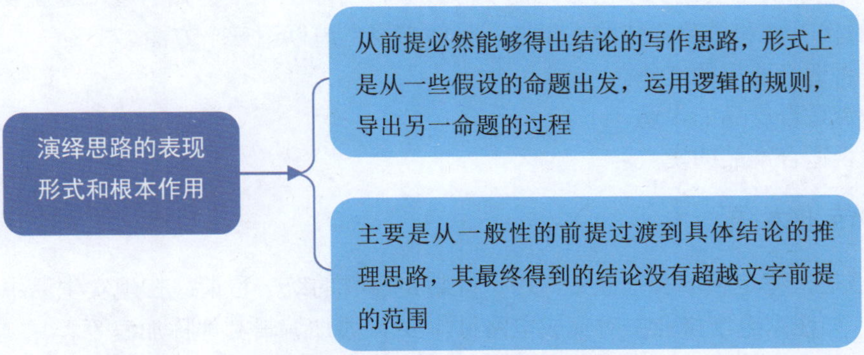

图 8-4　演绎思路的表现形式和根本作用

3．递进思路

递进思路的表现形式和根本作用，如图 8-5 所示。

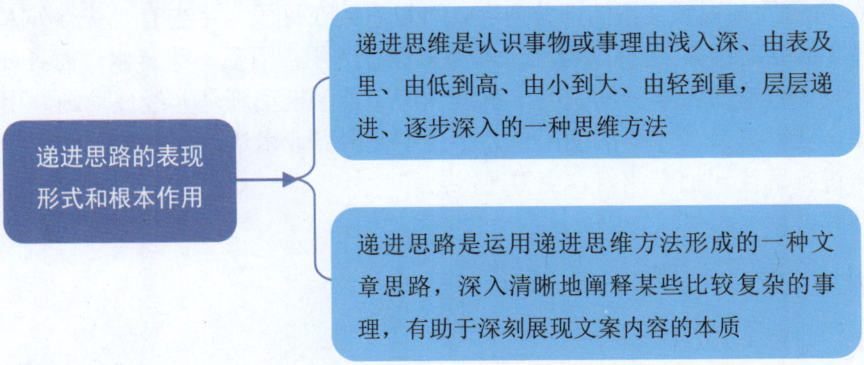

图 8-5　递进思路的表现形式和根本作用

8.1.3 突出文案主题

文案主题是整个文案的生命线，文案工作人员主要职责就是设计和突出主题。所以，要下功夫，确保主题的绝妙性和真实性。总之，整个文案的成功主要取决于文案主题的效果。

在任何一篇文案中，主题往往是最为醒目的，也是文字较为简洁的，在广告类文案中，甚至就是短短的一句话。需要注意的是，要想突出文案的中心内容，还要提前对受众群体有一定的了解。

8.1.4 适当使用短句

善于运用短句是文案优秀与否的重要标志，有时候，同样是一句话的内容，不同的表达方式所带来的效果是不同的。

单个短句的效果可能并不突出，但是在较长篇幅的文案内容中，就体现出了长句不能达到的效果。文案中的长句常常会让读者精神疲劳、头昏眼花，并且容易遗忘。

8.1.5 内容简单明了

文案要简单明了，最好做到雅俗共赏，这是创作文案时对文字的基本要求。从简单明了的角度出发，追求的主要是文字所带来的实际效果，而非文学上的知名度，这就要求不要过于看重文字的优美性和措辞语法的文学性。具体需要考虑以下三个方面。

（1）是否适合要用的媒体。

（2）是否适合产品的市场。

（3）是否适合产品的卖点。

8.1.6 减少专业术语

专业术语是指特定领域和行业中，对一些特定事物的统一称谓。在现实生活中，专业术语十分常见，如在家电维修业中对集成电路称作 IC，添加编辑文件称加编等。

专业术语的实用性往往不一样，但是从文案写作的技巧出发，需要将专业术语用更简洁的方式替代。专业术语的通用性比较强，但是文案中往往不太需要。相关的数据研究也显示专业术语并不适合大众阅读，尤其是在快节奏的生活中，节省阅读者的时间和精力，提供良好的阅读体验才是至关重要的。

如图 8-6 所示为某视频文案的部分内容，可以看到在这段文字中有一些行外人看不太懂的词汇，如“非线性动画”。这样就会让一些不太懂行的用户看后一头雾水，而且视频对“非线性动画”一词并没有进行解释和说明，单纯介绍了某手机动画是非线性动画，用户看完视频后还是不懂。当然，减少术语的使用量并不是不使用专业术语，而是控制使用量，并且适当对专业术语进行解读，把专业内容变得通俗化。

图 8-6 某视频文案的部分内容

8.2 文案营销的秘密

在形形色色的新媒体平台上，人人都想分一杯羹。如果企业不得门径，到头来只会费力不讨好。而如何撰写出让用户感兴趣、让潜在用户心动的文案，在本节中将具体分析。

8.2.1 优秀营销特点

文案营销是在新媒体营销中不可或缺的一种营销方式。所以，许多行业都不会放过文案营销，微商和短视频行业也加入到了文案营销阵列中，从而诞生了很多优秀的案例。文案营销的特点主要有以下几个。

1. 便捷沟通

能够通过 QQ、微博和微信等软件与用户实现远距离且无障碍的沟通，发布的文案信息也能够及时传递给用户。因此，与传统行业相比，文案营销能够实现更加便捷的沟通。其沟通的便捷性主要表现在以下两方面，如图 8-7 所示。

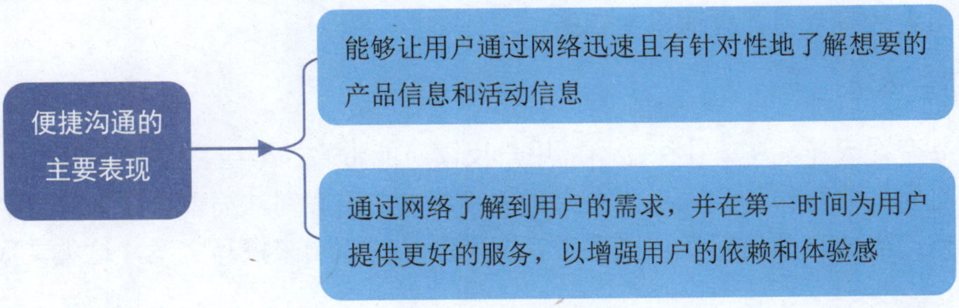

图 8-7 便捷沟通的主要表现

2．用户广泛

微信、微博和 QQ 等通信软件如今已有上亿用户群体，已经成为人们联系与交友不可缺少的工具。基于这样的特点，这些通信软件为企业和个人带来了更为有利的营销环境。在这些平台上进行相应的文案营销，只要文案内容符合用户的口味，那么感兴趣的用户自然会自动查看。

3．展示多元

在运用文案进行产品营销时，可以通过活泼的网络语言来吸引用户的注意力。同时，内容形式也应该多元化，可以是文字形式；可以是图片形式；也可以是视频形式。

可以通过文字、图片或者视频相结合的方法，对产品的外观和功能等进行描述，让用户对产品特点的了解更加容易。文字视频结合进行文案营销，会让文案显得很灵活，不呆板，对产品特点的表现也更加直观。

从营销角度出发，最好不要选择纯文字形式发朋友圈广告。因为太过冗长的广告文字一般不被用户所认同，都不会愿意在休息娱乐时，看太长的广告文案。当然，也不能全是图片没有文字，因为营销信息必须使用文字进行表达。

4．成本低廉

在微信、微博和 QQ 等软件上进行文案营销，基本不用什么成本。在空间、朋友圈发布信息完全是免费的，而好友却能够随时看到发布的文案。可以说，这种营销方式是高效而划算的。

8.2.2 掌握表现技巧

在了解了文案营销的四个特点后，要想写好文案，还需掌握文案的表现技巧，具体六个切入点如下。

1．新闻报道

在撰写文案时，不妨换个身份，通过媒体记者的视角来撰写新闻报道，直接介绍自身实力与品牌形象等。通过将这些新闻报道发布到门户网站，再进行截图或分享链接到朋友圈，或者制作成短视频，从而赋予文案权威性。这样的文案营销具有真实、权威和不可辩驳的特点，能够有力提升品牌形象，赋予正面意义。但是，新闻类文案发布渠道狭窄，必须要发布到门户网站上才有效益，因而成本较高。

2．用户体验

将产品夸得天花乱坠，往往比不上用户反馈所能带来的效应。因此，在进行文案营销时，不妨尝试将用户体验作为切入点。由用户体验切入的文案写法简单，在撰写这类文案时，可以完全把自己当成产品使用者，以消费者试用产品的口吻来撰写文案，这类文案容易获取读者的信任。

在这种形式的文案中，通常以第三方或者普通用户的切身真实体验作为切入点，客观全面地介绍品牌或产品的优点与服务质量。在悄无声息中，便可完成对消费者和潜在客户产生积极的心理暗示，打造正面形象。

3．讲述故事

相较于广告，文案营销能让用户在不知不觉间接受产品信息。而故事营销是文案营销中常见的种类，通过讲故事的方式，娓娓道来，把要介绍的品牌、产品都藏在故事里，这样往往能够获得意想不到的效果。

4．访谈切入

在撰写文案时，可以通过访谈的形式，通过采访行业大拿或者专家等形式，来切入文案正题。这种一对一访谈的形式，可以深入全面地宣传品牌信息。

值得注意的是，如果要采用访谈形式来撰写文案，切记访谈对象需要有一定的知名度，有一定的感染力与宣传力。否则，贸然使用访谈的形式撰写文案，采访的却是名不见经传的对象。这样的文案不但没有说服力，让人觉得为了炒作不择手段，很容易引起用户的反感。

5．网络事件

需要具有敏锐的洞察力，从而将网络热点事件作为切入点撰写文案，能够获得较好的成效。当然，在借用网络热点事件时，务必要注意，自身业务需要与该网络热点事件具有关联性，至少要能自圆其说。

这种写法其实就是结合当前热门事件，比如化妆品和护肤品等行业可以借势于宫斗剧；而运动类品牌可以借势于电竞项目。使用这种写法撰写文案，需要有发散性思维，能够从热门事件中找到与自家产品相贴合的地方。例如，自从“官宣体”红了以后，各大公众号开始用“官宣体”撰写文案标题了，如图 8-8 所示。

图 8-8　公众号用“官宣体”撰写文案标题案例

6．模仿热帖

在文案创作时，通过搜集网络上传播范围极大的热帖，进行加工以后二次上传。这样的文案，传播速度通常会极快。值得注意的是，模仿热帖的文案在修改时，需要做到巧妙植入，且不露痕迹，在修改时必须自然而然，不能太过牵强。

当然，撰写文案的方法和切入点自然不局限于这六种方式，可以通过多观察同行作品，多学习多总结，文案的质量自然而然就提高了。总之，世界上没有不劳而获，文案撰写需要勤学多练。

8.2.3　优秀文案目的

撰写文案，首先需要了解使用文案的目的。文案营销是当前最受欢迎的主流营销方式，而文案的主要功能包括四点：引流、推广品牌、赢取信任和销售产品。

1．好友引流

某些企业和个人的基础是微信，在朋友圈进行产品营销，对潜在客户进行耳濡目染，促成销售。因而这类潜在客户是微信好友，在做文案营销时，第一步就是进行引流，通过撰写有趣的文案，吸引好友转发，进而获得更多朋友。

2．推广品牌

有人认为，小企业不同于传统销售，所销售的产品通常并不知名，因此对品牌营销就不太重视。但实际上，小企业更加需要进行品牌推广。只有通过文案营销打出品牌影响力，才能打下销售基础，甚至获得更多代理。

3．赢取信任

信任是销售的基础，相比较于毫无关系的陌生人，消费者往往更愿意选择有信任感的朋友。而打造信任感是一个长期的过程，需要耐心地操作，以及通过长期的文案营销与答疑解惑，塑造形象，才能获取用户的信任。

与用户建立信任是一个长期的过程，让客户对自己信任，首先要让用户觉得自己不是个虚拟的客户端，可以从以下几个方面做起。

（1）头像是真人，可用软件处理，但一定要清晰，这样的头像比从网络图片要真实。

（2）账号名字也很重要的，最好用真名、店铺名或企业名，少加前缀后缀。

（3）内容垂直，晒晒近照与证件。

4．销售产品

无论如何，营销最终目的在于销售，进行文案营销，其目的是销售产品。因此，在撰写文案时，要时刻把销售产品这一最终目的记在心里，才能够撰写出合适的文案。

虽然销售产品是目的，但不能为了产品能卖得出去就肆意夸大产品功能。这种欺骗行为如果被用户发现，以前积累的信任和口碑会瞬间瓦解。

8.2.4　撰写文案步骤

在撰写文案时需要按部就班，遵循步骤。文案撰写步骤可分为四步，如图 8-9 所示。

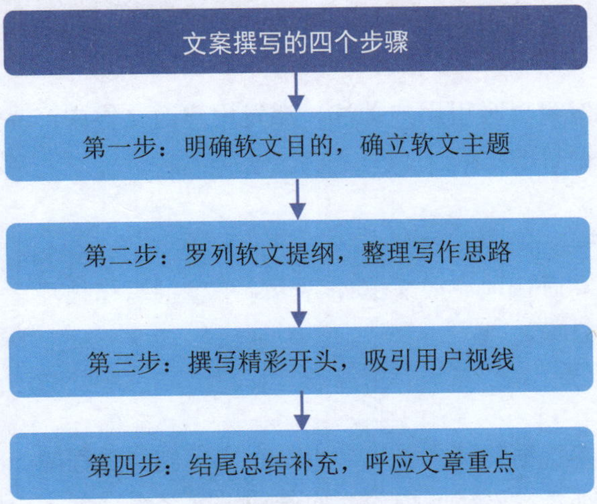

图 8-9　文案撰写的步骤

如图 8-10 所示为文案营销案例，该案例中向读者介绍了一款空气芝士，目的很明确就是销售产品。文案思路清晰，开头通过与空气的类比，突出芝士的特点和优势，最后在结尾处放置购买渠道，让用户可以快速购买产品。

图 8-10　文案营销案例

8.3　体现内容表达效果

文案营销要想取得好的效果，需要一篇优秀的文案，能够快速吸引用户的注意力，让账号快速增加大量粉丝。通常，提升文案写作技能的方法主要有以下几个。

8.3.1 加强个性表达

形象生动的文案表达，能营造出画面感，从而加深用户的第一印象，看一眼就能记住文案内容。因此，每一篇文案在最初都只是一张白纸，需要不断地想出好的创意，添加新的内容，才能够最终成型。

一则生动形象的文案可以吸引用户关注，激发用户对文案中产品产生兴趣，从而促进产品信息的传播，达成营销目的。

8.3.2 把握文字表达

要想更高效率、更高质量地完成文案任务，除了掌握写作技巧之外，还需要学会玩转文字，让表达更合用户的口味。

1. 语义通俗易懂

文字通俗易懂是文案营销的基本要求，也是在文案创作过程中，必须了解的技巧之一。从本质上，通俗易懂并不是极度精简内容，而是通过文字组合展示内容，让用户在阅读文案之后，便心领神会。如图 8-11 所示为某短视频封面，标题为“三国时期运载粮食的‘神器’木牛流马重现”和“近日多地发布寒潮预警，大连‘侠客’独钓寒江雪”，这些文字通俗易懂，让用户轻而易举明白该短视频的内容。

图 8-11　某短视频封面

2. 删除多余内容

成功的文案往往表现统一，失败的文案则是原因众多。在可避免的问题中，文字的多余累赘是失败的主因，其导致的结果主要包括内容毫无意义、文字说服力弱和问题模棱两可等。

解决多余文字最为直接的方法就是将其删除，这也是强调与突出关键字句最为直接的方法。如图 8-12 所示为某手表的广告文案，直接挑明××手表最能体现品位，而没有说其他多余的内容。

删除多余的内容对于广告文案来说，是一种非常聪明的做法。一方面，多余的内容删除之后，重点内容更加突出，用户能够快速把握要传达的意图；另一方面，多余的内容删除之后，文案将变得更加简练，同样的内容能够在更短的时间广泛传播，且用户不容易产生反感情绪。

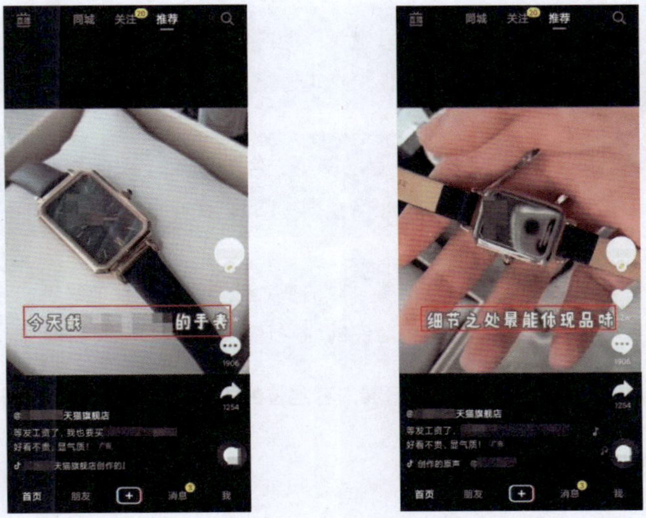

图 8-12　某手表的广告文案

8.3.3　精准内容定位

精准定位同样属于文案营销的基本要求之一，每一个成功的营销都具备这一特点。如图 9-13 所示为两个女装的视频广告文案。

图 8-13　两个女装的视频广告文案

这两篇广告文案的成功之处就在于根据自身定位，明确的指出了目标消费者是小个子女生，能够快速吸引大量精准用户的目光。要想做到精准的内容定位，可以从以下四个方面入手，如图 8-14 所示。

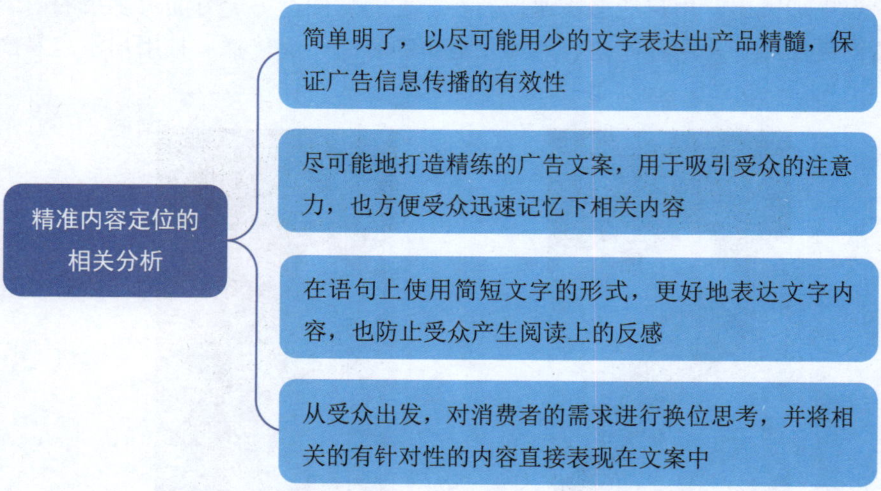

图 8-14　精准内容定位的相关分析

8.3.4　评论文案技巧

说到文案，可能想到的是公众号文案。其实，除此之外，在文案营销过程中，还有一个要把握的文案部分——评论区文案。评论区文案的写作有如下技巧。

1．回复评论引导用户

除了自我评价补充信息之外，在创作评论文案时，还需要做好一件事，那就是通过回复评论解决用户疑问，引导用户的情绪，从而提高产品的销量。如图 8-15 所示为某企业在文章发布之后，对评论中某些用户的疑问或评论进行了回复，消除用户的后顾之忧。而疑问得到解答之后，用户的购买需求自然会得到提升。

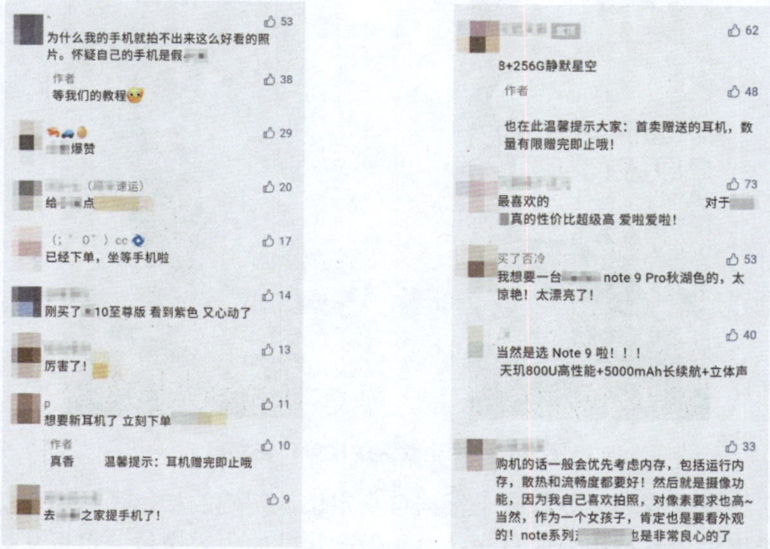

图 8-15　某企业通过回复评论引导用户

2．根据内容自我评论

当文案中能够呈现的内容相对有限时，就有可能出现一种情况，内容需要进行补充。此时，便可以在评论区进行自我评论，进一步完善内容。另外，在文章或短视频刚刚发布时，可能看的用户不是很多，也不会有太多评论。如果进行自我评论，也能从一定程度上起到提高用户评论数量的作用。

3．回复评论的注意事项

回复评论看似是一件再简单不过的事，实则不然。这主要是因为在进行评论时需要注意以下事项。

（1）第一时间回复评论。应该尽可能地在第一时间回复用户的评论，这么做主要是有以下两个方面的好处。

①快速回复能够让用户感觉到对他的重视，这样能增加用户的好感。

②回复评论能够从一定程度上增加热度，让更多用户看到更多的内容。

那么，如何做到第一时间回复评论呢？其中一种比较有效的方法就是在文案发布后的一段时间内，及时查看用户的评论。一旦发现有新的评论，便在第一时间做出回复。

（2）不要重复回复评论。对于相似的问题或者同样的问题，最好不要重复进行回复，主要有以下两个原因。

①回复中或多或少会有营销痕迹，如果重复回复，那么整个评论界面便会一团乱进而让用户产生反感情绪。

②相似的问题、点赞多的问题会排到评论的靠前位置，只需回复点赞多的问题，有相似问题的用户自然就能看到。而且，这还能减少回复工作量，为节省大量的时间。

（3）注意规避敏感词汇。对于一些敏感的问题和词汇，在回复评论时一定要尽可能地进行规避。当然，如果避无可避，可以采取迂回战术，如不对敏感问题做出正面的回答，用其他意思相近的词汇或谐音代替敏感词汇。

8.4　促成文案营销目标

文案营销是最需要技巧的广告形式，在进行新媒体营销时，必须掌握文案营销的相关策略，才能完成产品销售和品牌宣传的目标。文案营销有很多策略，在营销过程中不可能全部兼顾，应该选择最适合的策略。

8.4.1　热门话题营销策略

话题，尤其是热门话题，是最容易引起口碑效应的策略。运用话题进行文案营销，能够起到很好的品牌推广的目的，如果想要借助话题营销，获得足够的关注度，需要做到以下两点。

（1）围绕、结合社会热点制造话题。

（2）针对用户的喜好与需求引导话题。

采用话题营销策略进行品牌推广时，要注意话题的可控性，一定要对品牌做正面引导，不能引发用户的负面情绪，例如借助公益话题，可以让消费者对品牌产生良好的印象。

8.4.2 技术营销策略

技术策略的关键是通过技术层面的内容去打动用户。不能用虚假的技术搪塞读者，必须要用先进的技术，并且这些技术能够真正帮用户解决问题。在描述技术内容时，不要太过于笼统和高深，语言尽量通俗易懂，让用户能从中找到自己需要的知识。

8.4.3 经验式营销策略

在写文案时，不妨写一些分析经验式的文案，此类文案的策略主要向读者分享经验、免费给予帮助，从而引起读者的注意力，这是最容易打动用户和影响用户的一种文案营销策略。

这类文案营销的最大优势在于，消费者是以主动的方式接受传播的信息的，如果内容足够有效，还很有可能形成口碑传播。

8.4.4 新闻式营销策略

对于任何品牌来说，新闻式营销策略都是一个非常好的营销方案，为什么新闻性的文案容易受到用户的关注呢？因为人都有好奇心，都渴望了解新事物、学习新知识。因此，新闻式营销要体现出一个“新”字，新鲜事物和新鲜知识等都可以成为新闻式营销的素材来源。

8.5 避开文案营销陷阱

在进行文案营销时，除了要掌握文案创作技巧和文案营销策略之外，还需要了解注意事项。只有了解了文案营销的注意事项，才能够在文案营销过程中不出错误，确保营销计划正常进行。在进行文案营销时，需要注意文案营销操作层面和营销文案写作层面事项。

8.5.1 文案营销操作层面

在进行文案营销操作时，要注意以下三个方面。

1. 包装要适度

在现实生活中，产品过度包装不仅造成资源浪费，还存在欺骗消费者的嫌疑。在文案营销中，适度的文案营销包装能够起到宣传产品的效果，但是夸大的言辞和浮夸的包装显露出虚浮的感觉，营销效果可能适得其反。

最好是结合实际情况来宣传，因此在文案营销包装时，为了防止包装过度，需要注意以下事项，如图 8-16 所示。

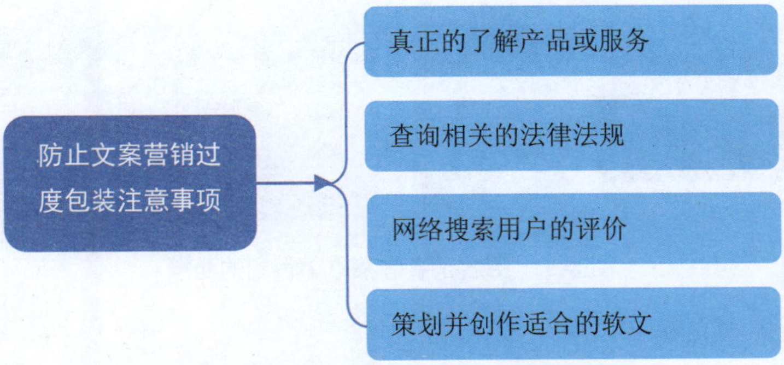

图 8-16　防止文案营销过度包装注意事项

2．禁止炒作过度

高知名度是营销的目的，但是炒作需要有度，如果是与社会相悖的营销案例，例如一些低俗、暴力和贪欲等营销，应该尽量避开，不能一味博眼球，而忽略了的美誉度。

炒作要建立在新闻的前提下才能运作，通过强化新闻要素，使商业事件成为适合媒体运用的新闻材料，让消费者在不知不觉间接收商业信息，这样是相对好的文案营销行为。

3．多渠道投放文案

有些企业为了省事，就只盯着一个平台或方向投放文案，这样效果不会明显。宣传产品的根本目的在于寻找目标用户，最终完成产品销售，所以需要在明确用户需求的前提下，利用投放组合，进行多渠道、多平台的投放，达到营销的绝佳效果。

使用多渠道、多平台投放的方式，可以更大范围地传递企业信息，从而获得更多的转化。

8.5.2　营销文案写作层面

在进行文案营销时，除了要注意营销操作上的注意事项之外，还需要注意文案写作方面的注意事项。

1．抓住消费者痛点

想要让文案成功吸引读者的注意力，就需要抓住消费者的痛点。痛点是指消费者在生活中碰到的各种难题，或者是亟待被解决的问题。如果能将用户痛点在文案中体现出来，并且给出解决方法，那么这样的文案必会引起用户的注意。

著名广告语“今年过节不收礼，收礼只收×××”，就是为了解决消费者的送礼困惑，在送礼时，不知买何种礼品，内心纠结，这也属于消费者的痛点。

总之，需要做的就是发现消费者痛点，以这个痛点为核心，找到解决方法，并且将方法和产品联系在一起，让消费者沉浸在文案的糖衣炮弹中。寻找消费者痛点是一个长期观察和挖掘的过程。通常，可以从以下两点寻找消费者的痛点，如图 8-17 所示。

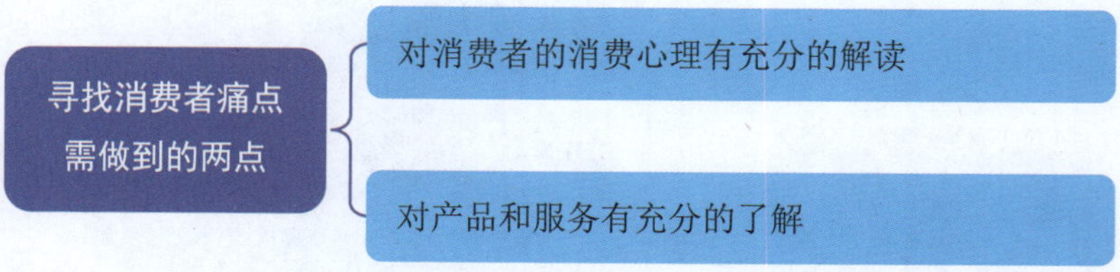

图 8-17　寻找消费者痛点需做到的两点

2. 禁止抄袭他人文案

在目前的文案创作中，常见的抄袭行为包括以下几种，如图 8-18 所示。

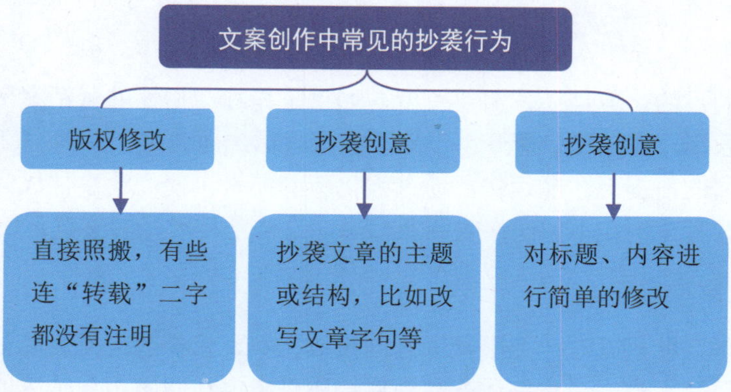

图 8-18　文案创作中常见的抄袭行为

有些企业为了省事，就随意找几篇文案，不注重原创性，直接全文抄袭，这样往往会带来负面影响，降低了在粉丝心中的形象。因此，作为品牌企业一定要注重文案内容的原创性。

3. 检查书写格式

文章（尤其是公文和应用文）一般有规定格式，文案也一样，并且文案特别容易把格式写错。文案常见的书写错误包括文字、数字、标点符号和逻辑等方面。在进行营销文案创作时，必须对这些书写格式进行严格校对，防止出现这方面的错误。

4. 保障文案质量

文案质量一定要高，不然如何加深消费者对企业品牌的印象。提高文案质量的办法如图 8-19 所示。

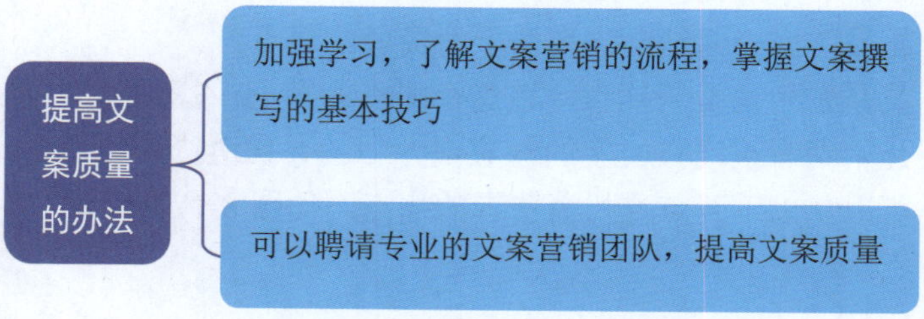

图 8-19　提高文案质量的办法

5．规避版权风险

版权也称著作权，是指作者或法律范围内的其他权利人对作品享有的人身权和财产权的总称。从定义中，可以看出著作权分为以下两种。

（1）著作人格权：又可称之为著作人身权与著作精神权利。

（2）著作财产权：又可称之为著作权的经济权利。

如果未经著作权人许可，侵犯了著作者的著作权，就会背负侵犯著作权罪。因此，在撰写文案时必须要坚持原创，并且做到引用注明出处。

6．规避肖像权风险

肖像权，是指人对自己的肖像拥有排斥他人侵害的权利。肖像权具体包括以下三个方面。

（1）肖像制作专有权。肖像权人或相关机关有需要，有权决定自我制作或委托他人制作自己的肖像；未经肖像权人得允许，他人不得擅自制作肖像权人的肖像。

（2）肖像使用专有权。肖像权人有权决定自己的肖像使用途径，有权通过肖像获得相关利益；肖像权人有权利允许他人使用自己的肖像，并可以从中获利；肖像权人有权利禁止他人非法使用自己的肖像。

（3）肖像利益维护权。肖像权益是公民的权利，不容侵犯，主要体现在：禁止他人非法制作自己的肖像、禁止他人非法使用自己的肖像，以及禁止他人对自己的肖像进行损毁、扭曲和玷污。

在做文案营销时，为了达到图文并茂的效果，常常会用到明星或者名人来进行配图，但是有些配图容易引起法律纠纷，因此在进行文案营销时，要注意规避这种风险。

7．规避名誉权风险

名誉权是指公民或法人保持并维护自己名誉的权利。公民或法人的人格尊严受法律保护，禁止用以下这些方式损害公民或法人的名誉，如图 8-20 所示。

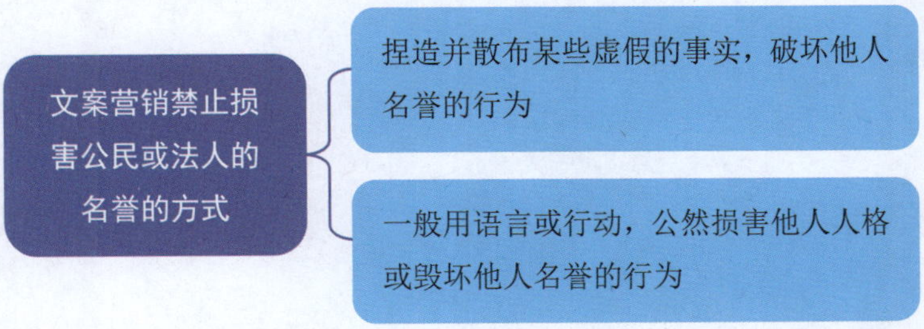

图 8-20　文案营销禁止损害公民或法人的名誉的方式

本章小结

本章主要介绍了文案营销的六大创作技巧、文案营销的特点和表现技巧、体现内容表达效果的四大方法、四大重要文案营销策略，以及需要避开文案营销陷阱的两大层面。通过本章的学习，可以帮助读者更好地进行文案创作。

本章习题

1．运用热门话题进行营销时，需要注意哪些方面？

2．消费者痛点是什么？要抓住消费者痛点可以从哪些方面入手？

第 9 章　新媒体视觉营销

本章导读

如今，很多传统行业也在实现电商化，同时营销方式也在与时俱进，视觉营销便是新媒体营销中常用的一种营销方式。不仅能让店铺更加美观、让产品陈列井然有序，还能提升产品销量，为企业或个人打造品牌和塑造形象作出贡献。

本章重点

- 七种视觉设计元素
- 高效传达信息技巧

9.1 七种视觉设计元素

视觉营销（visual merchandising，简称 VM 或者 VMD）。随着短视频平台的迅速崛起，在新媒体营销中如何利用视觉营销提高品牌知名度、创造利益，是关注的重点，同时也是难点。本节主要介绍视觉营销的入门知识，以及视觉设计元素等内容。

9.1.1 生动的封面图片

在进行视频营销时是离不开封面图片的，封面图片是短视频变得生动的一个重要武器，而且会直接影响到短视频的点击量。因此，在进行使用封面图片给短视频增色时，也可以通过一些方法给图片进行美化处理，让图片更加有特色，提高视觉的精美度，从而吸引到更多的用户。

图片美化处理可以让原本单调的图片，通过多种方式变得更加鲜活起来。要想呈现好的视觉效果就应当注重视觉的精美度，可以利用 Photoshop 处理照片，增加视觉美感。图片美化处理通过以下两个方法着手进行，如图 9-1 所示。

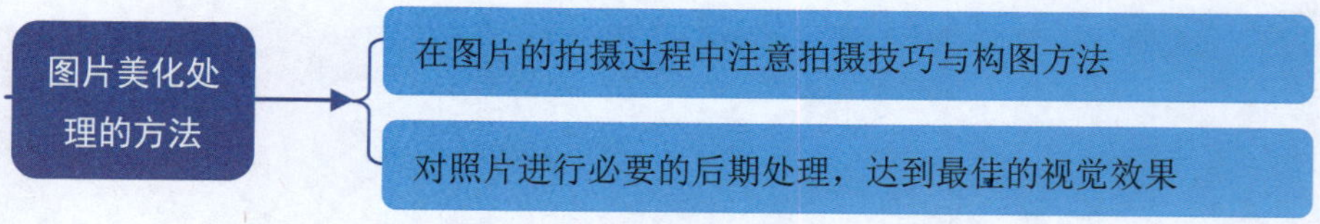

图 9-1 图片美化处理的方法

1．图片拍摄时美化

使用的照片来源是多种多样的，有的运营者使用的图片是企业或者个人拍摄的，有的是从专业的摄影师或者其他地方购买的，甚至还有的是从其他渠道免费得到的。对于自己拍摄图片的企业来说，在拍摄图片时需要注意拍照技巧、拍摄场地布局以及照片比例布局等，就能将图片的最佳效果呈现出来。

2．图片后期处理

在拍完照片或购买图片后，如果对图片呈现效果觉得不太满意，还可以通过后期处理美化图片。现在用于图片后期的软件有很多，如 Photoshop、美图秀秀和光影魔术手等。可以根据实际技能水平，选择对应的图片后期软件，通过软件处理，让图片变得更加夺人眼球。

9.1.2 头像是无形资产

现在社会的物质生活水平飞涨，用户的选择范围扩大，用户的选择标准也越来越多元化，不仅注重各类新媒体平台提供信息的数量与质量，还对品牌整体视觉设计风格提出了更高的要求。

在视觉营销中，企业或个人的品牌头像是用户第一眼就会注意的地方，一般都会被放在最显眼的位置。如图 9-2 所示为“天猫超市”头像标志。头像设计得是否合理，也可以成为用户要不要点进去浏览一番的重要判断标准。

图 9-2 “天猫超市”头像标志

甚至有些品牌头像，已经成为某个品牌的重要符号，很多人在选择商品品牌时，都会通过品牌头像来判断品牌，客户可能不知道品牌的正式名称到底是什么，但一定会认识品牌头像，从而选择关注该品牌推出的短视频账号。

例如，如果直接报上某些汽车的品牌名字，可能还需要一段时间才能真正反应过来，部分对汽车品牌了解比较少的门外汉，可能都不知道到底这串文字代表什么含义，可如果看该汽车的头像标志，大概 90%的人都还是认识这些汽车品牌。

企业或个人头像的作用越来越显著，甚至在视觉营销中，可以算得上是企业和个人的无形资产。由于头像可以说是企业或个人的名片，不能随意更换。所以，在设计头像之初就应该严加考虑，如何使头像兼具美感和实用性。为了重视视觉效果的打造，品牌头像设计应遵循以下三个原则。

1. 注重协调性与简洁性

在中国古代建筑中，建筑师十分注重“中轴线”原则。就是整个建筑的设计应该是对称的，是均等的。这种建筑形式之所以被主流认同，也是因为具有协调性的东西可以最大程度上让人感到身心愉悦，看上去舒服、干净，以及能让人产生强烈的生活感。

品牌头像的设计最基本的原则就是协调性强。其实，很多著名的设计师都会选择简单均衡的方式设计品牌头像，这样能够突显高贵与大气。很多时候，简单比繁复更加让人心动。北大校徽最初的设计者鲁迅先生便是采用对称结构和篆书字体，来设计北大校徽的。

2. 头像与品牌风格一致

在设计品牌头像时应注重与短视频账号定位或企业产品定位一致，树立鲜明的特色。比如某护肤品牌致力于植物萃取草本精华护肤，所以头像设计得非常清新自然，体现了将纯净的自然植物原料装进环保容器的设计理念，会直观的感受到护肤品的自然和温和。

再比如，某企业名称中含有“龙”这个字眼，于是设计师将“龙”这个元素融入了设计理念中，而该企业又是从事图书出版行业，“图书”这个元素自然而然也要出现在品牌头像中，如图 9-3 所示。

图 9-3　某企业的头像

在设计头像时，可以将设计的重点放在体现新媒体平台的整体定位上，从而加深用户的影响，提高用户的关注度。

3．注重文字排版

在进行品牌头像设计时，常常会直接在头像中嵌入品牌的名称，从而提高企业品牌的认知度，避免了需要用户对图片与文字的双重记忆。用艺术字将名称作为品牌头像的企业不在少数。

如图 9-4 所示为鲁迅先生设计的封面，灵活地将艺术字体运用到书装设计中，尤其是《奔流》的设计，能让人真切地感觉到“奔流”二字正朝着读者奔腾过来。如图 9-4 所示为许霞译著《小彼得》封面。

图 9-4　鲁迅主编的月刊《奔流》封面

图 9-5　许霞译著《小彼得》封面

从美感角度出发，方方正正的中文并不像流畅的英文那样好排版，看起来可能会有些呆板。所以，需要研究到底要如何设计头像，才能让美学意义从五花八门的视觉营销当中脱颖而出，成为品牌一路向前奔走的领头羊。

在设计品牌头像时，除了要注重发展定位和风格一致外，在进行品牌头像设计时要注重文字排版的和谐美观，切忌杂乱无章。总之，一个成功的具有鲜明特征的品牌头像设计，必定文字排版也是极具美感。准确地说，文字排版是否具有美感是判断品牌头像设计是否科学成功的重要标准。

9.1.3　简介加入服务信息

除了头像、昵称的设置之外，还可以在“编辑个人资料”界面中填写性别、生日/星座、所在地和个人介绍等信息。

在这些资料中，需要注意的是账号简介。短视频账号简介通常简单明了，一句话就可以突出重点。其主要原则是“描述账号+引导关注”，基本设置技巧如下。

（1）前半句描述账号特点或功能，后半句引导关注，一定要明确出现关键词“关注”，如图 9-6 所示。

（2）账号简介可以用多行文字，但一定要在视觉中心出现“关注”两个字。

（3）可以在简介中巧妙地推荐其他账号，不建议直接出现“微信”二字，如图 9-7 所示。

图 9-6　在简介中引导关注

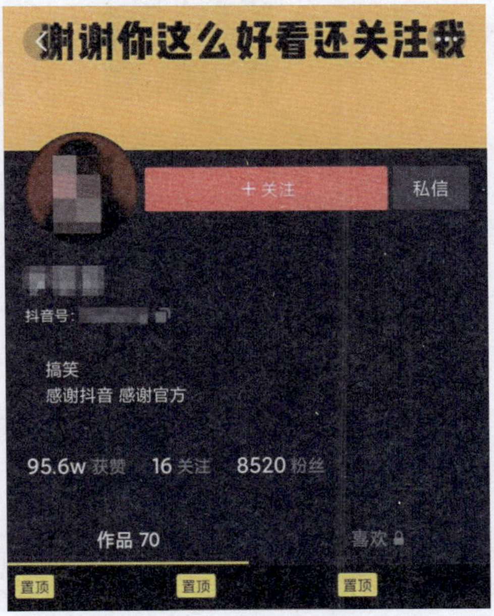

图 9-7　巧妙推荐其他账号

9.1.4　标签引导账号营销

标签作为一种重要的符号，能引导进行营销，如果不规范使用标签，就容易影响新媒体平台的公众形象，造成不必要的损失。在制定标签时应按照相应的制作标准开展工作，明确标签制作标准的具体内容。下面以图解的形式介绍标签制定标准，如图 9-8 所示。

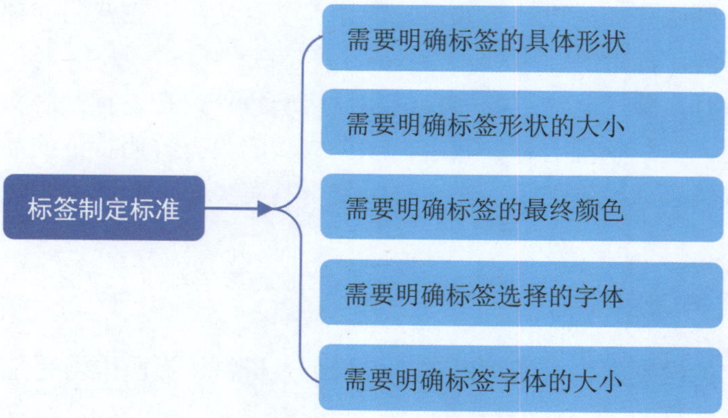

图 9-8　标签制定标准

如图 9-9 所示为抖音号“手机摄影构图大全”橱窗中的图书，为了提升销售量，便在商品图片上打上了“××出版社”的标签。

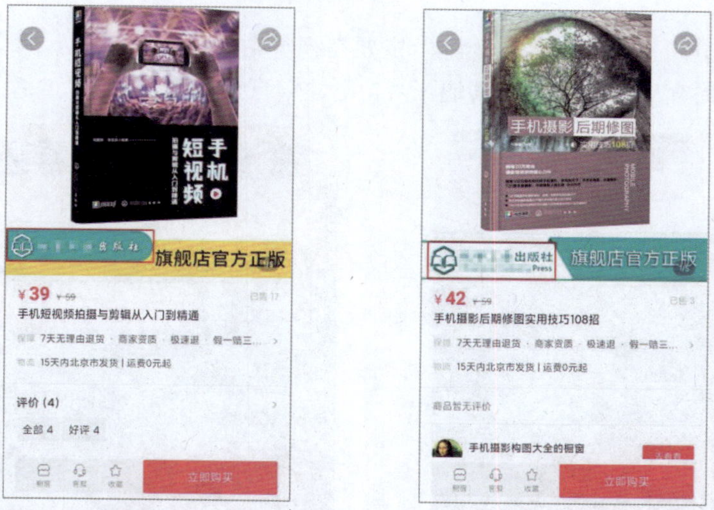

图 9-9　抖音号“手机摄影构图大全”橱窗中的图书

9.1.5　口号加深记忆点

营销口号，就是利用一句话对某个品牌的总结。好的营销口号需要满足简单好记和押韵魔性两个特点。如图 9-10 所示为某手机品牌的口号，该口号为某品牌手机的推广起到了不可估量的作用。

> ▶ 专家指点
>
> 企业或个人在设计营销口号时，应该尽可能在营销口号中向消费者传递更多产品信息，帮助消费者了解自身品牌的定位，以及主打风格，从而寻求消费者与品牌的契合点，激发消费者的好奇心。好的营销口号应是积极乐观向上的，因此，在设计的营销口号除了要朗朗上口、易于传播之外，还应注重其社会作用，注重社会正能量的传播。也只有具有激励作用的营销口号，才能为企业品牌注入活力。

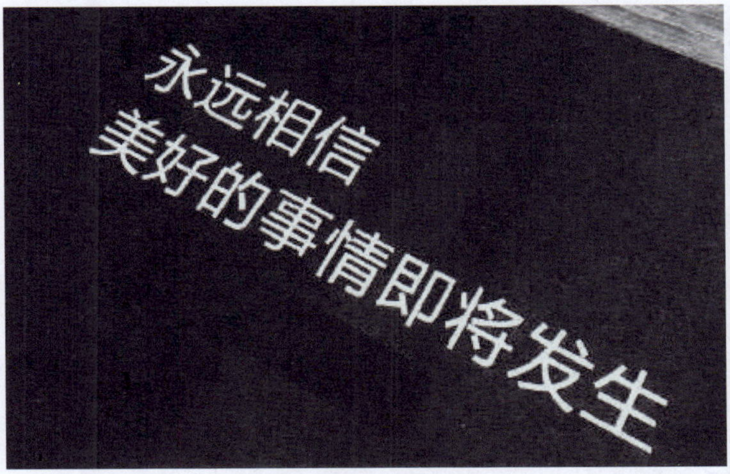

图 9-10　某手机品牌的口号

成功的营销口号与具备十分易读易记的特点，听完一遍会不断在用户的大脑中进行单曲循环，深深地刻印在脑海中。让用户留下深刻的印象，其实这就是营销口号应该起到的效果。通常，宣传语应该遵循以下几个原则。

1．营销口号越简洁越好

一般的品牌都会选择简洁的宣传语，便于宣传语的传播，扩大品牌影响力。如图 9-11 所示为某巧克力派的营销口号。

图 9-11　某巧克力派的营销口号

这句宣传口号虽然只有五个字，但是“有仁有朋友”这个营销口号，运用了谐音手法，营造出一种温馨的氛围，体现了人与人之间友好的交往，充满正能量，同时也很符合休闲食品的定位。

▶ 专家指点

好的营销口号应该和视觉营销相结合，不断地吸引用户，加深用户记忆点，树立品牌形象。

2．营销口号点出品牌

有一些名牌在构思营销口号时，会选择将品牌功能在其中点明，这样就能立马让用户知道品牌所销售的范围。比如某网站短视频广告选择的营销口号就是“找工作，上××直聘”，这就很明显地指出了该网站是一个招聘平台。

3．带韵脚更方便记住

在幼年时期背诵诗歌的时候，小朋友们都会比较喜欢有韵脚的诗词，因为朗朗上口更加便于记忆。其实营销口号也是同样的原理，有韵脚的广告词念起来更顺口，多念叨几次也就记住了。比如某饮料的广告词为“让你心跳，不如尖叫”。这一句很多读者应该都是十分熟悉的，一般听到上半句就会顺口补出下半句来。

9.1.6 选择惯用的主色调

从视觉营销角度来说，如何吸引用户与留住用户是较为重要的问题。所以，许多企业愿意在视觉设计上花很多心血。其实就设计而言，色彩的构造是一个基础却又复杂的学问，下面将重点分析两个案例，可参考这两个案例，将新媒体平台界面设计得更具美感。

精致的色彩搭配会让人觉得赏心悦目，产生兴趣，很多品牌的配色都与产品的定位有关，比如某护肤品牌，如图 9-12 所示。

图 9-12　某护肤品界面

进入官方旗舰店，很明显可以看出，该旗舰店整体色调都是淡色系，其实这是因为该护肤品牌这个品牌主打的就是“清透遮瑕”，因此并没有跳出一个突兀的大红色或是黄色，这个配色比较舒缓，基于此种考虑的色彩搭配，可以让消费者在浏览时比较舒服，不至于被太多颜色晃花眼睛。

除了比较清新的色调搭配以外，也有一些品牌故意使用差异很大的颜色进行碰撞，制造出富有生机的感觉。但是一般运用这种配色的，都是少女系的服装品牌。例如，某服装品牌主打的是少女系服装，加之恰逢新年，该品牌的官方旗舰店首页图片配色十分大胆，如图 9-13 所示。

图 9-13　某服装品牌的官方旗舰店首页

9.1.7　字体增加辨识度

品牌的字体设计也是视觉效果中的重要组成部分，因为字体设计的好坏能够影响客户对于品牌的辨识度和认知度，从而进一步影响产品的销量和视觉营销的效果。一般而言，品牌字体的设计是为了成功进行新媒体视觉营销而做的基本工作，因此需要注意一些细节，如图 9-14 所示。

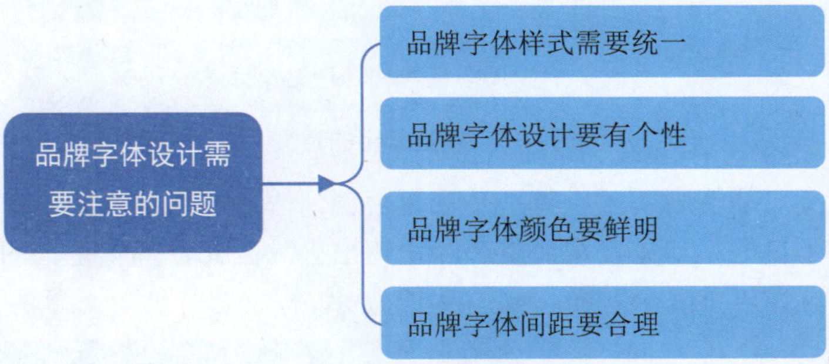

图 9-14　品牌字体设计需要注意的问题

9.2　高效传达信息技巧

成功的视觉营销能很快抓住用户的眼球，自愿停留和沉浸在氛围之中，接受想要传达的营销信息。高效传达信息技巧主要有以下几个。

9.2.1　视觉营销概念

随着电子商务的迅速发展，视觉营销的作用也越来越重要，因为首先映入消费者视野的是产品的图片。在这个被信息包围的世界，无论是走在大街上，还是打开电脑和手机，都会接触到各式各样的广告。如图 9-15 所示为豆瓣社区中的广告。

图 9-15　豆瓣社区中的广告

网络中的广告，不仅在社交平台还是短视频平台也是随处可见。用广告来吸引消费者产生购买行为的关键是视觉营销。视觉营销的定义包括以下四个方面，如图 9-16 所示。

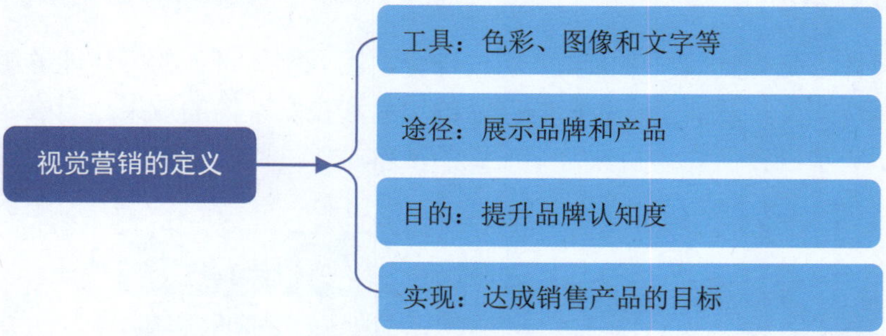

图 9-16　视觉营销的定义

视觉营销的意义更加清晰明了，特别是视觉营销，因为利用效果较好的视觉表达吸引消费者，给消费者留下良好的印象，从而将产品销售出去。因此，视觉营销的意义也跟销售额密切相关，主要体现在以下三个方面，如图 9-17 所示。

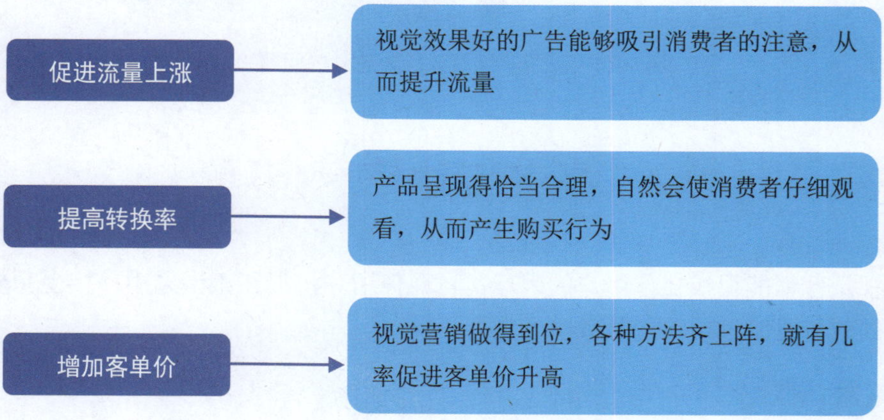

图 9-17　视觉营销的意义

此外，视觉营销还能有效提升消费者对品牌和产品的信任度，从而增强品牌的认知度和好感度，让消费者进行再次购物，赚取更丰厚的利润。

以抖音短视频为例，一打开短视频，就会看到让人移不开目光的视频和文字，如图 9-18 所示。从图中可以看出，无论是精彩无比的视频内容，还是创意十足的文字，都足以对浏览者造成视觉冲击，从而点击购物车，进入商品的购买界面下单，这就是视觉营销。简单地说，视觉效果只是方法，新媒体营销才是目的，二者不可分离。

图 9-18　抖音短视频内容

9.2.2　购物流程分析

要想弄懂视觉营销，就应该先了解消费者的购物流程，学会从消费者的角度分析心路历程。值得注意的是，这个购物流程可能不是严格按照步骤顺序进行的，因为很多消费者会略过某些步骤直接进行购买，只能说这是一个概括性的方法。

首先，消费者为什么会购物呢？因为产生了购买欲望，所以选择购物。接下来，应该考虑到潜在消费人群有哪些，从而确定目标受众。在考虑这一点的时候，应该注意以下几个问题，如图 9-19 所示。

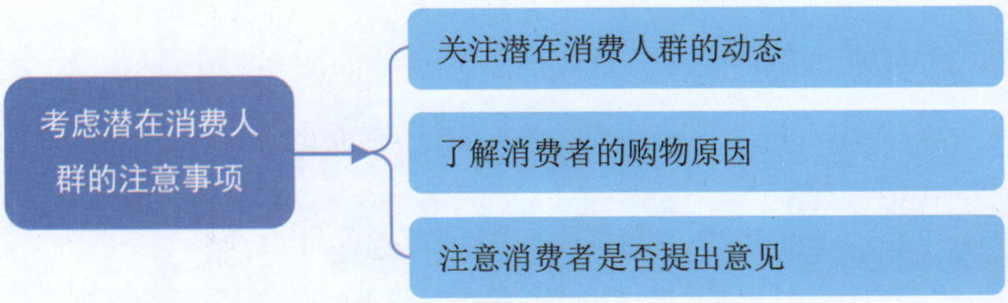

图 9-19　考虑潜在消费人群的注意事项

消费者开始对产品做出选择。在这一环节中，消费者主要考虑以下信息，如图 9-20 所示。

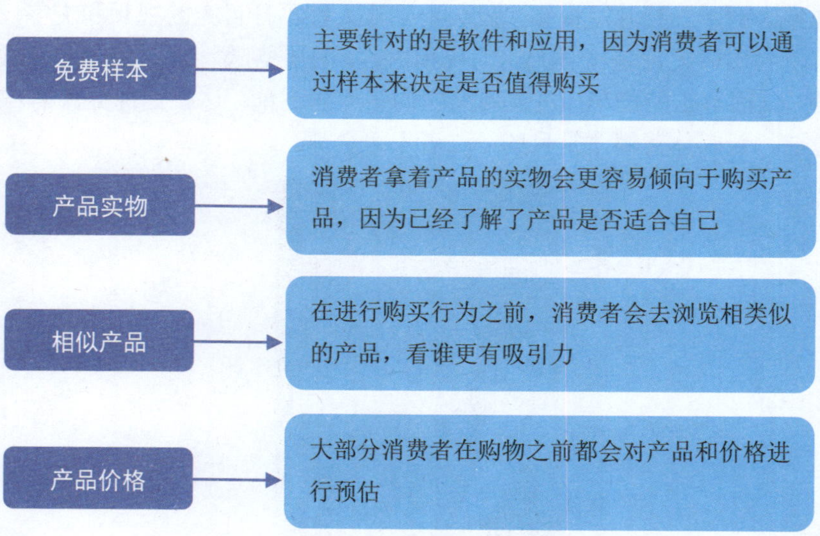

图 9-20　消费者做出选择时考虑的信息

针对以上信息，企业需要注意的事项如图 9-21 所示。

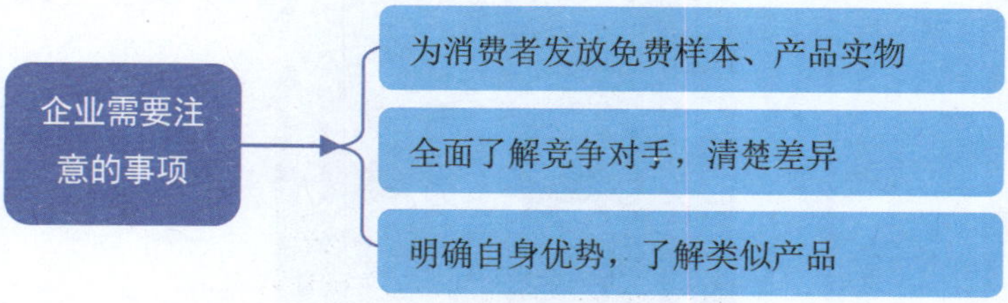

图 9-21　企业需要注意的事项

同时，消费者在了解产品信息时，会采用多种不同的途径，如图 9-22 所示。

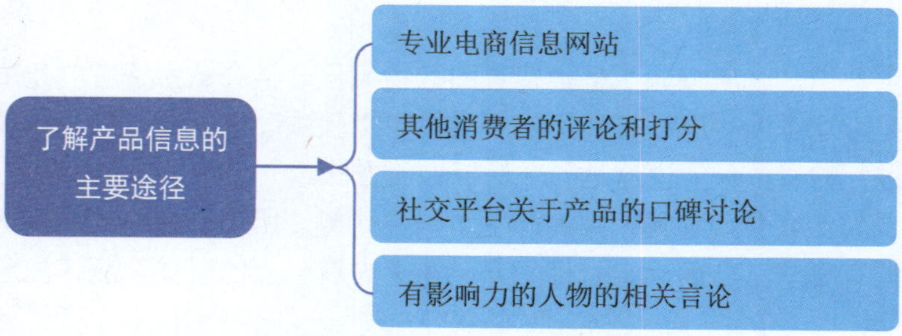

图 9-22　了解产品信息的主要途径

在这个问题上，针对消费者的行为，企业注意的事项如图 9-23 所示。

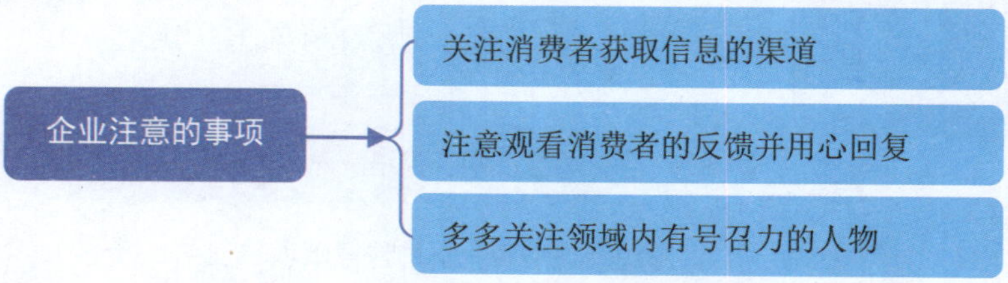

图 9-23　企业注意的事项

最后，就是消费者进行购买行为。这里看起来好像已经完成了购物之旅，实际上，对于企业和消费者而言，并不是真正的结束。由于是网络购物，因此消费者还会关注一些客服问题，如图 9-24 所示。

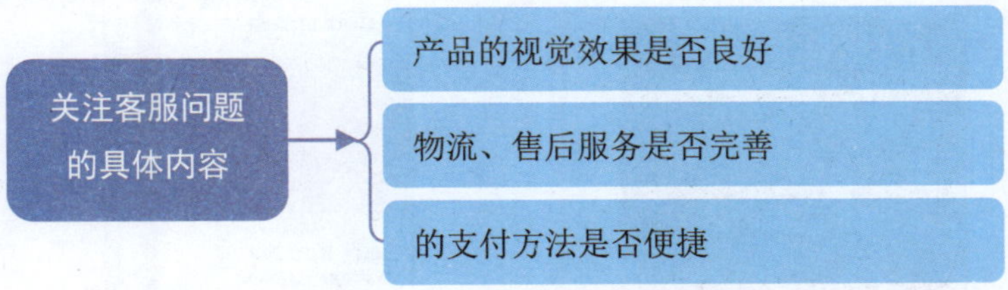

图 9-24　关注客服问题的具体内容

从大致的购物流程来看，只有亲身经历了购物，才能清楚了解消费者的心路历程，从而精确地为消费者提供想要获得的信息和服务，顺利地进行视觉营销。

9.2.3　打造视觉内容

在利用视觉效果促进营销时，要明白到底需要创造什么样的视觉内容，或者是在打造视觉内容时应该注意哪些问题。

在打造视觉内容时没有清晰明确的思路，或者考虑的因素并不全面，就会造成视觉混乱。而真正成功的视觉营销需要优质的视觉内容作为支撑，因此需要注意一些问题，如图 9-25 所示。

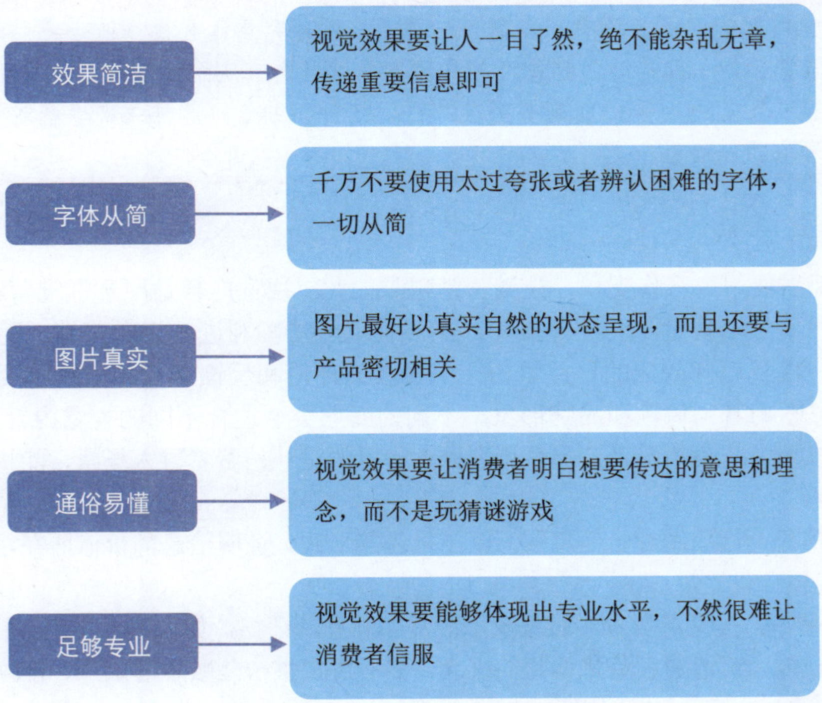

图 9-25　优质视觉内容的标准

如果注意了以上几点问题，再对细节方面多多注意，就能打造出比较优质的视觉内容，从而有效吸引流量。优质的视觉内容往往与简洁、突出重点的文字、精美而真实的图片相连，这也是能够吸引消费者购买的原因，如图 9-26 所示。

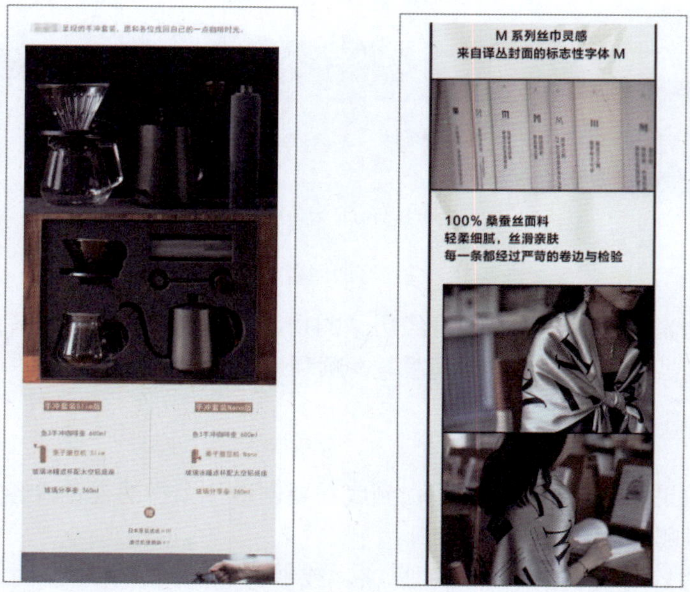

图 9-26　优质的视觉内容

▶ 专家指点

在创造视觉内容的时候，还有一点需要注意，那就是究竟什么素材适合自己的产品和品牌。进行视觉营销时，都是为了销售产品和传达品牌理念，从而获得持续的收益。那么，运营者在创作视觉内容的时候，就需要对自身进行剖析和细分，这样一来，就能将品牌、产品和视觉内容有机结合在一起了。

9.2.4　视觉内容类型

任何事物都需要用内容作支撑，视觉营销也是如此。视觉内容是展开视觉营销的基础，需要具有价值，不然消费者不会欣然接受，当然也就无法顺利进行视觉营销。随着线上购物的不断发展，以及口碑效应的日益累积，消费者的评论和反馈显得越来越重要，传递的视觉内容同样也影响着销售额和品牌形象。不同的商业类型适合不同的视觉内容。

（1）售卖实物。提供产品及产品使用者照片，目的是让消费者融入场景，能将产品与自身联系在一起。

（2）出售信息。运用图片、信息图，以及报告等形式，证明信息的价值所在，同时还可以展示顾客的优质评价。

（3）销售服务。提供消费者对服务表示赞赏和满意的证据，如图片、文字、视频等。

（4）售卖技能。给消费者免费体验的机会，然后再提供一些顾客的照片、视频和培训资料等。

了解了不同商业类型适用的视觉内容之后，还要为视觉内容的优质与否制定标准，如图 9-27 所示。

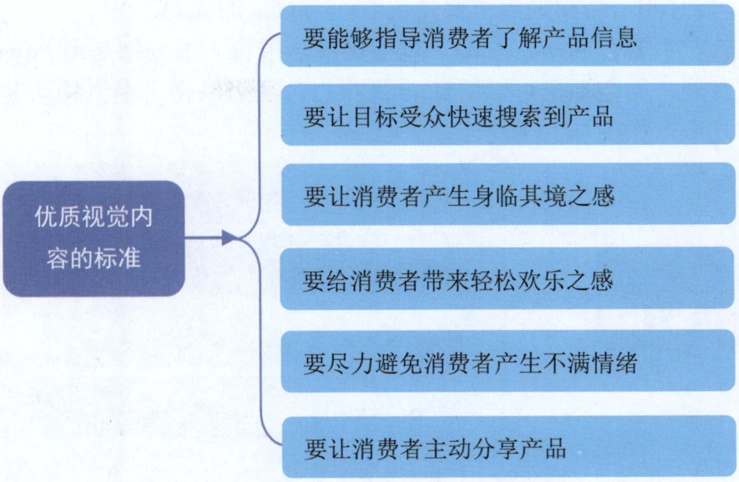

图 9-27 优质视觉内容的标准

做到了以上几点，那么视觉内容就可以算得上是比较出众了。当然，还有一点不可忽视，那就是视觉内容要遵从简单的原则——通俗易懂。而且，在打造内容时，还要对消费者做出保证，这样才能够为后续视觉营销的成功打好坚实的基础。

9.2.5 可视化的工具

在传达营销理念时，图形和可视化工具是不错的选择，而这对于短视频视觉营销也是不可或缺的。图形更容易概括信息，也能够避免长时间地观看冗长呆板的文字，可视化工具主要有思维导图、饼图，以及表格等，图形的优势体现在以下六个方面，如图 9-28 所示。

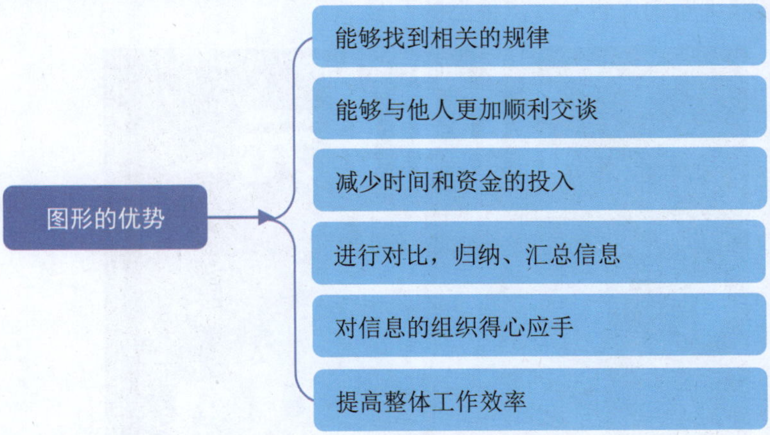

图 9-28 图形的优势

图表的形式主要分为以下五种。

（1）流程图。适用于展示事情运作的具体步骤，比如介绍产品。

（2）层级图。比较适合展现案例调查报告，可以对事物进行分类，展示其关联性。

（3）折线图。是为产品的销售状况量身打造的，能够记录一段时间的数值变化状况。

（4）维恩图。又名文氏图、温氏图以及范氏图，通过圆圈来表述不同信息的内容。

（5）时间线。与时间密切相关，主要体现时间与数据的关系。

至于可视化工具，主要有 Power Point。以前做演示报告大部分都是用 Power Point，而随着信息技术的飞速发展，如今不仅可以用 iPad 做报告，还可以使用手机移动端。高效好用的可视化工具有以下几个，如图 9-29 所示。

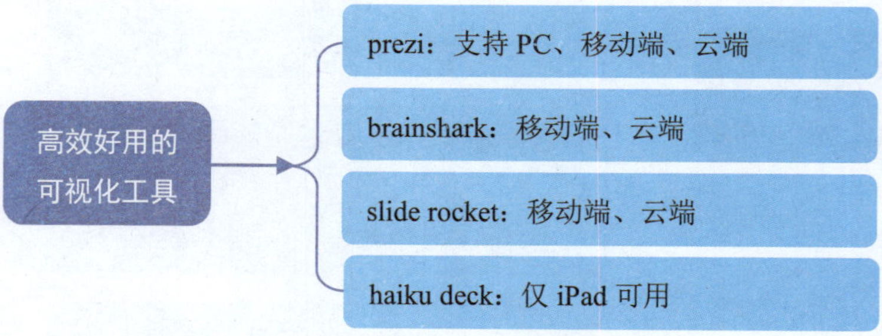

图 9-29　高效好用的可视化工具

9.2.6　视觉营销知识

视觉营销中的封面包装与店铺装修还可利用专业知识进行强化，因为掌握消费者的心理是传达信息的重中之重。本节将介绍几种常用的视觉布局。

1．突出重点信息

图形是有界限的，包括一定的范围，而画面之中的内容所处的位置代表了地位。通常，重要的信息会放在显眼的位置，而次要的信息则会放在角落。因此，在进行视觉营销时，要把重要的信息放在图片中间，而且想让消费者一次性看完的信息要放在一起，尽量避免分开。如图 9-30 所示为某品牌营销广告对重点信息的凸显。

图 9-30　某品牌营销广告对重点信息的凸显

有的企业不注重产品图片位置的摆放，没有突出重要的信息。比如折扣、优惠等，就会白白错过大量的消费者，因为消费者是不会花时间去自己筛选重点的，必须要企业来标注。

2. 陈列简单的信息

通常在太多选择中消费者都会难以抉择，从而造成疲于选择的后果。如图 9-31 所示为某品牌店铺首页，杂乱无章的信息分布，没有条理的位置摆放，会让人难以分辨重点，从而使用户失去购买的欲望。

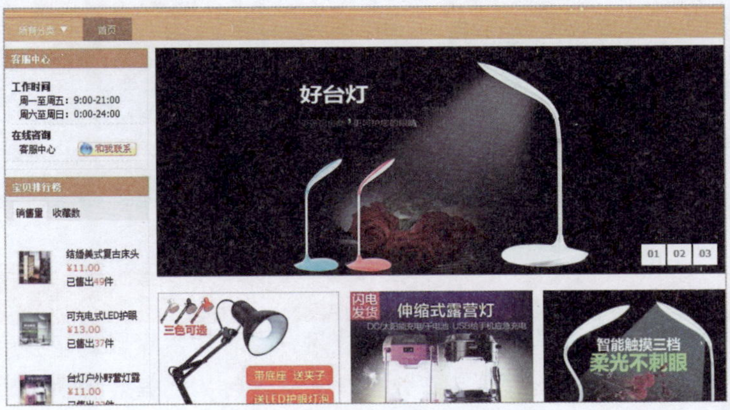

图 9-31　某品牌店铺首页

如图 9-32 所示为某护肤品美官方旗舰店首页，给用户一种舒适的视觉效果，不仅在色彩上十分和谐，还对信息进行了合理的布局，突出重点，导航清晰。显而易见，这样的视觉效果更容易得到消费者的青睐，能更有效提升店铺的转化率，促进产品的销售。

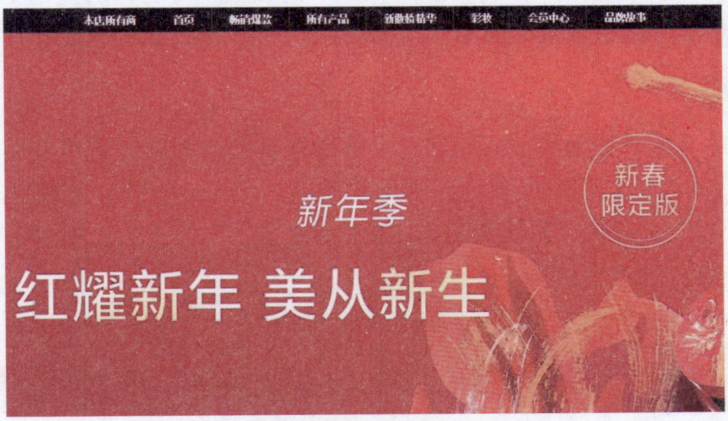

图 9-32　某护肤品美官方旗舰店首页

3. 自然的场景带入

由于心理作用，消费者有时会把自己带入到图片场景中，特别是当画面场景与消费者心理高度吻合时，效果会更加显著。因此，在拍摄产品时，应该首先找准受众；然后对产品进行准确的定位；最后根据定位和受众来拍摄短视频。

该短视频不仅以暖阳、光晕、青山、绿水，以及湖边小筑组合成的画面展示了该旅游景点的美，还可以通过游客摄影的状态进行渲染和烘托，如图 9-33 所示。该短视频寥寥几个画面，将西欧美景全景式地展示在用户眼前，从而吸引用户前往该景点观光旅游。

图 9-33　通过场景带入旅游宣传广告

> ▶ 专家指点
>
> 场景营销需要利用消费者的感性心理，要让用户在看到图片后就能够产生情感共鸣，从而对商品产生好感。当然，这就需要在设计视觉效果时，把握好场景和产品的契合度，尽量用恰当的图片，继而从视觉效果中传达出营销理念及产品特色。

4．合理分配页面资源

合理分配资源指的是，可以通过 20%的高效产品来占据 80%的位置，也就是利用 20%的产品来赢得 80%的利润。通常，导航栏标有“hot”的版块就是店铺的营销主推区，即 20%的热销产品，秋冬热卖占据了最大的版面，而商场同款和品牌清仓紧随其后。

5．简单的页面设计

凡事至简才是不容易做到的，而简洁对于打造视觉效果而言也是重要的原则之一。实际上，消费者都比较喜欢简洁而且不费力的视觉效果，这样就能够更加快速地获取想要的信息。如图 9-34 所示为某店铺中的产品宣传图，采用了十分简单的设计，让用户对该产品一目了然。

图 9-34　某店铺中的产品宣传图

6. 颜色参差

不同的色彩相混合会让人产生视觉冲击感，而相同色彩放在一起则会让人忽略商品的个性特征，“万花丛中一点红”就是颜色对比产生冲突之美的证明。如果没有色彩的对比，商品的特征就难以体现，那么也就别提转化率了。

如图 9-35 所示为抖音橱窗中相同色系的商品陈列，因为色彩的相似，让用户的眼光无法聚焦，很容易忽视其中的商品类型。

图 9-35　抖音橱窗中相同色系的商品陈列

而具有强烈对比的色彩陈列就能更加吸引目光。如图 9-36 所示为某抖音橱窗中的商品陈列，该橱窗中红绿色彩对比强烈，消费者的注意力容易被集中。

图 9-36　某抖音橱窗中的商品陈列

值得注意的是，颜色冲突能够聚焦消费者的目光，但色彩的对比也不能频繁杂乱地使用，凡事都要掌握分寸，从色彩对比中可以展示冲突之美，也可以呈现破坏之景。因此，色彩的对比要适当运用。

7. 运用通感视觉手法

对食物类的产品而言，运用通感的手法，将视觉效果打造得格外细腻、逼真，或者看起来让人垂涎欲滴，就能达到视觉营销的目的。如图 9-37 所示为运用通感视觉手法的产品图。

图 9-37　运用通感视觉手法的产品图

视觉心理学对视觉营销的重要程度是不言而喻的，除了以上几种视觉心理知识，还有很多种心理知识可以运用到视觉设计之中。重要的是，要细心了解这些原则和方法，从而有效推动视觉营销。

> ▶ 专家指点
>
> 人不同感官的感觉可以通过联想的方式联系在一起，比如“观世音”，声音本来是用来听的，但是此处却是用的“观”字，让听觉转换成了视觉；又比如宋祁的诗句“红杏枝头春意闹”，春意本身是视觉的特征，但是诗人用的是“闹”，因此视觉便转换成了听觉。以上两个案例都用的是通感的手法，该修辞手法的概念及完整的理论是钱锺书先生在《通感》一文中提出的。

8. 主次分明

在同一个商品橱窗中呈现商品，主次是要进行区分的，不然就无法有效突出重点商品，提升店铺的转化率。可能有的系列产品刚推出，不知道哪款产品更具优势，这个时候可以采用同等面积进行陈列。但如果已经明确了产品的优势方向，就应该对其进行面积的划分。比如，为了突出价格比较适中的产品，可以让产品占据约二分之一的面积。

9. 风格统一

对商品进行陈列时，风格与类型需要进行规划，不能随意搭配陈列。比如裤子和裤子放在一起；袜子和袜子放在一起；甜美的风格放在一起；通勤款放在一起。这样的话，就可以把有固定需求的消费者集中在一起，从而有效推动商品点击率和营销转化率的提高。

如图 9-38 所示为各种类型、风格不一的鞋子，有夏天穿的通勤穿的粗跟凉鞋、有秋天穿的舒适平底皮鞋，还有冬天穿的保暖鞋。这四种商品陈列在一起，显得没有逻辑，杂乱无章，让消费者摸不着头脑。

图 9-38　风格不一的商品陈列

再来看相同类型的商品陈列在一起的视觉效果。如图 9-39 所示将同样都是淑女风格的低跟鞋放在一起陈列，不仅对消费者选购商品有利，而且还能通过这样的陈列方法找出同类商品中具有优势的商品，从而考虑将热销商品展示在更显眼的位置，促进商品的销售。

图 9-39　同类型商品的陈列

商品陈列主要是为了让消费者看清楚商品的特征和优势，从而推动商品的销售。陈列的时候既不能太多也不能太少，多了会杂乱，少了会显得库存不足。因此，要做到合理分配，既展示出商品的类型多样，又重点突出商品特征。

如图 9-40 所示为合理布局的商品，该运营者在模特的选用、色彩的搭配以及空间的安排上都有标准，打造了良好的视觉效果。

图 9-40　合理布局的商品

10．规划排序

了解了商品排列的基本方法后，就要对品类排序进行深入地研究和规划，品类排序的重点既要美观，又要把店铺内热销的商品呈现在消费者面前。以主打服装的店铺为例，店铺界面应该优先展示上装，再对下装、配件等进行展示，如图 9-41 所示。

图 9-41　店铺界面对上装的优先展示

从商品的价格来看，如果价格高的商品位于前面，那么后面页面的价格偏低的商品就有更大的几率销售出去。如图 9-42 所示为某品牌排序商品界面，下面一排的商品价格明显比第一排要低一些，消费者在看到高价商品后再注意到低价商品，就会比较容易接受。

图 9-42　某品牌排序商品界面

此外，品类排序需要对商品的特征、类型进行深入了解，最好是能够与经营产品的知识渊博的专业人士交流沟通，利用价格对商品进行陈列。

在进行品类排序时，需要根据商品种类的不同进行区分，在排列同类商品的时候，根据价格的对比性可以把产品按照“低中高”或“高中低”的顺序予以展示。如图 9-43 所示为某店铺的商品陈列方式。

图 9-43　某店铺的商品陈列方式

对于追求高性价比的消费者来说，中等价格商品是较佳选择；对于不在乎价格的消费者而言，高价格商品值得购买；对于价格敏感度高的消费者而言，低价格商品则是为其量身定做的。对于店铺整体页面的品类排序而言，主要有以下四大版块，如图 9-44 所示。

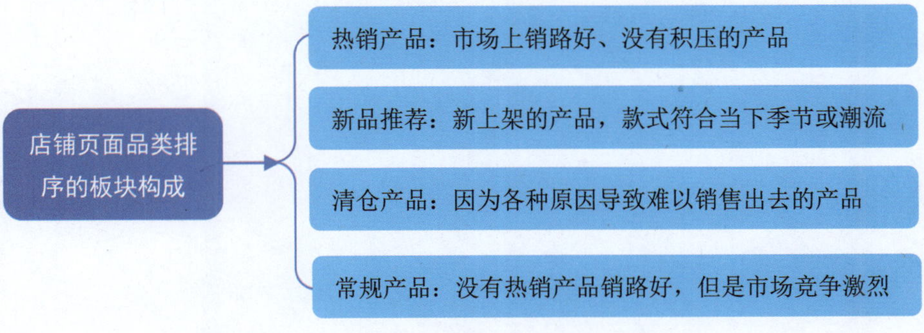

图 9-44　店铺页面品类排序的板块构成

品类的排序并不仅仅与页面的设计相关，而且还和店铺的运营、产品的开发、仓储等密切联系。因此，在对店铺的商品陈列进行视觉设计时，不能一意孤行，而是要和各个不同的部门交流沟通，从而规划出适应于店铺的品类排序。由此，才能策划出优秀的品类排序，从而不断提升商品和店铺的点击率和营销转化率。

本章小结

本章主要介绍了新媒体视觉营销的相关知识，包括七大视觉设计的元素和六大高效传达信息的技巧。通过本章的学习，可以帮助读者将产品设计得更加具有质感和美感，以提高品牌的知名度。

本章习题

1. 标签制作的标准体现在哪些方面？
2. 店铺视觉营销的意义是什么？

第 10 章　新媒体数据营销

本章导读

新媒体平台已经成为时下的重要营销平台，从平台后台的一系列数据分析中可以看出新媒体数据营销的重要性。这些数据分析系统能够帮助读者实现更为精准化的营销。在这个大数据时代，数据不仅仅包含着规律，更是包含着诸多宝藏。

本章重点

- 为何要做数据营销
- 如何来做数据营销
- 视频数据分析
- 精准数据营销

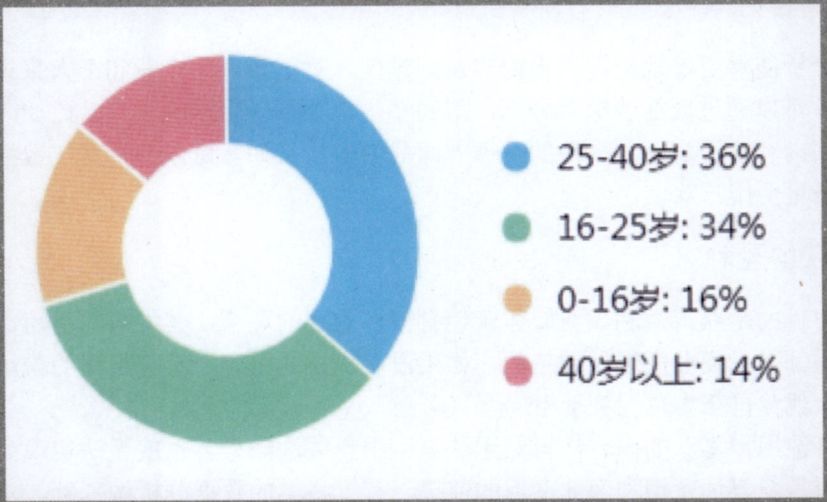

10.1 为何要做数据营销

对于企业和个人来说，要想做好一个品牌，就必须学会使用和分析数据。可以用数据做很多事，例如获得更多粉丝、更好地进行内容运营、开启热点营销，以及增强商业变现效果等。一旦取得运营效果后，就能更好地实现盈利了。

10.1.1 提升粉丝黏性

各新媒体平台已成为当下最重要的营销渠道，从微信公众号后台的数据分析系统，就可以看出，这套数据分析系统能够帮助用户实现更为精准化的营销，有效地提高粉丝黏性。很多企业看到后台的数据，不知从何入手，其实这些数据能揭示某种营销趋势或营销缺陷，关键在于会不会处理这些数据。

微信营销的发展和建设都必须建立在微信粉丝群上，没有足够数量的粉丝群体，再多的努力也是白费。因此，要特别关心用户的动态，了解用户的数量变化就是很好的切入点。在平时，可能还看不出这些数据的变化，但是当微信平台推出了新计划后，这些用户数据就起作用了，在一定程度上能反映新计划的效果，能根据这些数据总结经验，查漏补缺。

以分析微信后台的图文数据为例，分析图文数据能找出内容上的不足，从而纠正内容上的偏颇和失误，创作出更具吸引力的内容。以公众号文章为例，某种风格的文章阅读量高，转发量也不低，说明用户对文章内容非常感兴趣。当用户将文章转发分享到朋友圈时，这种转发分享就会“裂变”，从而让内容传播力度更大，传播范围更广。反之，如果一篇文章的阅读量和转发量都不高，那就说明文章还有很多需要改进的地方。

可通过图文数据判断用户的喜好，然后以此为基础，创造出深受用户欢迎的内容。这样就能提升粉丝的黏性，将粉丝牢牢套住。

10.1.2 找准内容方向

进行数据分析能够更好地把握平台内容及其倾向。对于新入门企业和个人来说，进行平台内容运营时，可以通过数据的综合分析，得知哪些内容更受用户的欢迎。比如，可以查看平台当前的热门内容，了解用户关注的是哪方面的内容；又如，可以分析对比数据，了解发布内容中哪一条更受用户欢迎。

10.1.3 最终获得盈利

营销的最终目的是获得盈利。新媒体营销有很多重要的环节，其中吸粉引流、打开营销道路和内容编写都是为商业变现做铺垫的，如果没有优秀的内容，没有足够的粉丝，没有合适的营销渠道，就算再努力也无济于事。

如果无法打造用户喜欢的内容，自然无法吸引用户关注账号，也就无法实现商业变现。因此，数据分析是新媒体营销和商业变现的前提，有了科学的数据分析做基础，才能更好地实现商业变现。

10.1.4　开启热点营销

要做好账号运营，就必须了解一些找到热点、打开营销道路的方法。账号发布的内容聚集了话题和热点，更能获得用户的青睐，要想获得这些话题或热点，就必须结合各新媒体平台的数据排行榜进行分析。开启热点营销的方法主要有以下几个。

1. 微博热门话题

微博上的热门话题，向人们展示了微博内关注度比较高的热门事件。可在“热门话题”界面，查看微博当前热门话题排行情况，如图 10-1 所示。

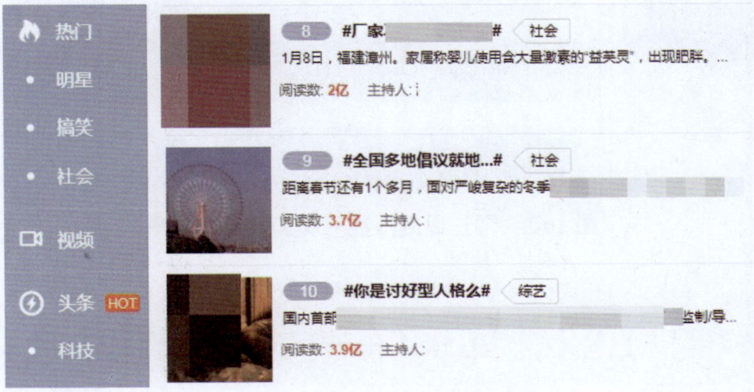

图 10-1　微博“热门话题”界面

可以根据平台运营的方向，找到关注的领域的话题，然后将这个话题嵌入到推送的内容中，以此提高用户对内容的关注度和查看欲望。

2. 百度指数趋势

百度指数是互联网时代最重要的数据分享平台，该平台是基于百度用户行为数据建立的平台，通过该平台，能了解到某个热点的火热程度。如果想了解某个热点的火热程度，只要在百度指数查询栏里输入热点关键词即可。如图 10-2 所示为热门电视剧《流金岁月》的搜索指数趋势图。

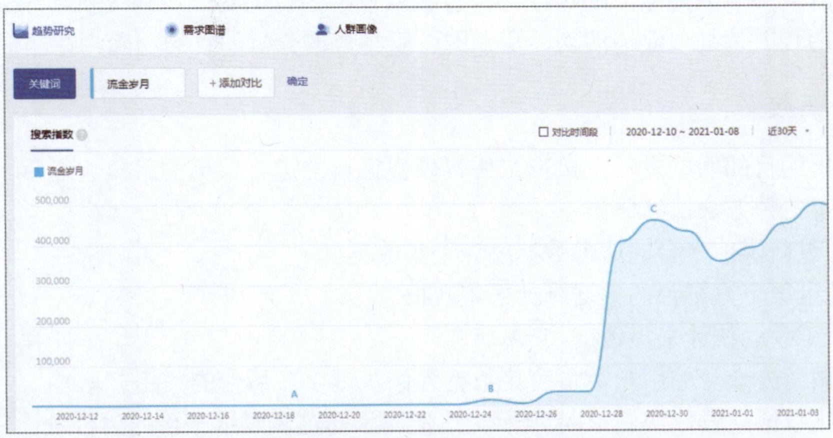

图 10-2　热门电视剧《流金岁月》的搜索指数趋势图

如果遇到了几个同类的热点，不知道哪个热点更受用户关注，可以在热点关键词后面添加对比词，然后可以查看哪一个热点的关注指数更高一些。通过百度指数可以了解以下五个方面的信息，如图 10-3 所示。

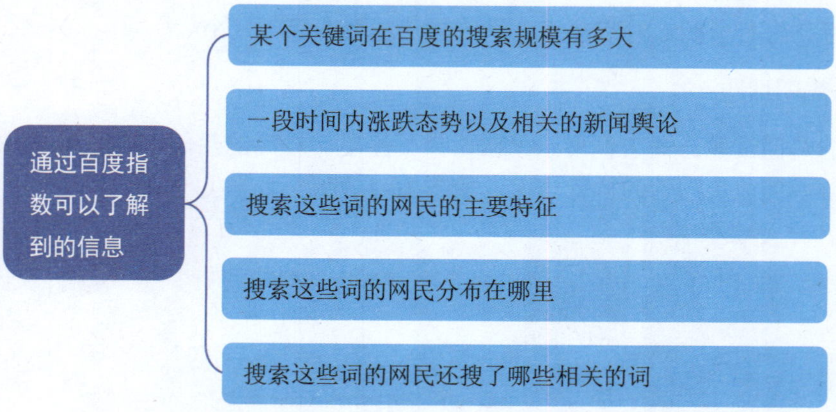

图 10-3　通过百度指数可以了解到的信息

10.2　如何来做数据营销

通常，新媒体数据营销大致可以分为五个步骤，明确目的、采集数据、处理数据、分析数据和归纳数据。

10.2.1　明确目的

在做一件事之前一定要先明确自身的目的，这样才能有的放矢，朝着目标推进。做新媒体数据营销也是如此。如果需要进行数据营销，首先要做的就是明确自己的目的，即为什么要做数据营销。

可以从账号近期出现的情况或开展的活动出发，明确数据分析的目的。比如，账号近期出现了粉丝流失严重的现象，那么便可以将数据分析的目的明确为寻找粉丝流失的原因。又如，账号近期开展了某项促销活动，那么便可以将数据分析的目的明确为评估促销效果。

10.2.2　采集数据

数据分析的目的明确之后，接下来便可以根据目的进行数据的采集。通常，新媒体数据的采集主要有三种方法，具体如下。

（1）通过新媒体平台的后台数据统计采集数据。

（2）通过第三方平台的数据统计采集数据。

（3）人工手动统计采集数据。

以采集微信公众号的用户数量变化数据为例，可以在后台的“用户增长”中查看近期的用户数量变化数据列表，如图 10-4 所示。这便属于通过新媒体平台的后台统计采集数据。

时间	总粉丝数	粉丝变化数	涨粉数	掉粉数
2020-12-10	186,501	10	27	17
2020-12-11	186,512	11	29	18
2020-12-12	186,514	2	15	13
2020-12-13	186,526	12	29	17
2020-12-14	186,541	15	34	19
2020-12-15	186,555	14	27	13
2020-12-16	186,575	20	32	12
2020-12-17	186,587	12	21	9
2020-12-18	186,589	2	16	14

图 10-4 微信公众号的用户数量变化数据

以采集快手号粉丝增量数据为例，可以进入飞瓜数据平台的“数据分析”界面，进而查看指定账号的“粉丝趋势”变化图，如图 10-5 所示。这便属于通过第三方平台的数据统计采集数据。

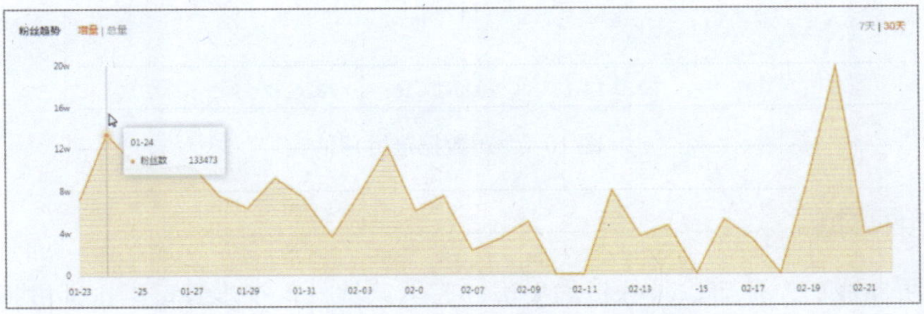

图 10-5 通过第三方平台的数据统计采集数据

10.2.3 处理数据

经过采集之后，可以获得一系列的数据。但这些数据中也包含了不需要的，或者无效的内容。除此之外，只看数据可能还不够直观。此时，运营者便可以选择需要的数据，并利用 Excel 绘制成图。例如，可以将涨粉数据收集起来，便可以将涨粉数据绘制成图表，如图 10-6 所示。

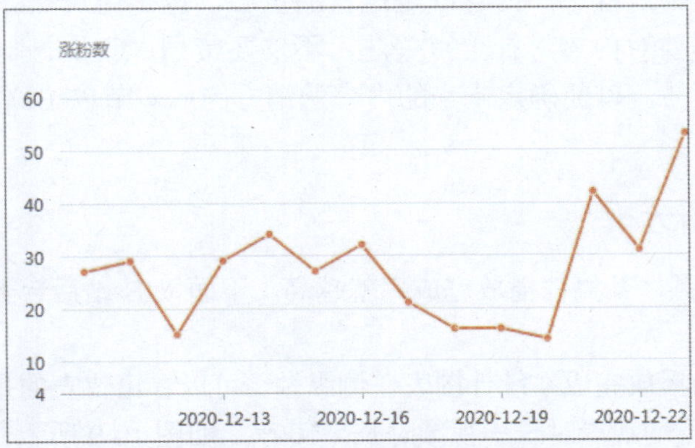

图 10-6 将涨粉数据绘制成图表

10.2.4 分析数据

对数据进行处理之后，接下来便可以针对数据进行分析，将两组数据进行交叉对比。例如，可以在图 10-6 的基础上，增加一条掉粉线，用来评估这段时间内的掉粉人数，如图 10-7 所示。通过该图可以看出，在 12 月 22 日涨粉数是最多的，因此这一天该账号粉丝增长速度是最快的。

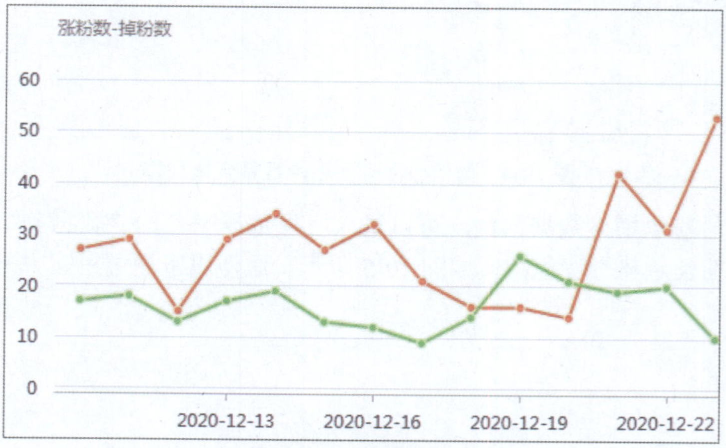

图 10-7 对数据进行评估

10.2.5 归纳数据

数据分析完成后，便可以将分析结果进行归纳总结。这个步骤可以定期进行，将特定时间段内的数据进行总结。比如，同样是分析账号的涨粉数，可以每周进行一次，然后每个月进行一次总结，将三个月的数据进行合并，进行每个季度的数据总结。以此类推，还可以将数据归纳总结进行半年、全年的数据分析。

10.3 视频数据分析

在进行新媒体营销过程中，内容既是运营的重心，也是用户熟悉、接受产品和品牌的重要途径。因此，需要对内容进行重点关注，不仅要策划、收集、制作内容，更从数据营销角度对内容进行评估，以便确定未来的内容营销方向。本节以 B 站为例分析介绍多项视频数据。

10.3.1 播放完成率分析

内容越精彩的视频，其稿件播放完成率就越高。下面以 B 站后台数据为例，具体分析播放完成率统计图表。

如图 10-8 所示为播放完成率统计图表左侧纵轴，可以看出代表的是视频播放完成率，具体计算方式为：用户平均观看时长÷视频时长×100%。如图 10-9 所示，播放完成率统计图表右侧纵轴，min 代表的是分钟，数据会精确到小数点后两位。

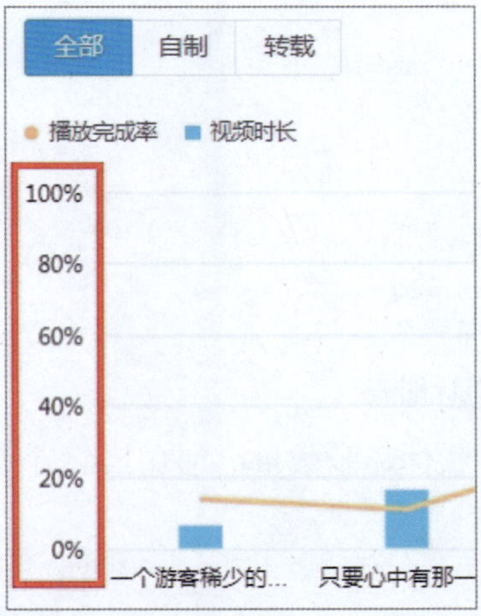

图 10-8　播放完成率统计图表左侧图

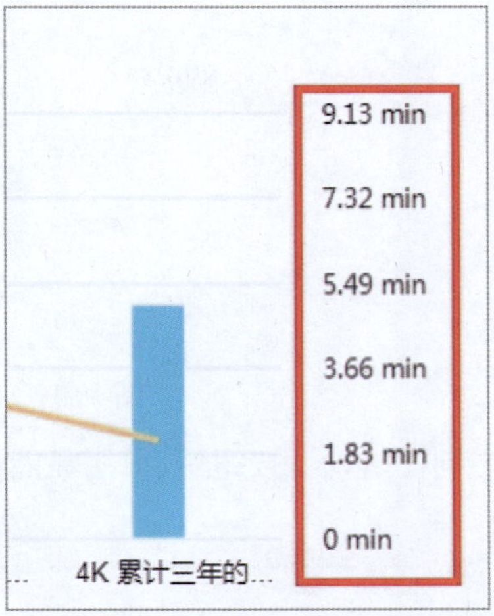

10-9　播放完成率统计图表右侧纵轴

如图 10-10 所示为播放完成率统计图表横轴，代表的是视频名称，横轴上方的蓝色柱状体代表的是当前视频时长，黄色的折线代表的是该视频的播放完成率。

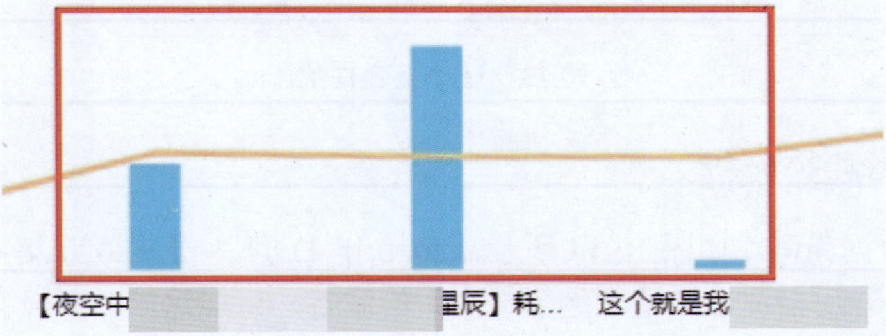

图 10-10　播放完成率统计图表横轴

播放完成率统计图表横轴上最多只能显示七个中文字符，超过七字符会自动折叠。如果想查看视频标题和具体数据，可直接将鼠标放置在蓝色柱状体上，如图 10-11 所示。

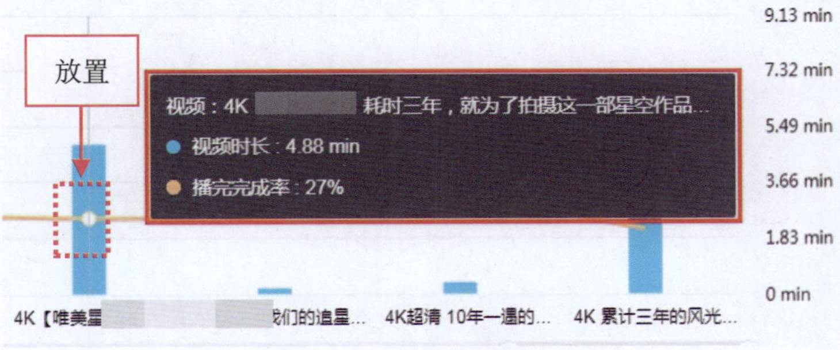

图 10-11　查看视频标题和具体数据

播放完成率统计图表底部有一个按钮，UP 主可通过滑动该按钮调节蓝色柱状体的显示数量。如图 10-12 所示为播放完成率统计图表，当前图表蓝色柱状体显示数量为六个，说明只显示了六个视频的数据，UP 主如果想查看更多视频的数据，可尝试向左滑动按钮。

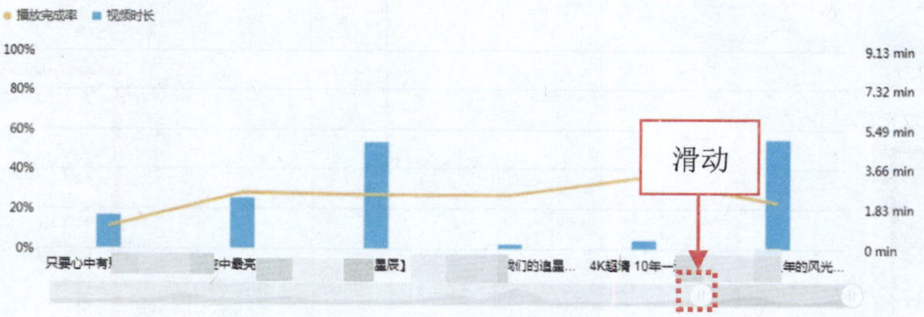

图 10-12　播放完成率统计图表

当 UP 主向左滑动按钮后，很明显能看到蓝色柱状体显示数量已增加至 11 个，如图 10-13 所示。

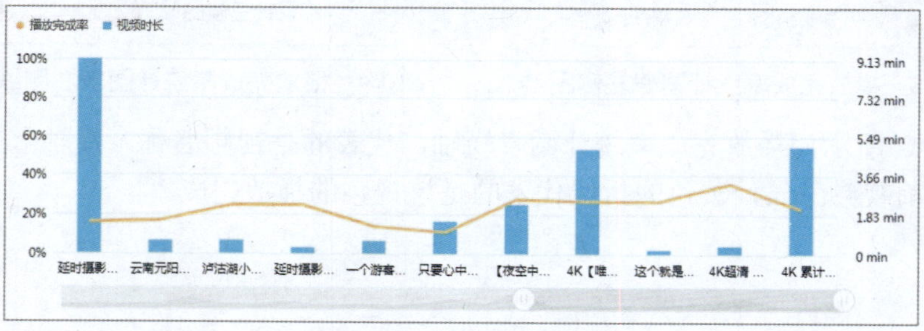

图 10-13　11 个蓝色柱状体

10.3.2　增量数据趋势分析

以 B 站后台数据为例，如图 10-14 所示，2020 年 11 月 7 日—2020 年 11 月 11 日播放量数据增量图，可以看出播放量增量遭遇了一次大的波谷，可能这段时间没有及时更新视频，或者发布的视频难以吸引用户的兴趣。

如图 10-15 所示为 2020 年 11 月 19 日—2020 年 11 月 23 日的播放数据增量曲线图，可以明显看到播放量增量连续遭遇了两次波峰。因此，可以推测，视频可能“踩中”了热门词汇，或者说视频引发了用户的兴趣。

图 10-14　播放量遭遇波谷

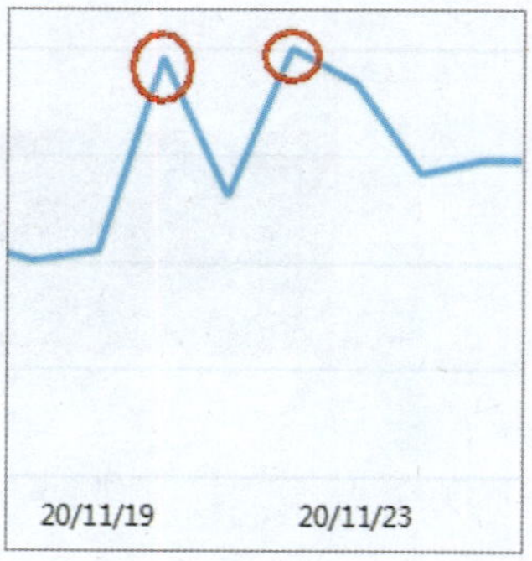

图 10-15　播放量遭遇波峰

此外，可以连接某段时间内起始点和终点为线段，通过这条播放量增量线段，就可以明显地看出该段时间内的视频播放量增量走势。如图 10-16 所示为上升趋势的视频播放量增量走势图。

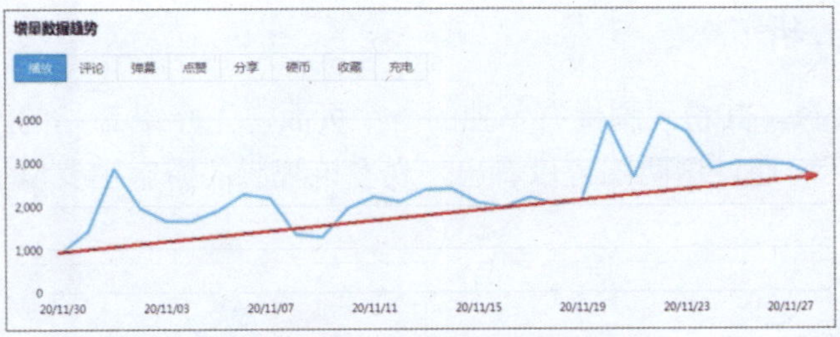

图 10-16　视频播放量增量走势图

10.3.3　播放终端占比分析

如图 10-17 所示为某 UP 主播放终端占比图。可以清晰地看出在安卓（Android）端的播放占比为 63%；在苹果手机（IPhone）端的播放占比为 22%；个人电脑（personal computer，PC）端的播放占比为 11%；HTML5 网页端（如微信小程序使用的就是 HTML5 技术）的播放占比为 4%、站外端的播放占比为 0%。

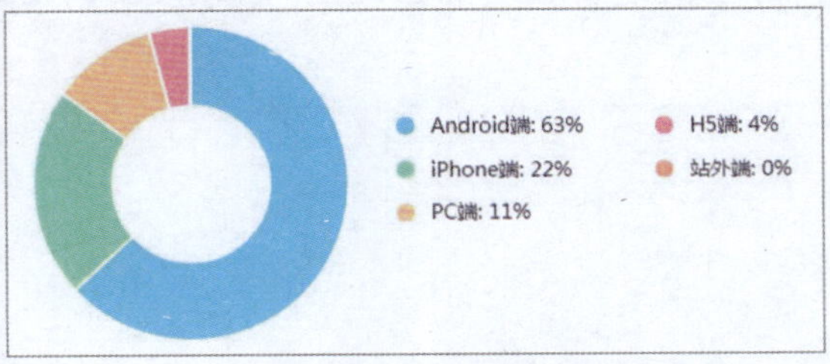

图 10-17　某 UP 主的播放终端占比图

据此，分析得出，拿安卓手机观看视频的用户是最多，其中尚没有人在站外端观看视频，说明视频在 B 站外分享较少。HTML5 端的播放量怎么来的呢？只要有用户在 B 站微信小程序上观看了视频，那么该播放量就会统计进 HTML5 端类别中。

将视频分享到酷安、微信、微博、贴吧等第三方平台，这种播放量就算在站外端播放量中。图 10-18 所示为在酷安 APP 上播放 B 站视频。

图 10-18　在酷安 APP 上播放 B 站视频

10.3.4 游客画像分析

以 B 站为分析对象，其粉丝画像有单独的一个页面，先介绍 B 站的游客画像分析，如图 10-19 和图 10-20 所示。通过这两图可以看出，观看该视频的游客主要以男性为主，其中大多为青年人。

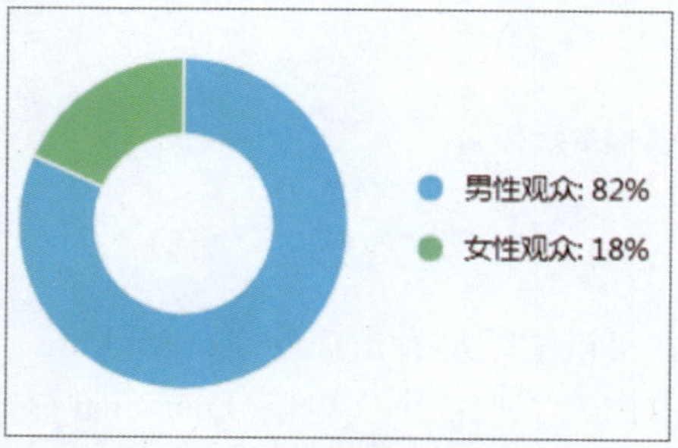

图 10-19 游客画像之性别分布

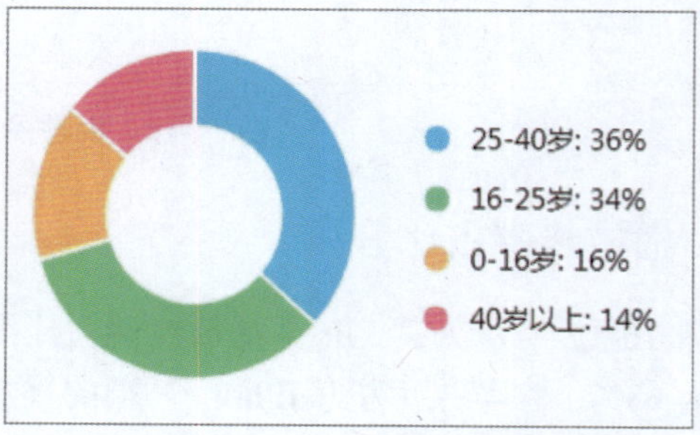

图 10-20 游客画像之年龄分布

如图 10-21 所示为游客播放地区来源分布占比图。可以发现，观看该 UP 主视频的游客大多位于广东省。

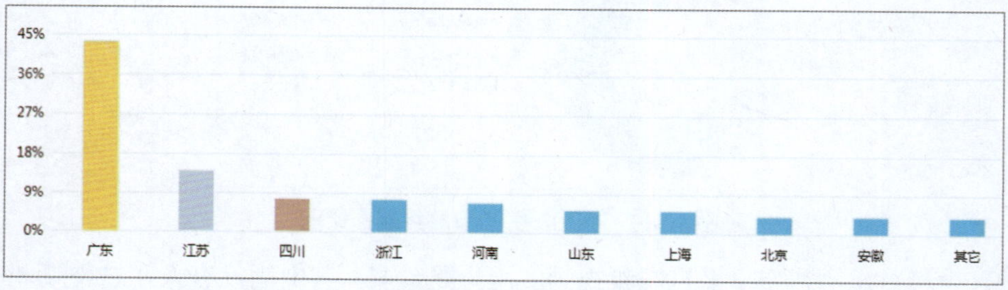

图 10-21 游客播放地区来源分布占比图

如图 10-22 所示为游客观看该分区视频占比图。可以发现观看视频的游客更喜欢日常区域的内容，可根据此信息对自己的定位和内容进行修正。

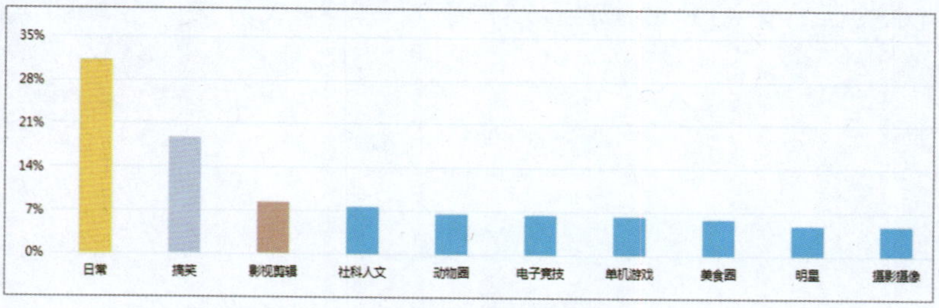

图 10-22 游客观看该分区视频占比图

如图 10-23 所示为游客喜欢观看的标签占比图。可以发现，观看视频的游客喜欢带“生活”“日常”“搞笑”等标签的视频，在发布视频时，可适当添加这类标签，以增加视频的播放量。

1 生活	2 日常	3 搞笑	4 数码	5 游戏
6 影视	7 科技	8 摄影摄像	9 摄影	10 全能打卡…

图 10-23　游客喜欢观看的标签占比图

10.4　精准数据营销

除了从粉丝年龄、性别等因素进行分析外，还可以从短视频访问量、品牌熟悉程度、用户喜好程度、用户的购买力和品牌联想能力等角度进行分析，实现精准数据营销。

10.4.1　短视频访问量

现在是全民玩新媒体的时代，不管是用户，还是企业，都在积极参与中。玩新媒体的用户一共分为两种，第一种用户是单纯带着娱乐性质在玩；第二种用户是想要利用新媒体平台进行营销，并获得收益。以抖音为例，具体分析第二种用户。从用户访问量看，如何利用访问量为新媒体内容助力，让用户更加了解品牌产品，这是首要目标。这里的访问量在抖音平台指的是用户点击量和视频播放量。

现在很多新媒体平台奉行一个原则“马太效应”，即“强者恒强，弱者愈弱”。新媒体人拥有庞大的粉丝群体，一旦有新作品发布，粉丝就会争先恐后去观看、评论、点赞和转发，这就是“强者恒强”原则的体现。这些粉丝就是访问量的根本保障，只要短视频播放指标达到抖音平台规定的播放量，抖音平台就会将短视频推荐上热门。

如图 10-24 所示为有关烹饪的短视频，为什么第一条短视频可以上推荐上热门，而第二条就只能在角落默默无闻呢？其主要原因就是第一条短视频不管是从画面颜色和节奏的把握，还有背景音乐等方面都比第二条要好，所以第一条上热门是很正常的事情。

图 10-24　有关烹饪的短视频

需知道新媒体平台的推荐机制。以抖音平台的推荐机制为例，如果发布的短视频符合平台规定，又是原创内容，那么抖音一开始会将短视频推荐给 300 个在线用户。该短视频能不能“火”起来，取决于短视频内容的质量和 300 个在线用户的观看数据。

如图 10-25 所示，在抖音推荐中刷短视频时，不仅能刷到高点赞量、高评论量的短视频，还会刷到点赞量和评论量都比较少的短视频内容。当刷到这类短视频，就意识到就是那 300 个初始用户之一。只要短视频中的情节或场景可以打动初始用户，这个短视频就有可能被点赞、评论和转发，从而达到某种营销推广效果。不过，想要这个短视频“火”的几率变得更大的话，还需要注意以下几点。

图 10-25　抖音推荐机制案例

1. 添加创意

如图 10-26 所示为蛋包饭短视频，第一张图的操作步骤详细很多，却没有“火”起来。第二张图的小姑娘将创意融入了短视频中，将蛋包饭做成了小熊盖被子的形象，点赞数达到了几十万，这就是加创意和不加创意的结果。

图 10-26　蛋包饭短视频

才艺、技能、情感、戏剧冲突等都是能引发创意的元素，它们可以让短视频焕发魅力。如果短视频中有帅哥美女，再加上创意内容，短视频“火”的几率会更大。如图 10-27 所示为某创意视频，她们在打闹时一跃而起，舞姿曼妙，让人叹为观止。这就是颜值加上了才艺创意。

图 10-27　某创意视频

> **▶ 专家指点**
>
> 多留心新媒体平台每天推荐和热门内容，可以尽量去模仿这些推荐和热门内容，迎合用户的喜好。以抖音平台为例，抖音每天都会出现一个或者好几个热点，比如热门视频特效和当下热点等。

2. 添加剧情

在短视频内容方面多花心思，可以添加反转或新奇的剧情。在这种剧情的加持下，短视频“火”的几率就很大。

很多没有粉丝基础的新媒体人翻拍热门视频，点赞量也是直接上万，或者几十万。在获得点赞的同时，也俘获了很多粉丝。除了大众模仿，还可以将热点内容进行改编，或许可以获得意想不到的效果。

等过渡期过去了，只要持续按照方法进行营销，也可以成为下一个新媒体人。当成为新媒体人之后，也就有了粉丝基础，上热门也就是轻轻松松的事。有了访问量为短视频助力后，就可以向粉丝群体推广品牌产品了。此时，打广告就是一件很简单的事了，只需要用适当的方法去转化粉丝，将粉丝意愿转化成购买力，就可以将平台与电商结合，营销和变现也就很容易了。

10.4.2　品牌熟悉程度

品牌熟悉度指的是消费者对其品牌的熟悉程度，一般都会采用线上线下问卷调查的模式，让消费者或者用户填写，从而分析答卷，得到最终结果。一个品牌的熟悉度则表示了，消费者不止知道有这个品牌的存在，还要对其有很深的了解。

消费者对品牌的熟悉度越高，就说明这个品牌不止知名度广，而且用户认同度也相对比较高。如果品牌熟悉度比较低，就说明用户对这个品牌不了解。不了解某个商品或品牌，就很难形成购买力。品牌的熟悉度分为以下五种不同的情况，如图 10-28 所示。

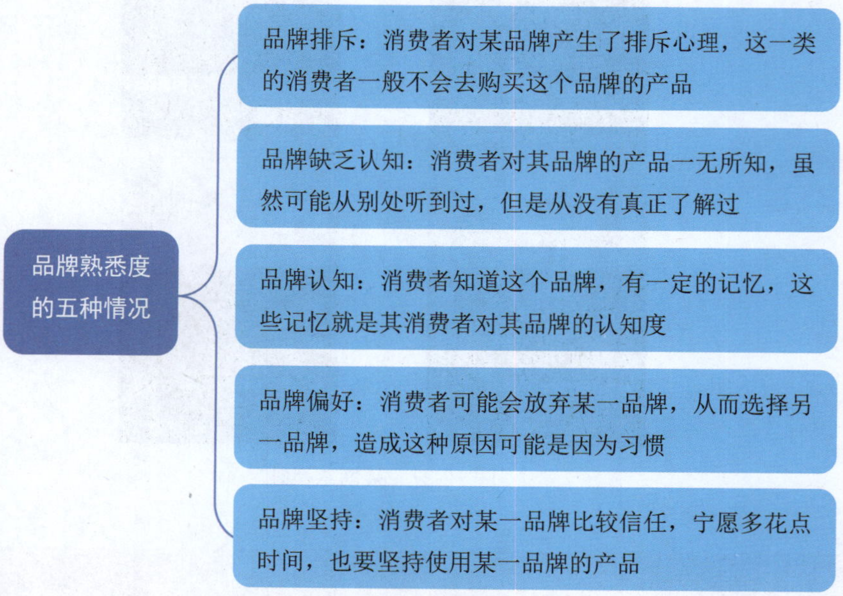

图 10-28　品牌熟悉度的五种情况

以抖音短视频为例，分析如何利用此平台增加品牌熟悉度。抖音短视频是现在非常“火”的短视频平台，拥有庞大用户基数和源源不断的平台流量，可以很容易地将品牌推向更广的用户人群，增加对品牌的熟悉度。如图 10-29 所示为某美肤品牌的抖音号，该美肤品牌创立于 1999 年，品牌定位是“专注于东方的养肤之道”，从品牌定位就可以看出，该品牌主要做的是护肤品，其中包括了保湿、美白、防晒、紧致和彩妆这些类别，为用户提供更加全面的护肤之道。根据第一张图内容，该美肤品牌的官方账号粉丝数量在抖音平台只有 5.2 万，比同类别护肤类的品牌大多要低，点赞数一共也只有 25.6 万。

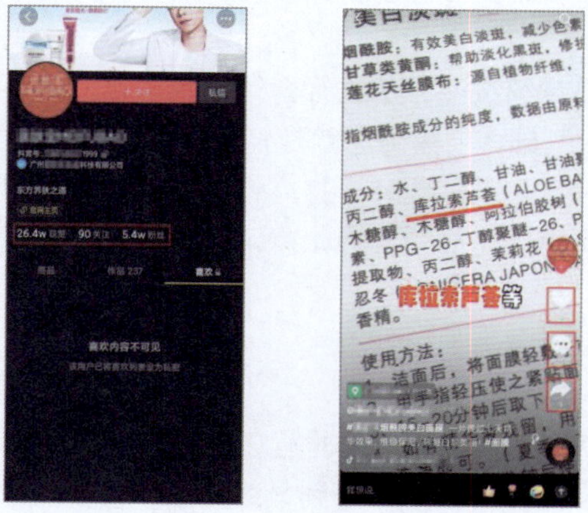

图 10-29 某美肤品牌的抖音号

如图 10-30 所示为该美肤品牌发布的短视频截图。该官方账号发布的作品一共有 237 个，但是基本每个视频的点赞数都是几千甚至只有几十个，最高的也只有 2 万左右的点赞数。

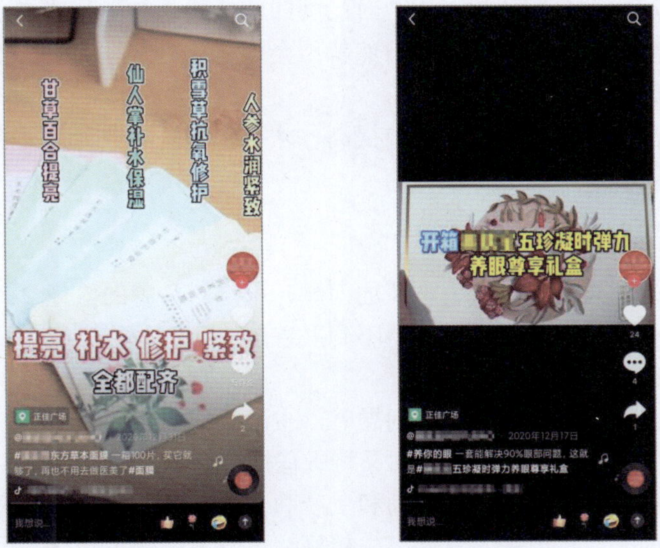

图 10-30 某美肤品牌发布的短视频截图

该美肤品牌发布的作品大多内容都是明星代言，也就是硬广告，不是明星代言的视频内容，都是很普通的产品开箱视频，没有什么创意和戏剧冲突，而且该品牌没有充分利用抖音平台的功能，所以导致官方账号一直处于不温不火的状态。

想要增加品牌熟悉度，首先，要用品牌名字注册一个抖音官方账号，申请官方认证，增加用户对此账号的信任度。其次，可以利用抖音的话题功能，用官方账号发布话题挑战，并设置一定的奖励，或者去挑战抖音用户发起的话题，增粉引流，多发官方动态，增加活跃度。最后，多与评论区的用户互动，增加品牌和用户之间的亲密度，这些方法都可以让更多的用户了解品牌，熟悉品牌。

10.4.3 用户喜好程度

品牌喜好程度指的是用户对某一品牌的喜爱程度，如果某用户对某一品牌很喜爱，会导致对该品牌产生一系列购买行为，进而成为该品牌的忠实用户。有的用户对某品牌太过喜爱，可能此品牌一出新品就会去购买，而且还会向身边的朋友推荐。相反，如果用户对某品牌的喜爱度为零，甚至可能是厌恶该品牌，那么不会去购买该品牌的产品。

品牌是企业财富的创造者，因为品牌可以与用户建立信任关系，只有拥有忠诚的用户，才能在盈利比较少的情况下，让产品获得较高的销售量。另外，忠诚的用户关系还可以维持一个企业稳定和强劲的现金流。

用户对品牌的喜爱度是建立在忠诚的用户关系上的，当拥有忠诚的用户关系时，那么这些忠诚的用户自然对该品牌的喜爱度是毋庸置疑的。因为一个品牌的用户忠诚度和喜爱度是相辅相成的，是同时存在的。忠诚度也是建立在用户对品牌的信任上。现在市面上关于品牌事件的新闻层出不穷，比如说，某品牌的牛奶买回来是变质的；刚买了不久的空调不制冷却大量耗电；刚买的手机没用多久就自动黑屏、死机，护肤品导致全脸起红斑等，出现这些新闻时，也就使得用户对品牌产生了信任危机。

如果一个品牌真的出现了这种信任危机，只需要妥善解决就行了，怕就怕的是不解决，延误了时机，导致局面越来越恶化，用户对品牌的信任度就会降到冰点。一旦用户的信任度降到冰点，其忠诚度也就没有了，客户自然就不会再喜欢这个品牌了，更加不会去购买这个品牌的任何产品了。

一个品牌的用户信任度和忠诚度都要提高，才可以提高用户对其品牌的喜爱度。提高客户信任度的方法主要有以下几个。

1．解决用户问题

需要解决生产商和经销商的权责不清的问题，用户对品牌的信任度有所降低。不单单是出现了产品问题，主要是产品出现问题得不到妥善解决，这一点表明了，除了要解决产品质量问题，还要解决售后问题。

首先，当产品出现质量问题和售后问题时，主动解决问题才是王道，而不是消费者找经销商，经销商将责任推给生产商，生产商又将责任推给经销商。

如果用户依次寻求解决问题，经销商和生产商却没有明确的解决方案，很多初入行的企业普遍都会出现这种失误。但是，只要事先想好解决方案，就不会出现用户对品牌的信任度降低的情况，就算没有解决问题的方案，直接给消费者诚恳道歉，然后换一个全新的产品，也是一个暂时解决问题的方式。

2．提高员工素质

必须加强售后服务人员的素质，一方面要对用户加强专业知识的培训，将所学知识给予用户真正的帮助；另一方面一定要对员工强调以人为本的企业精神，创建一个良好的企业文化。如图 10-31 所示为淘宝某品牌店铺的客服回复截图，一个吊牌问题经历了几个小时最终还是没有得到解决，而且客服还悄然换了个人，需要消费者提醒她去看聊天记录，这是极其不好的工作程序。

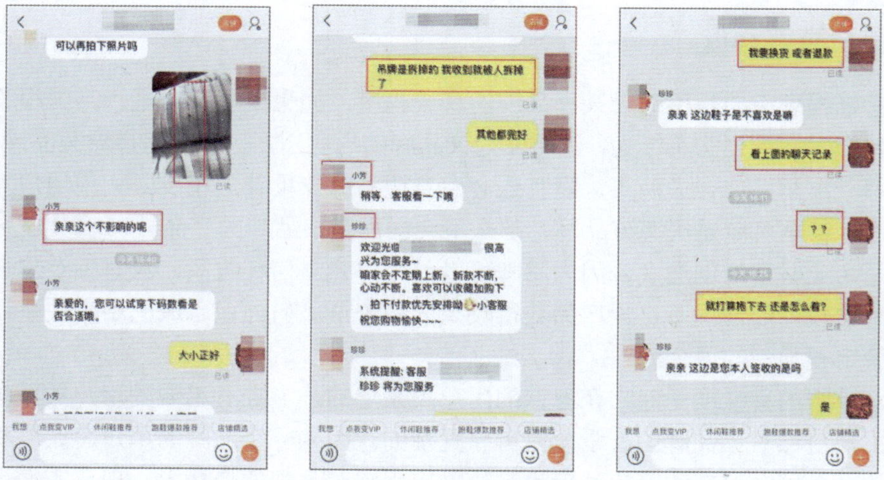

图 10-31　淘宝某品牌店铺的客服回复截图

3．提高用户体验

企业在生产产品时，往往会把注意力放在客户需求上，比如很多企业关注的是如何才可以让更多的客户购买产品。不应该只看到这个方面，还应该重点关注用户体验。

如图 10-32 所示为某品牌的评论区截图，其中就有个用户评论说："从此不买这个品牌。"这就是典型的用户使用过后发现产品名不副实，才会说出从此不买这种话。

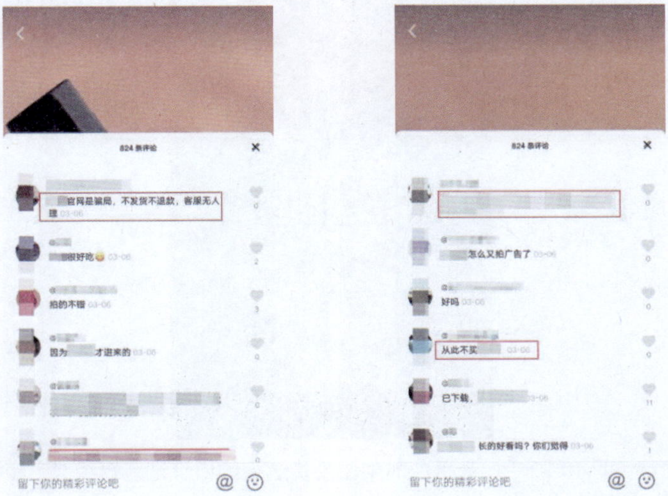

图 10-32　某品牌的评论区截图

企业应该设身处地站在消费者的角度多思考，消费者购买产品真正想要的是什么？消费者为什么要购买产品？对于消费者而言，不管是什么产品，都是具有一定的使用价值。使用之后也有一定的体验或感受。用户对产品的使用感受越好，才会更喜欢产品，就会变成回头客。

一个企业如果可以做到上述三点，那么用户对品牌的信任危机也就不会存在了，同时用户对品牌的忠诚度和喜爱度自然也会跟着提升。

10.4.4　用户的购买力

"购买意愿"指用户对产品的购买意向，就是用户想不想买这个产品.用户购买力就是在用户有购买意愿的情况下，购买商品的能力。想要用户产生购买力，那么用户的购买意愿就是前提。要做的就是提升用户的购买意愿，从而达到用户购买商品的结果。影响用户购买意愿的因素主要有以下几个。

1．关注用户需求

用户在产生购买商品念头时，就一定会想："我是否真的需要这个产品？"一般的用户只会购买自己有需求的产品，没有需求的自然就不会买。以口红为例，这种商品保质期一般是三年，而且口红是慢消耗品，所以这种商品用户会觉得买多了也是浪费。那如果这个商品用户暂时用不到，不会产生购买力怎么办？就口红而言，虽然买多了用不过来，但女性用户喜欢购买不同类型的口红，这是其中一个需求点。如图 10-33 所示为抖音平台的某位带货达人的口红试色短视频，通过试色的方式，来吸引女性用户购买气垫霜。

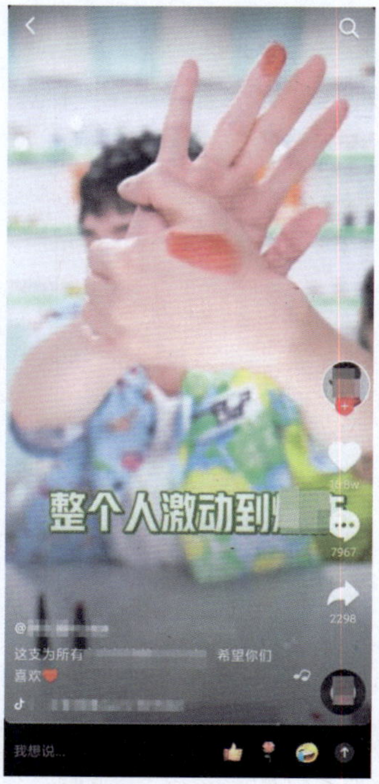

图 10-33　抖音平台的某位带货达人的口红试色短视频

专注于某一类产品的新媒体人在新媒体平台是很常见的，企业可以寻找与自己对口的新媒体人合作。对品牌产品进行营销推广，强化产品在用户心中的需求度，从而让用户产生购买力。

如图 10-34 所示为口红试色短视频的评论区，某品牌通过和新媒体人合作，将口红成功推广营销了出去，评论区里有用户直接回复“昨晚刚买了二号色×××”，还有的用户回复说“都想要”，这些评论都印证了这种推广营销模式的成功。

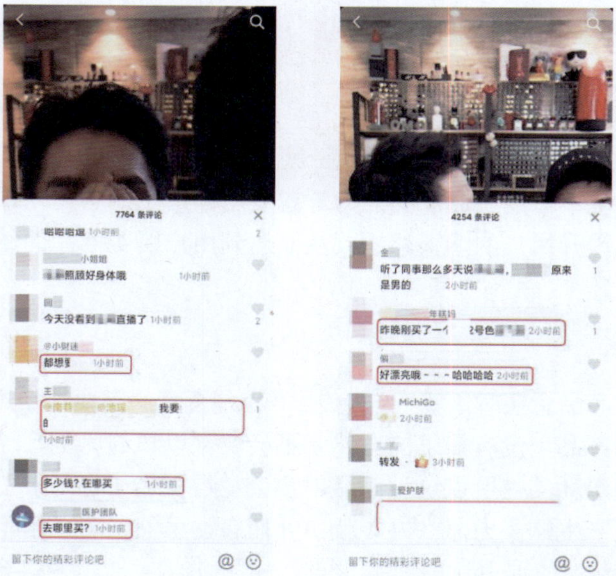

图 10-34　口红试色短视频的评论区

2．收集相关信息

用户在购买一个商品前，会对这个商品进行了解，比如说这个商品适不适合自己，这个商品质量好不好，或者是自己已买过了，要不要回购等一些困扰用户的问题。可以从多个渠道了解用户反馈的问题，像是电视媒体、网络媒体或个人来源（比如自己身边的亲戚朋友、同事、认识的人的传播）。

如图 10-35 所示以抖音短视频平台为例，用户可以在搜索中输入想要了解的关键信息，并点击搜索就会出现一系列的产品信息。比如想要了解口红，在搜索栏中搜索关键词“口红测评”即可，搜索结果就是各种测评短视频，像搜索口红这种产品，搜索结果大多都是美妆博主对各类口红的测评短视频，这种信息收集就是属于新媒体平台的信息收集。

图 10-35　抖音平台搜索信息收集案例

还可以利用评论区收集信息，如图 10-36 所示。该图内容是关于气垫霜品牌的信息收集的，不过不是靠短视频的内容，而是在短视频的评论区。短视频内容是气垫霜测评，所以下面的评论区也是围绕气垫霜展开的，大多都是气垫霜好不好用，适不适合油性皮肤、干性皮肤之类的，这也是一种信息收集的方式。

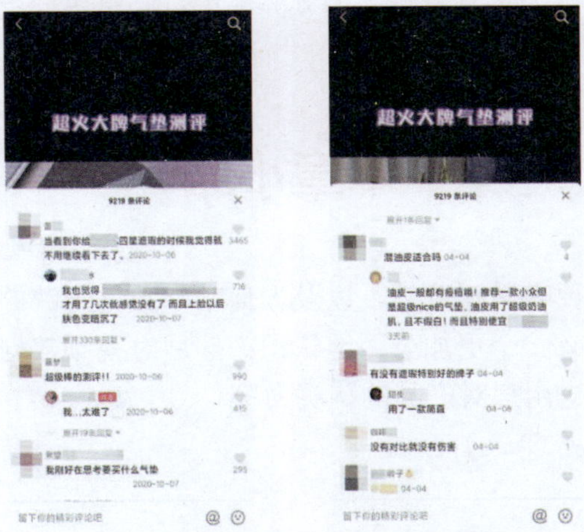

图 10-36　抖音评论回复区信息收集案例

10.4.5　品牌联想能力

品牌联想指的是用户对某一个品牌所了解的知识体系中，与其品牌相关的一切信息，其中也包括了消费者对某一品牌内涵的认知和理解。当用户想到或看到这个品牌时，最直接想到的一种产品、一个企业、一个符号或一个人等，也可以是其品牌的产品功能性或象征性的利益。品牌联想还可以是消费者对其品牌最直接的总体态度和总体评价，消费者对某一个品牌的每一个联想都是可以用联想其品牌的强度、认同度和独特性这三个指标来进行测量。品牌联想的内涵可分为以下三种不同的形态，如图 10-37 所示。

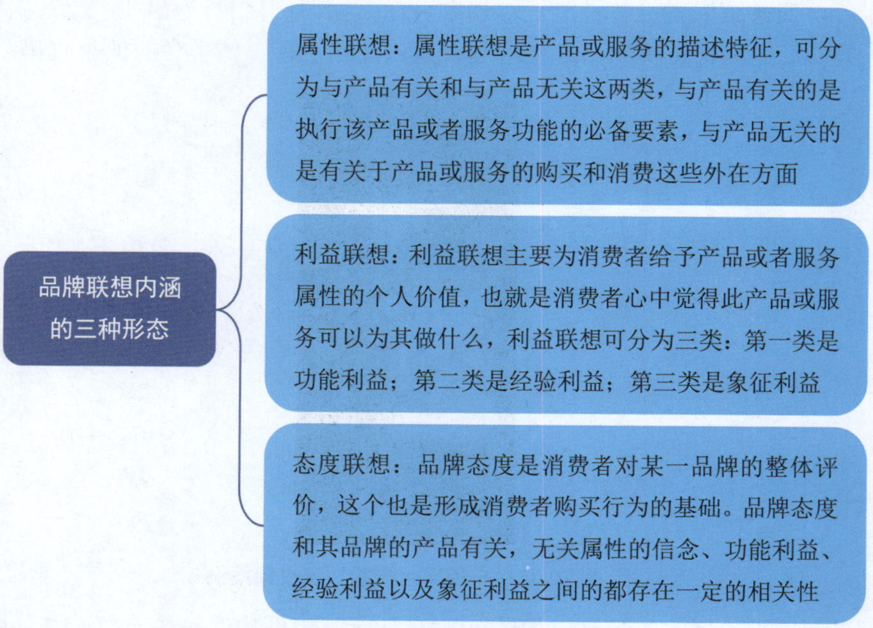

图 10-37　品牌联想内涵的三种形态

品牌联想度是对新媒体营销效果评估方面有更高的要求，是一种“未见其人先闻其声”的、更具影响力的效果评判。在品牌联想度评判中，用户有两种方向上的联想，一是横向上，即从一个品牌联想到同类中的更具影响力的领先品牌；二是纵向上，即从一个概念、理念联想到其所代表的典型品牌。

本章小结

本章主要介绍了为何要做数据营销，以及如何来做数据营销的问题。通过本章的学习，可以帮助读者对数据营销有一个更加全面地认识；然后对视频数据进行精准分析，以实现营销效果的最大化，从而促进用户对产品的购买力度。

本章习题

1．新媒体数据的采集主要有哪三种方法？

2．想要增加品牌熟悉度，应该怎么充分利用抖音这个平台呢？

第 11 章　新媒体活动营销

本章导读

活动营销是一个包含了多个阶段工作的营销过程，只有做了充分的准备，才能在活动营销上取得一定成果，摘取成功的桂冠。本章从活动营销的概念、时间、形式和要点入手，循序渐进地介绍活动营销的运作原理和过程。

本章重点

- 活动营销简要概述
- 活动时间至关重要
- 活动形式提升价值
- 活动设计满足需求

11.1　活动营销简要概述

什么是活动营销？活动营销有什么特点？活动营销中的活动又包括哪些种类？这些都将在本节中详细介绍。

11.1.1　认识活动营销

活动营销，就是品牌和产品的推广营销工作，只是与其他营销工作不同，是利用活动来进行的，除了在策划阶段要用文字处理和表现之外，还需要在实际生活中进行兑现和实操。一个好的活动营销，不仅可以推广品牌和提高企业声誉，还是提高市场占有率的有效行为。活动营销大致分为以下两类，如图 11-1 所示。

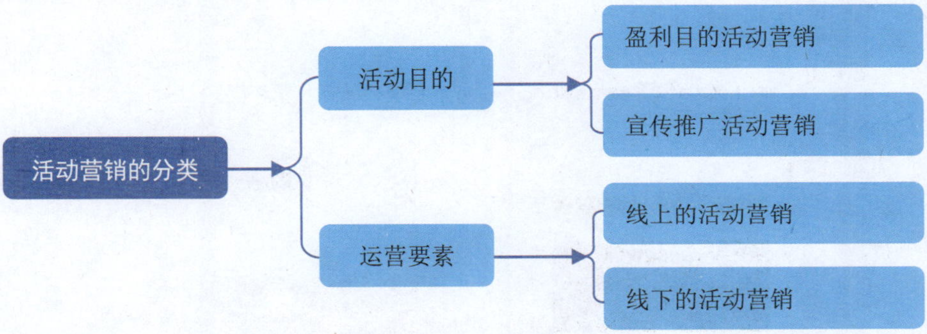

图 11-1　活动营销的分类

11.1.2　活动营销作用

活动营销并不是凭空出现的，之所以被各大企业所看重，那是因为能有效提升企业品牌在消费者心中的美誉度，这也是活动营销的目的。

（1）吸引用户注意。好的活动营销能吸引用户主动参与到活动中，只有愿意参与到活动中，企业才能以活动的方式向用户传播商业信息。

（2）宣传品牌形象。好的活动营销是一个提高企业品牌曝光率的有效渠道，用户积极参与到活动中，就会产生“自主注意”意识，变得能接受商业信息，这就提高了品牌曝光率。

（3）培养用户感情。对品牌来说，活动是培养核心用户，也是留住长期用户的重要手段，想要获得稳定的客流，就要让用户了解品牌价值，而活动就是一种非常好的方法。

（4）增进双方互动。好的活动营销并不只是对企业有好处，对于参与活动的用户来说，也是益处多多，最大的好处在于能促进用户之间的交流，增进之间的情感。

11.2　活动时间至关重要

关于活动与时间的关系，主要表现在两个方面，一是活动总会有具体的时间；二是活动时间的选择，企业总是会借助某个热销时间节点。可见，时间对于活动而言，不仅是必需的，同时也是具有选择性的。此处的“选择性”指的是，只有选择合适的活动时间，才能让活动营销达到甚至超出预定的目标。

11.2.1　假日营销活动

在我国，节假日有法定和非法定之分。其中，法定节假日是国家法律统一规定的、基于风俗习惯或纪念要求而让人们庆祝和度假的休息时间。这也是节假日受人们欢迎而喜爱的原因，因为一到法定节假日，就意味着可以休息和轻松地玩几天了。

我国的法定节假日包括七个，其中包括传统意义上的春节、清明节、端午节、中秋节，以及元旦，此外，还有劳动节和国庆节。在这些节日里，一般会产生消费行为。而对新媒体人来说，可以借助这一时间节点进行主题运营，如图 11-2 所示。而在非法定节假日内，有着特殊含义的节日，如父亲节、母亲节、儿童节、七夕节等，在让人兴奋的同时，也带给企业启发，从而开展营销活动。

图 11-2　某 APP 春节主题活动界面

> **▶ 专家指点**
>
> 从广义来说，元旦是国际通行的节日，同时在狭义上也是我国传统节日，1912 年—1949 年民国政府将公历 1 月 1 日称之为新年，但官方并不称之为元旦，1949 年之后新中国政府才将公历 1 月 1 日正式改为元旦。
>
> 此前元旦指的是正月初一，比如夏历和汉历正月为一月，商历正月为冬十二月，周历正月为冬十一月，秦历正月为十月，每个朝代的元旦随正月不同，其元旦日期也有变化。因此，从狭义上来说，元旦属于传统节日，只是其时间产生了变化而已。

11.2.2　季节营销活动

在日常生活中，不同的季节适合不同的活动。对企业来说，亦是如此，不仅不同季节可以“玩”出不同的活动，还可以在季节变化上开展活动。

一年有四季，不同的季节，衣食两方面会有很大的变化。既然有变化，那么也会有相应的对策。就可以针对这一变化和对策而安排不同的活动。这样的活动一般多与电商有关，在换季之时，可以进行上新或者清仓等活动。如图 11-3 所示为换季清仓活动。

当然，除了电商领域的换季清仓活动外，还有其他一些与季节变化相关的活动。如摄影领域，就有不同季节的主题活动可供选择。如图 11-4 所示为春季上新宣传图。

图 11-3　换季清仓活动

图 11-4　春季上新宣传图

那么，在利用季节变化这一时间节点进行新媒体营销时，应注意不同的产品是有着不同的、具体的时间选择的。从季节的阶段性考虑，可分为以下两种，具体如下。

1．选择季节初期或末期

这主要是针对有明显季节变化的运营产品，如衣服。这一时期是推出新品活动和季节清仓活动的最佳时间。推出新品活动，有利于率先占据更有利的市场份额，提升市场竞争力；推出季节清仓活动，就有利于处理即将过季的库存产品，获取现金流，其办法是利用优惠促销让更多的用户消费更多的产品。

2．选择季节中期

选择季节中期可分为两种情况来分析，一是电商类新媒体平台，其推出的活动一般是促销活动，致力于通过营销活动为用户提供产品；二是内容类新媒体平台，推出的参赛节目一般持续时间不会太长，而又是有着与季节相关的主题，因而一般会选择在季节中期，这有利于素材的获取。

11.2.3　纪念营销活动

要开展活动营销，一般都会以时间为借口来进行。除了节日和季节变化外，还可以利用各种纪念日，既可以完成活动营销的目标，同时还可以提升自身的知名度和形象。活动方式的选择，既可以是没有确定纪念日的周年庆，还可以是确定某一天为纪念日的周年庆活动，如图 11-5 所示。

图 11-5　某企业周年庆活动界面

其实，除了上文提及的以周年为单位的店庆活动外，还有一些与部分产品相关的纪念日活动。在这些纪念日中有些已经成为法定节日，如农历五月初五端午节。有些没有成为法定节日但也有着重要价值和意义的纪念日，如“世界读书日”，这一节日与“书籍”“阅读”息息相关，如书店、图书馆、线上图书商城、读书类平台等，都可选择“世界读书日”这一纪念日来进行活动营销。

11.2.4　热点营销活动

“热点”，即广受社会群众关注的信息，包括社会热点、生活热点和娱乐热点等。这些信息出现之时，就是开展活动的时间节点。

从这一点出发，要做的工作还有很多，如寻找热点、怎样利用热点等。例如，春运是人们一直比较关注的热点，特别是对那些外出打工的人而言。从公布春运购票日期开始，人们都会热切关注春运动向。如图 11-6 所示为某微博平台上推送的与春节红包这一热点有关的话题活动。

当然，同一时间出现的热点有很多，新媒体人应该在搜集的基础上善于把自身运营目标与热点结合起来。然后及时开展活动营销，抓住热点时间这一活动理由和素材，成功实现活动营销目标。

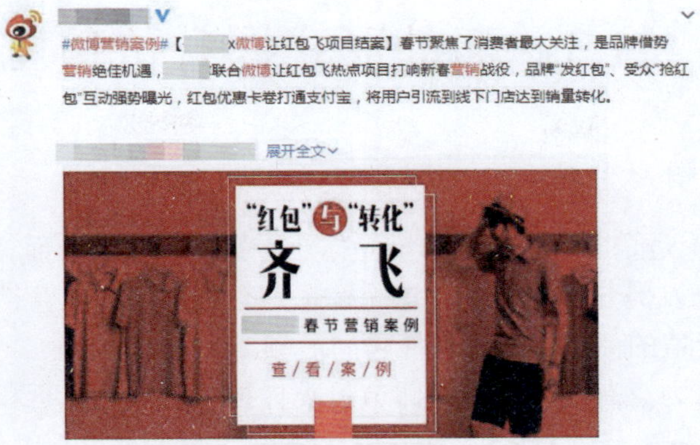

图 11-6 某微博平台上推送的与春节红包这一热点有关的话题活动

当然，同一时间出现的热点有很多，新媒体人应该在搜集的基础上善于把自身运营目标与热点结合起来。然后及时开展活动营销，抓住热点时间这一活动理由和素材，成功实现活动营销目标。

11.2.5 品牌营销活动

在进行新媒体营销时，除了可以借助节假日、纪念日、季节变化和热点时间进行活动营销外，还可以“自造热点”，对品牌和产品进行包装，创造出一个属于自己的节日。

如熟悉的“双 11”，就是淘宝平台制造的一个节日，随着淘宝平台在电商领域影响力剧增，这一品牌包装节日已经跨越平台，成为众多和消费者参与的节日，而在这一节日期间进行的活动营销，更是波及大大小小的平台和。在“双 11”之外，继而出现了“双 12”活动，同样也备受青睐和瞩目。如图 11-7 所示为“双 12”活动。

除了可以利用品牌包装节日进行活动营销外，还可以利用一些品牌特定的节日，如某些时装品牌每年都会推出时装秀，在这一品牌节日期间，可以借势这一节日开展活动营销。如图 11-8 所示为天猫超级品牌日活动。

图 11-7 “双 12”活动

图 11-8 天猫超级品牌日活动

11.3 活动形式提升价值

11.3.1 打折活动营销

关于“打折”，无论是企业还是用户，都是乐于看到的。于企业而言，打折尽管存在一定的让利行为，但明显可以提升产品销量，这无疑也是有利于运营和营销的；于用户而言，可以用更少的钱获得等价值的商品，无疑也能瞬间展颜。

打折活动营销的着力点有三种情况，即节日类打折、产品类打折和用户类打折。其中节日类打折很好理解，就是在节日期间进行的打折活动。这里的节日不仅包括电商节日，如“双11”“双 12”“京东 618”包括传统节日、国际节日，以及每周会员日、每月会员日等，都是开展打折活动的首选时间。

“产品类打折”，就是针对具体产品而开展的打折活动，一般包括两种，即核心产品打折活动和新品上市打折活动，具体内容如下。

1. 核心产品打折活动

核心产品打折活动俗称为“买一送一”，针对核心产品，以附属产品作为折扣的形式的打折活动，如买笔记本电脑送电脑包。

2. 新品上市打折活动

新品上市打折活动即针对新发布和推出的产品，在限定的时间内打折销售，其目的在于迅速提高产品的曝光率和影响力，以促进销售。

“用户类打折”，就是以用户为打折着力点，从用户的购买心理和行为出发而设定的打折活动。如针对犹豫的新用户，可以采取新用户半价或其他优惠的形式刺激其购买，如图 11-9 所示。

图 11-9 针对新用户的打折活动

11.3.2 抵券活动营销

在打折活动外，发放可抵用的代金券是另一种经常被企业采用的活动形式。这种可抵消部分商品金额的代金券是设置了一定的使用门槛，或是要满足一定的要求，或限制在一定的时间范围内。如图 11-10 所示为京东平台代金券。

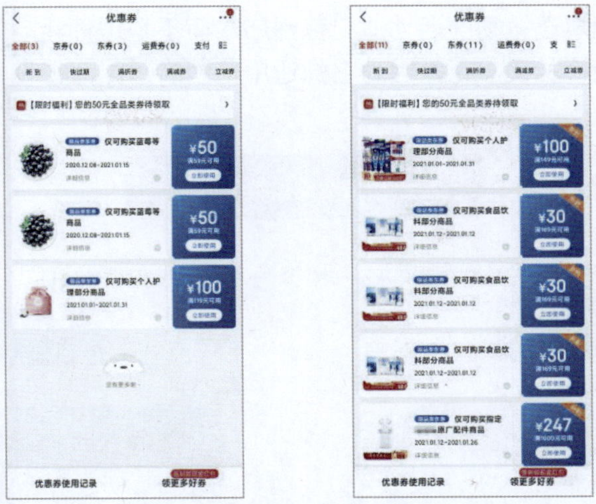

图 11-10　京东平台代金券

要注意的是，代金券作为一种引导用户消费的优惠券，必须在其包装设计和使用门槛设计上下功夫，具体内容如下。

（1）在包装设计上，最好是对不同类型的代金券有所区分，如不同使用条件的代金券、不同商品类别的代金券，需要在颜色或图案上有所区分。

（2）在使用门槛设计上，最好是合情合理的。不能为了销售而在使用条件上无底线，导致使用泛滥；也不能让用户觉得满减的额度太少，从而放弃消费。

11.3.3　赠送活动营销

如果说可抵用的代金券只能用在一定的领域和范围内，且主要目的是刺激消费，那么对于企业来说，几乎所有的领域都可采用赠送活动营销。例如，某企业在内容运营时，把赠书当成一大营销点，既可提升平台账号的曝光度和活跃度，也是对图书宣传起了作用，如图 11-11 所示。

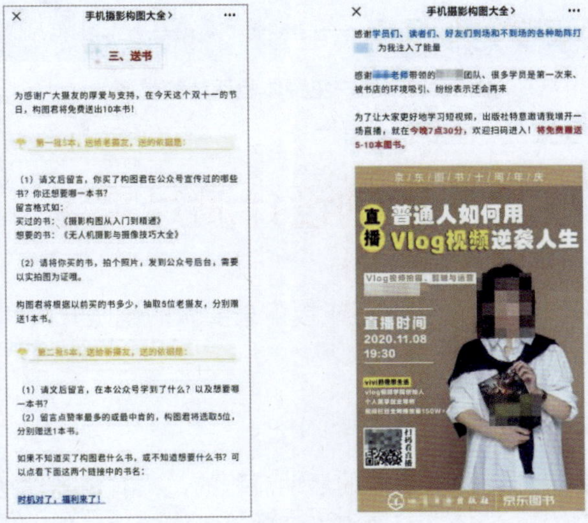

图 11-11　某企业赠送礼物活动

当然，这里说的是赠送礼物的活动适用范围广，而不是这种活动的展开和规则设置是任意的和没有限制的。恰恰相反，正是因为它的适用范围广，因而在设置上有着严格的要求，如图 11-12 所示。

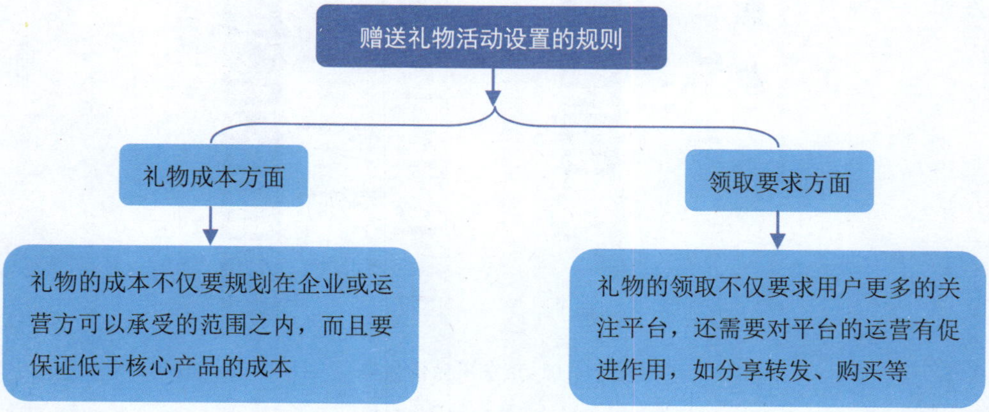

图 11-12　赠送礼物活动设置的规则

11.3.4　免费营销

不能真实地感受产品是线上购物的一大硬伤，而活动营销中的用户免费体验活动却能很好地解决这一问题。这一类形式的活动的展开，不仅可以让用户真实地体验和了解产品，还可以让用户在体验的过程中对产品产生一种产品依赖感（用户迫切拥有该产品的心理依赖）。用户免费体验的活动形式，主要包括以下三大类型，如图 11-13 所示。

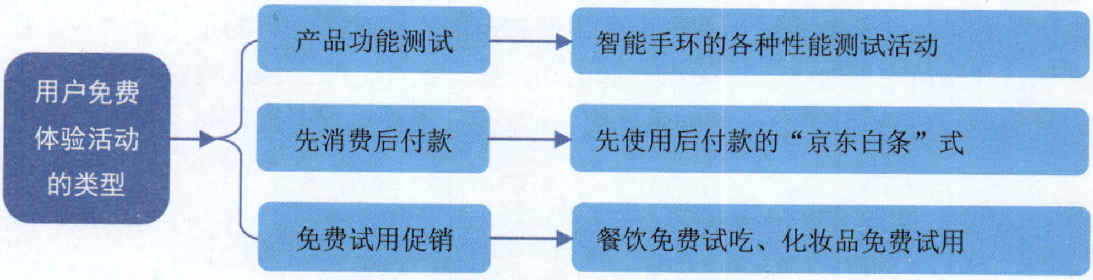

图 11-13　用户免费体验活动的类型

11.4　活动设计满足需求

在有了活动目标和活动创意的情况下，接下来要做的就是开发和设计活动内容，才能给用户呈现更好的活动界面和规则。

11.4.1　快速完成活动指引

一个新的活动出现，总是伴随着不同的活动流程的，只有清晰地把这些活动流程展现给用户，才能让用户顺畅地体验活动。而要想把活动流程清晰地展现给用户，就需要做好活动界面上的指引工作，让用户在体验活动的过程中，能轻松地按照活动界面的指示参与活动。要确保活动界面的活动指引的清晰度，就需要在活动界面设计上下功夫，如图 11-14 所示。

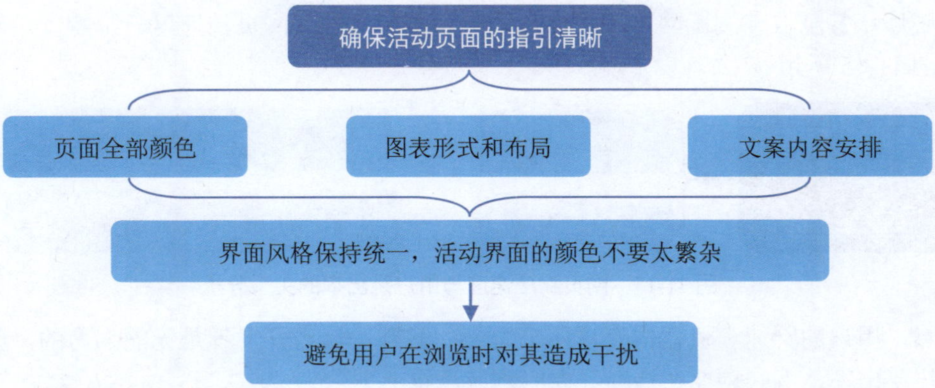

图 11-14　确保活动界面的指引清晰

11.4.2　身份信息严格保守

随着互联网和新媒体平台的发展，网络环境也变得越来越复杂，其中总有一些不和谐的因素存在着，这就使得用户在使用网络时总是很慎重的。因此，在开发活动和制定活动规则时，应该考虑用户对安全性的顾虑，给用户提供一个舒心的活动环境。

考虑活动开发的安全性，首先应该权衡用户信息收集问题，在设置活动规则时尽量少手机用户敏感信息，且尽量不要涉及与用户隐私或利益相关的信息，这样才能不让用户产生疑虑而放弃参与。

当然，对于老用户来说，已经对活动产生了一定的信任感，企业如果想要获取更多的用户信息，可以用其他的方式引导输入更多的信息，如身份证信息、地址信息等。基于此，在设置活动规则时，应该设置级别，把老用户和新用户区别开来。

无论是老用户还是新用户，在活动营销的过程中都应该注意确保用户的安全性，不能把用户的任何信息泄露出去，特别是获取的老用户的如身份证、地址等信息，更是要特别加以保管和注意。

11.4.3　减少跳转实现完整体验

一个完整的活动过程，并不是在一个界面上完成的，有些活动从开始到结束是需要在不同的界面中跳转。这里的“跳转”包括两种，具体如下。

（1）不同层级界面的跳转。当活动从开始到结束包括了两个或两个以上层级时，需要在代表不同层级的活动界面间跳转。

（2）不同平台界面的跳转。当活动从开始到结束跨越了不同平台，需要在第三方平台上进行操作时，需要在不同平台界面间跳转。

然而，不管是怎样的跳转，对于活动参与者来说，还是越简单越好，因此在开发活动时，最好把活动操作汇总到其中一个或两个界面上，减少跳转。只有这样，才能让用户更好地、无间断地体验活动。

11.4.4 响应速度影响用户留存

在手机和电脑上操作，当遇到网络运行状态不好或因为内存原因而出现卡顿情况时，就会感到心烦，甚至放弃浏览网页和文件。可见，目标文件和网页的速度，影响了用户的跳出率，如图 11-15 所示。

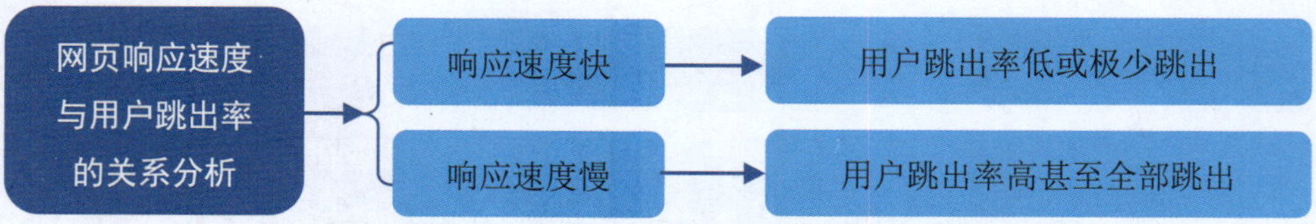

图 11-15 网页响应速度与用户跳出率的关系分析

当然，用户的网速和机器内存这两个方面的问题，活动开发者是无能为力的。因此，要降低用户跳出率，就必须要在活动界面的响应设置上下功夫。

通常，用户选择跳出某一网站或平台，大多数（80%）用户会在七秒左右。因此，网站和平台页面的响应速度，活动开发者最好设置在七秒以内，不要让用户因为等待太久而中途停止参与活动。

11.4.5 全面检测规避用户流失

线上的活动界面就是网页，是需要浏览器进行浏览的。而在众多的浏览器中，主要是基于 3 种浏览器内核而开发出来的，如图 11-16 所示。

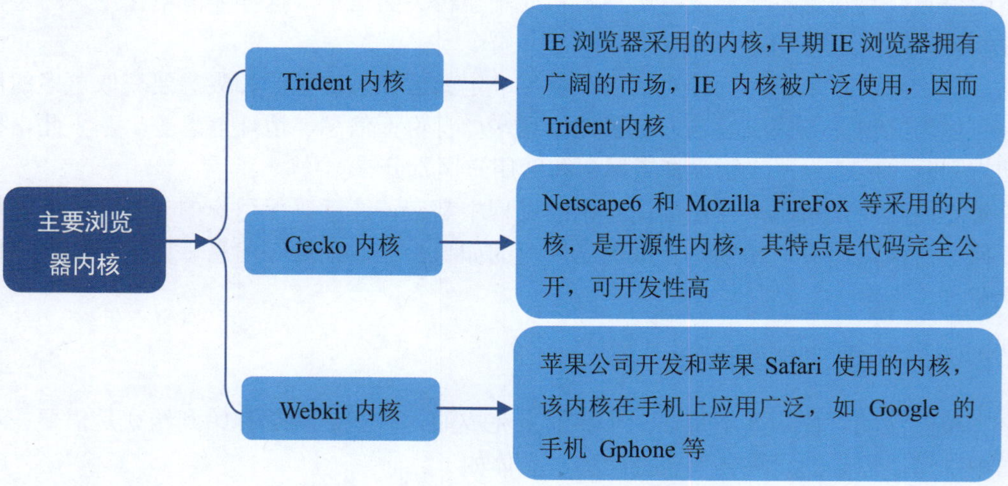

图 11-16 主要的浏览器内核

有些活动界面在不支持该活动界面内核的浏览器中，是不能打开的。因此，在进行活动开发时，必须考虑浏览器的兼容性，是否支持活动界面。对于用户来说，有不同的使用习惯和爱好，因而所选择的浏览器有所不同。而要考虑的是，在常见的和市场上大部分浏览器是否都支持该活动界面。

因此，在活动正式上线前，要对网页兼容性进行检测，以免在正式上线后，或用户参与活动过程中，出现无法打开情况。只有这样，才能保证活动的顺利举办。

11.4.6　五大元素组成完整页面

一个完整的活动界面，不是由单一元素构成的，而是包括多个组成部分，具体介绍如下。

1．活动主题

活动主题，是活动界面的灵魂。因此，在主题设计上，必须让用户一看到活动主题就知道活动的内容是什么，才能让用户有充分的理由参与进来。

2．界面风格

风格也是活动界面应该注意的组成元素之一。不同风格的活动界面是有不同的适应人群的，且不同的主题也应该有不同的风格。

3．界面排版

活动界面到达用户手上，有两种明显的排版形式：移动版和 PC 版。而在不同的终端上，活动界面的显示是不同的。因此，在开发活动界面过程中，有必要考虑设计不同终端的活动界面，以供使用不同终端的用户浏览和参与。

4．界面颜色

对用户来说，眼睛接触到的不同的颜色，其所包含的意义也是不同的，这是众所周知的事实。关于活动界面的颜色，既要体现出独特的风格，还要符合活动主题。

5．界面元素

关于活动界面的元素，除了需要具备用户参与活动的必要元素外，还应该把宣传推广的活动功能考虑进去，也就是有必要把能代表企业、品牌的元素加入活动界面中，如企业 LOGO、品牌名称等。

11.4.7　两大环节实现查漏补缺

关于活动的开发这一阶段，要想真正把活动投入到营销中去，无论是在技术上还是在功能上，都应该保证活动是没有缺漏的，是可以正常运行的。下面从功能和技术两大环节进行测试，查漏补缺。

1．功能测试环节

在技术测试环节保证了活动界面能顺畅运行以后，接下来就进入了功能测试环节。这一环节主要是检测活动的各项流程能否正常运营，是否能实现活动营销的预期效果。至于具体的测试过程，则是采用了模拟测试的方法。让测试人员从用户角度出发，去真实地参与活动，一步一步完成操作，在操作中发现问题、解决问题，最终保证用户参与活动时各项功能是正常的。活动界面功能测试主要涉及以下四个方面，如图 11-17 所示。

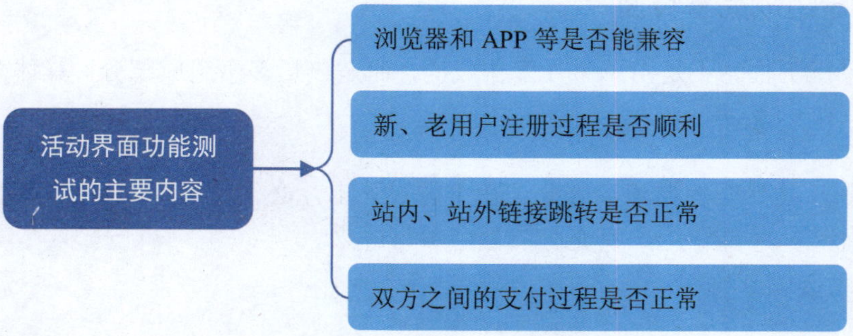

图 11-17 活动界面功能测试的主要内容

2．技术测试环节

技术测试，其目的就在于让活动设计和开发技术方面无漏洞，这是保证活动界面能在网站中顺畅运行的基础。关于活动界面的技术测试的过程，在完成了第一轮技术测试之后，会出现两种情况：一种是测试后不存在问题，那么就可以投入运营了；另一种是测试后存在问题。此时就应该进行修改解决问题，再次进行测试，直至没有发现问题才能投入运营。

本章小结

本章首先主要介绍了活动营销的分类和作用；然后介绍了活动营销的时间和形式；最后从七个角度介绍了营销设计中需要满足的要求。通过本章的学习，可以帮助读者更好地呈现活动形式和界面。

本章习题

1．活动营销具有哪些作用和目的？
2．为什么说活动时间对营销至关重要？

第 12 章　新媒体 IP 营销

本章导读

新媒体平台的发展不仅降低了创业成本，也让很多普通人的梦想得以实现。在以粉丝经济为基础的经济时代，成本会更低，回报也会更大。而这需要具备一定量级的粉丝，并能对粉丝产生明星效应。本章主要介绍 IP 营销内容，帮助读者包装升级为人物 IP。

本章重点

- 全面打造个人 IP
- 打造高端个人品牌
- 超级 IP 的内容营销
- 规避误区与具备能力

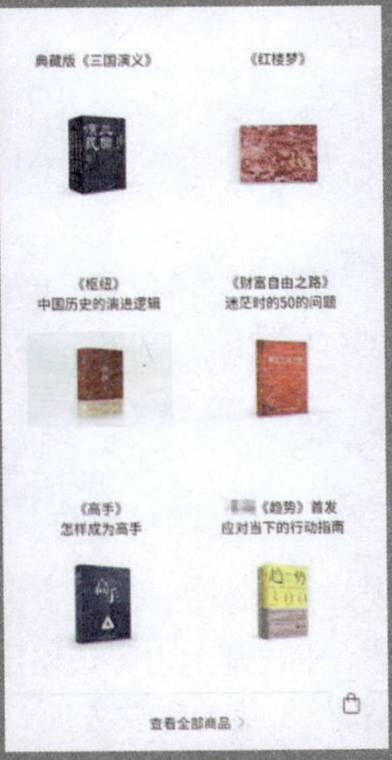

12.1 全面打造个人 IP

移动互联网带来去中心化的商业模式，一大群新媒体人跳过了“中心”的门槛，直接展现在用户面前。此处“中心”主要指传统“造星”模式。“造星”通常要经过漫长的成长和宣传，而且内容形式单一固定。个人 IP 模式彻底颠覆了传统的成名和吸金机制，使很多行业的生态链发生了翻天覆地的变化。

12.1.1 个人 IP 的影响力

在新媒体平台上，粉丝是最关键的成功因素，要想运营好这群珍贵的粉丝，就需要用出色的价值和极致的体验来打动粉丝，用优质内容来吸引持续关注。那么，打造了个人 IP 之后，与粉丝分享真实的生活状态，并保持良好的互动，这就是增加人气和留住忠实粉丝的最简单有效的方法。如图 12-1 所示为常用的与粉丝互动的方法。

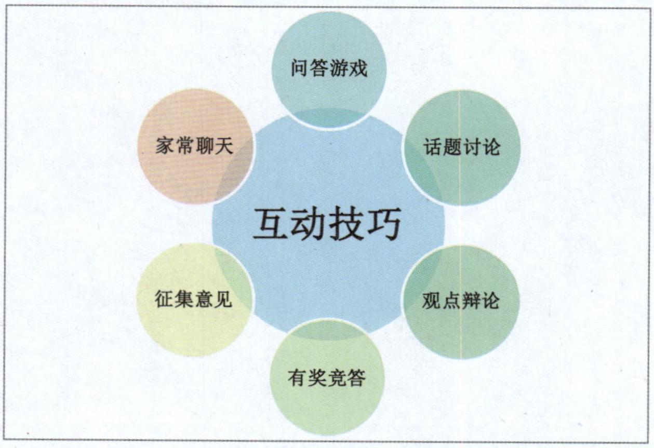

图 12-1　常用的与粉丝互动的方法

在与粉丝进行互动时，还要注意以下事项，如图 12-2 所示。

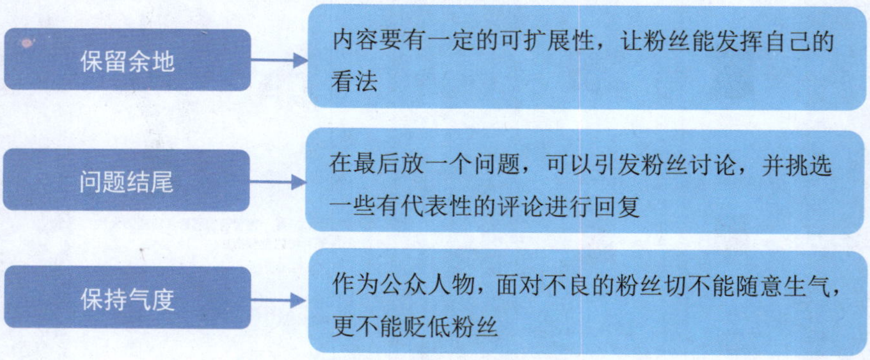

图 12-2　与粉丝互动的注意事项

打造个人 IP 时，应该尽量了解粉丝的心理，满足需求，都是内容策略定位的表现。与粉丝的互动也是互联网内容的主要来源之一，更是体现粉丝价值的重要方面。

12.1.2　打造个人 IP 形象的优势

尽管品牌之间有高低之分，但拥有品牌才能够拥有行业内的话语权，因而品牌是企业发展的高端目标。高端目标当然是指高端市场，拥有了品牌才有进入这个高端市场的通行证。下面主要介绍企业进入高端市场后，品牌在营销、增值和地位上给企业带来的优势。

1．品牌是营销核心

品牌是企业或个人经营进入高端市场的通行证，品牌的树立为经营带来了很多优势，比如提供了说服力、公信力和竞争力等优势，使企业或个人能够进入高端市场。但进入高端市场之后，依旧要以品牌为营销核心。以品牌为核心的营销表现在以下两个方面。

（1）营销链路更加完善，让品牌有说服力和公信力。

（2）营销内容不断升级，让品牌有竞争力和影响力。

2．品牌是增值资本

大部分个人经营实现增值的方式是引进商业融资，但是融资方需要看到融资价值才会考虑投钱，而品牌就是最值钱的原始资本。在商业融资中，好的品牌有以下五大价值。

（1）品牌具有用户影响力。

（2）品牌具有用户号召力。

（3）品牌具有用户公信力。

（4）品牌本身就是资本。

（5）品牌能使资本升值。

在商业融资中品牌的五大价值里，用户影响力、用户号召力和用户公信力都是隐性价值，品牌自身资本和资本升值才是直接可利用的价值。品牌的自身资本价值和品牌的资本升值价值的作用也表现在两个方面。

（1）品牌自身的专利价值和商标价值，是可以直接变现的价值。

（2）品牌的文化价值升值和服务价值升值，是可以直接转化的价值。

品牌具有自己的产品专利和商标冠名，这些都是可以直接进行专卖变现的，比如英国某汽车公司曾将自己的技术、商标和专利分别卖给中国的三家汽车公司，由此可见品牌可以直接出售，并且可以单独出售。

品牌的文化价值和服务价值虽然不能直接出售，但也同样有自己的专利权，比如品牌名称、品牌广告受《中华人民共和国商标法》《中华人民共和国著作权法》保护，不容许抄袭盗版，因此品牌的资本升值价值只需要稍稍转化一下，同样也能获得直接的物质价值。

3．品牌是地位追求

品牌是企业或个人经营追求的地位，是能够获得商业融资进入高端市场的通行证和价值资本，有了品牌在业内才有地位。品牌的价值资本支撑企业在行业内的地位主要体现在以下五个方面。

（1）品牌是企业以及个人的经济砥柱。

（2）品牌是企业以及个人的信用支柱。

（3）品牌是企业以及个人的实力证明。

（4）品牌是企业以及个人的竞争武器。

（5）品牌是企业以及个人的商业基础。

虽然品牌能反映企业对地位的追求，但这种追求并不是一次性的，而是持续不断的，并且是努力往更高更远的地位攀登的。

在任何行业，品牌之间的竞争都很激烈，并且有等级之分。虽然拿到了品牌这张通行证，顺利进入高端市场发展，但是这个市场却是呈塔状的，一层一层有阶级之分。所以，更需要不断地完善自己、提升自己，打造更好的品牌，追求更高的地位。

12.1.3　个人品牌 IP 的速成方法

打造人物 IP 的本质其实还是内容，因为吸引粉丝要靠内容，实现营销也要靠内容。那些能够沉淀大量粉丝的人物 IP 除了拥有优质的内容外，还有其他共性的特点。

1．灵活把握新媒体的发展

人物 IP 的兴起并不是偶然现象，而是新媒体发展过程中产生的新产品，其中新媒体人就是最直接的体现，也因此成为了最大的受益者。例如，新浪微博 2020 年的广告与营销收入高达 106 亿元，占总收入的 86%。因此微博的重点是打造“红人淘”移动平台，以社交电商模式将强大的设计关系实现变现。

目前，正是微博、抖音和快手等新媒体平台迭代，才催生了新媒体人，同时也刮起了 IP 营销风潮。那些被粉丝追逐的人物 IP，在社交网络媒体上都拥有良好的用户基础，所以才能取得优异的成绩。尤其是一些热点 IP，更是成为了内容营销的争抢目标。生于新媒体平台的人物 IP 主要有以下三个特点。

（1）随着新媒体平台的集体爆发，产生了“新媒体人遍地走”的现象。

（2）在新媒体的大环境下，新媒体人类人物 IP 更加大众化。

（3）将互联网创业者的起点拉低，人人都可能成为 IP。

新媒体的流行，尤其是移动社交新媒体平台的火爆，让很多能够创造优质内容的企业和个人成为了新媒体人，这个趋势今后还将进一步延伸。

2．提升商业变现能力

当然，人物 IP 要想获得真正的成功，一个重要的参考指数就是变现。即使人物 IP 具备再强的实力，但却赚不到一分钱，那么价值就无法体现出来。如今，人物 IP 的变现方式已经越来越多样化，如广告、游戏、拍片、主播、社群、网店、商业服务、卖会员、VIP，以及粉丝打赏等。

3．生产个性化的内容

人物 IP 创造的内容如今呈现出年轻化、个性化趋势，要创作出与众不同的内容，虽不要求多高的学历，但至少要能体现出价值点。从某种方面，读书和阅历的多少，直接决定了内容创造高度。

例如，英国 BBC 制作的迷你剧《新福尔摩斯》就进行了大胆创新，不仅将故事发生背景从维多利亚时代改编到了 21 世纪，还用当今的高科技加强主角福尔摩斯的人设。比如福尔摩斯是资深宅男，懂得诸多科技手段，建立了自己的网站。又比如，原著中故事发生在 19 世纪，华生以日记的形式记录了福尔摩斯的案件，而电视剧中华生成了颇受欢迎的博主，他以博客的形式记录了福尔摩斯的破案经过。再比如，在第一案《粉色的研究》中，凶手是 19 世纪街头的马车夫，而剧中他摇身一变成了伦敦街头的出租车司机。这个电视剧的改编可以说是创新的范本，不仅让原著的精髓得到了发扬，还让人物变得更加年轻化、立体化了，一经播出，颇受全球观众的青睐，甚至在当年还出现了“福尔摩斯热”，如图 12-3 所示。

图 12-3　《新福尔摩斯》剧照

总之，在互联网内容创业中，对新媒体内容不能太简单地平铺直述或自卖自夸，而要用更新颖有趣的方式进行创意营销。

4．跨越平台延伸领域

在进行内容传播时，切不可只依赖单一的新媒体平台。在互联网中讲究的是“泛娱乐”战略，可以围绕 IP 为核心，将内容向游戏、文学、音乐、影视等互联网产业延伸，用 IP 来连接和聚合粉丝情感。总之，可以借助新媒体平台，与粉丝真正建立联系。

5．明确核心价值观

要想成为超级 IP，首先需要一个明确的核心价值观，即产品定位，也就是能为用户带来什么价值。

譬如，《哪吒之魔童降世》获得成功的主要原因之一，就是 IP 抓住了差异化定位，有明确的核心价值观，在青少年中塑造了一个调皮捣蛋又识大义的英雄式 IP。其中哪吒反抗天命时呐喊：“我命由我不由天。”这句台词不仅戳中了观众的泪点，还勾起了观众内心的英雄情结。

总之，在打造 IP 过程中，明确价值观后才能轻松了作出决定，对内容和产品进行定位，才能彰显自身的独特魅力，从而快速吸引用户关注。

6．高频次的节目内容

要 IP 营销持续下去，必须要输出连续性、高频次的节目内容，抓住机会，建立起产品供应链和服务体系。

7．培养人格化的偶像气质

在打造人物 IP 的过程中，需要培养自身的正能量和亲和力，可以将一些正面、时尚的内容以比较温暖的形式第一时间传递给粉丝，获得粉丝信任，在心中产生一种具备人格化的偶像气质。在过分追求颜值的年代，“主要看气质”的流行蕴含着“正能量”。要想达到气质偶像的级别，首先还是要培养人格化的魅力，具体有以下三种方法。

（1）发表的观点要独特，不平凡，不肤浅。

（2）对自己的粉丝真诚。

（3）搞清楚粉丝的喜好，然后成为粉丝喜欢的人物 IP。

俗话说“小胜在于技巧，中胜在于实力，大胜在于人格”，在互联网中这句话同样有分量，那些超级 IP 们之所以受欢迎，这也从侧面说明具备了一定的人格魅力。

12.1.4　个人 IP 内容创业的法宝

在超级 IP 内容创业过程中，使用 IP 营销可以提高知名度，收获大量用户，这些都是将来变现的基础。超级 IP 内容创业的主要路径如下。

1．学会表达自己

在新媒体时代，普通人要想成名并不是一件简单的事情，如果找不到正确的道路，只是一味地想引人注目，这样难以持续的。因此，每个超级 IP 都需要有特点，选择合适的内容包装自己、表达自己，让更多人看到自己的特色。

需要注意的是，在表达自己时不能单纯靠高颜值，高颜值只是吸引用户关注的第一步。在创造 IP 时还需要学会配合其他条件，如最美教师、最美清洁工、最美医生等，将美貌与才华、正能量等结合在一起，这样才能红得更长久。

2．重视价值输出

当 IP 开始崭露头角时，已获得了一些用户，那如何来巩固用户就是接下来要做的重要工作了。可以输出一些有价值的内容，来加强用户的忠诚度。

例如，在网络时代，文字的真实性越来越受到怀疑，主打真实声音的 APP 开始流行。喜马拉雅 FM 标榜为微博式电台，迅速吸引了数亿人的目光，依靠的就是真实声音，利用声音作为内容，为用户带来价值。

那么在超级 IP 的内容营销中，用户的主要痛点集中在安全感、价值感、自我满足感、支配感、亲情、爱情、满足感、不朽感上。这些痛点都与用户切身相关，在创作内容过程中，以痛点为标题，可直击用户心灵，弥补用户在社会生活中的心理落差。

3．引起用户共鸣

打造超级 IP 内容时，需要特别注意一个关键点，就是用内容引起用户共鸣。总的来说，能引起共鸣的内容需要遵循以下四个原则。

（1）内容形式必须要适合超级、品牌或产品，而且还要符合内容所投放媒体的特点。

（2）内容要有趣、新鲜，可以体现 IP 的品位。

（3）语言必须要简单明了、通俗上口，不能让用户难以理解，带来反感。

（4）内容要尽可能地具备艺术感染力和情感因素。

在超级 IP 营销中，情感营销的共鸣效果是最佳的。情感的抒发和表达已经成为新时代的重要媒介，有情感价值的新媒体内容往往能够引起共鸣，从而提高用户对 IP 的归属感、认同感和依赖感，情感消费是一种心理上是认同，是一种情感上的需求，因此也称为感性消费，如图 12-4 所示。

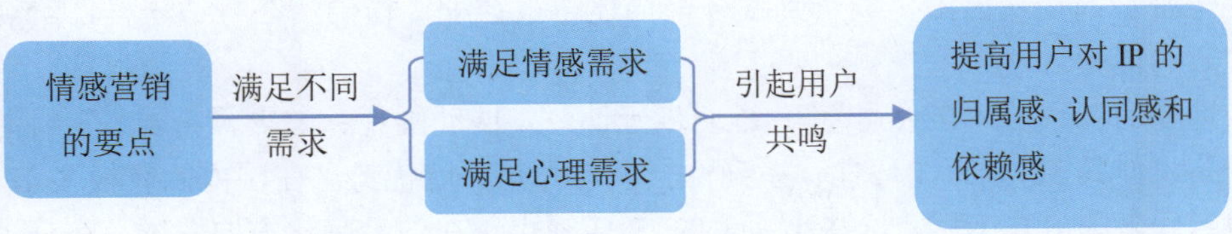

图 12-4　情感营销的要点

情感营销往往和用户的情绪挂钩，超级 IP 可以通过文字、图片的组合，打造出一篇动人的故事，然后通过故事挑动用户的情绪。可以说，情感营销是一种基于个人主观想法的营销方式，这部分用户最关注两方面的需求：精神世界的内容和情感的需要。因此，在创作情感类的文案时，企业的内容需要富有感染力，达到以下三个方面的作用。

（1）与用户有相同的思想感情。

（2）能启发用户的智慧和思考。

（3）具备能够产生激励用户感情的作用。

情感主要从以下几个方面挖掘。

（1）爱情：主要是指人与人之间的一种强烈的情感关系，如夫妻、情侣等。

（2）亲情：主要是指亲属之间的情感，如父子、兄弟、姐妹等。

（3）友情：主要是指朋友之间的情感，能够给人带来温暖的情怀。

（4）情感需求：满足精神上的享受。

爱情、亲情、友情是人们老生常谈的三种感情了，而第四种情感需求是指除了爱情、亲情、友情之外的所有情感因素。人的情感是非常复杂，不论满足人们的哪种情感或情绪需求，都能打动人心，走进用户的内心，实现 IP 营销的目的。

在情感消费时代，质量和价格已经不是消费者唯一看重的东西，情感和心灵上的共鸣也是所追求的。

所以，在进行 IP 营销时，不仅要重视 IP 和用户之间简单的内容输出关系，还要关注相互之间的情感交流。通过新媒体平台的版面设计、图片选择和文字描述来满足用户追求舒适、美感、品位的需求。通过情感营销来满足用户的精神需求，这对实现长远目标是非常重要的。

4．学会圈粉拉新

拥有用户的企业或个人才能越做越好、越做越大，才有可能成为爆款 IP，用户数量和质量决定了 IP 的未来。当一个 IP 概念生成后，就需要用户的交流，并不断迭代内容。通过这种方式积累一定的原始用户后，通过各种社交平台与用户互动，了解需求，并以此创造新内容，从而实现超级 IP 营销。

5．引导形成品牌

当一个 IP 走完以上的“道路”之后，接下来就要引导形成品牌了，只有这样才能让用户认可你，才能形成持久的驱动力，将 IP 的力量推向最高处。

例如，美国著名漫画公司就是在优质 IP 的基础上加大创新力度，成长为漫画品牌巨头。品牌形成之路走得比较长久，通过几十年的经营，创造了一批批完整的英雄、反派、团体组织。而且这些漫画人物从出生、成长到战斗都描述得很详细，仿佛活在身边一样，给观众带去了非常刺激的体验。

在这些漫画的基础上，该公司将 IP 进一步延伸，发展动画片、电影、美剧、手机游戏等多种衍生产品，使其 IP 具有循环性、系列性、创新力等品牌优势。在国内，有很多 IP 从最初的买手制到后来的自建工厂，这些小而美的 IP 店铺也正在向品牌化方向发展，充分说明了品牌是大 IP 和小 IP 的共同方向。

12.2 打造高端个人品牌

俗话说：“没有金刚钻，不揽瓷器活。”在 IP 营销中，“金刚钻”指企业的能力和素质，而瓷器活是指产品或服务。本节主要向读者介绍，打造优质个人品牌的六个注意事项，帮助读者迅速成为新媒体行业的佼佼者。

12.2.1 深入了解用户

遇到任何用户都要先了解用户是哪种类型的人，用户的需求和痛点是什么，购买产品主要是解决什么问题，产品会用在哪些方面，或者是产品是给什么用户购买的等。只有了解了这些问题，才能根据用户的实际需求，推荐最合适产品。这样才是真正为用户着想，用户才能感觉到真诚。

就算这一次用户没有购买产品，企业也要以友好的态度来面对用户，真诚地为用户服务，所谓“买卖不成仁义在”，说不定下次就会主动上门购买产品。如果都不了解用户，就直接推销利润最大的产品，这时大部分用户是不会买账的。

12.2.2 先服务再宣传

虽然卖出去的是产品，但要有非常贴心的产品售后服务。这样才能让用户二次购买，打造出优质的口碑形象。

例如，卖给某位用户一盒护肤品，过段时间要问一下他的使用情况，肤质有没有改善、皮肤舒适度怎么样、有没有不良反应等。像关心朋友一样关心用户，多花些时间与用户互动。这些服务可以让企业与用户的关系更紧密，使用户二次购买产品，并主动宣传产品。

12.2.3 成为领域专家

每一个企业和个人都可以成为细分领域的专家，或者说有独到的见解，能给用户中肯的建议，帮助用户创造财富或价值，成为用户的人生导师。当然，这些都需要时间和经验的积累，也需要有一定的学识基础，辅之以后天的勤奋与努力，就能成为某一个领域的行家或专家。

如图 12-5 所示为摄影构图细分领域专家构图君的相关界面。他现已成为一名出色的摄影图书作家，出版了多部有关摄影和构图的图书，并且都有着不错的销量。此外，他在腾讯、千聊、网易等平台组织过多次摄影微课，粉丝数量已上百万，是“手机摄影构图大全”微信公众号的创始人。

图 12-5　摄影构图细分领域专家构图君的相关界面

12.2.4　给予安全保障

近年来，安全健康方面的信息广受消费者关注。随着人们消费水平的不断提高，对产品质量要求也越来越高，如产品是否是真货，对身体有无副作用等。

关于安全健康的词汇频繁出现在人们眼前，如“无矾油条”“一次性汤锅的火锅”“绿色无污染的蔬菜”“无添加剂零食”等。这就意味着企业要从观念和行动上对产品做出高质量的要求，给予用户安全保障。

12.2.5　消费群体覆盖要广

企业面对的大多是终端用户，是直接面对消费者本人。因此，出售的产品所覆盖的消费群体范围一定要广，覆盖人群越广；产品的使用量就越大，销量就越高。

比如，为什么朋友圈卖面膜的企业那么多，十个有八个都在卖面膜。而且，价格还那么贵，均为 198 元一套。这就是因为面膜覆盖的消费群体很大，几乎覆盖了所有女性和部分男性群体，市场很大。

12.2.6　打造独特卖点

独特的产品卖点是指产品拥有无与伦比的优势，能贴合用户的使用习惯，解决用户的特点，无论外观还是内在功能，有独特的产品个性。这种体验，就是让用户在使用产品时，能感受到产品的人性化功能和贴心的服务。这种体验可以刺激用户对产品产生好感，从而决定回购。

很多产品或服务没有贴近用户的使用习惯或环境，没有从用户角度去设计产品，从而打造出的产品也不受市场欢迎。打造独特卖点具体内容如下。

（1）产品实际体验很好，经得起用户广泛使用。

（2）操作简单，携带便捷，能迅速在人群中传播。

（3）价格很合理，用户不会产生“高价低配”的评价。

12.3 超级 IP 的内容营销

在正确价值观的引导下，很多超级 IP 在时时刻刻为社会服务，红出了精彩，同时也红得社会尊重，而且也带来了持续的用户群。当然，要成为这样的 IP 并不容易，要持续下去就更难，超级 IP 的内容营销存在以下四大痛点，是企业和个人应该引起重视和亟须解决的问题。

12.3.1 低俗文化倾向

虽然超级 IP 拥有很强的吸金能力，但其最明显的痛点就是随时可能因低俗文化倾向而遭遇封杀。超级 IP 的火爆让相关部门十分关注，进一步加强了对超级 IP 行业的管理。同时，文化部门也针对主流超级 IP 进行彻底检查，查封了其中的涉嫌提供含宣扬淫秽、暴力、教唆犯罪等内容的互联网文化产品。

例如，针对超级 IP 的直播管理，文化部制定了《关于加强网络表演管理工作的通知》，主要内容有以下三点。

（1）督促网络表演经营单位和表演者落实责任。

（2）加强内容管理，依法查处违法违规网络表演活动。

（3）对网络表演市场全面实施“双随机一公开”（随机抽查工作实施方案和事项清单，公开黑名单和警示名单）。

相关从业者很有必要了解其中的详细内容。这个通知的推出，可以有效加强网络表演的管理，使网络文化的市场秩序更加规范。因此，各新媒体平台，尤其是与直播、短视频相关的企业和个人都要加强管理，创作合法的内容，进行有序的经营，为用户带来更多拥有正确价值观的产品和服务。

12.3.2 运作模式相似

新媒体平台上 IP 虽然很多，但其运营模式和内容形式千篇一律，同质化现象十分严重，这样容易让观众产生审美疲劳。

在超级 IP 市场中，同质化竞争的表现主要体现在内容层次方面，典型特点是同一类型的新媒体内容重复，而且内容替代性强。也许某 IP 今天“火”了，明天就很快被其他人复制并取代了。因此，在做内容营销时，不能一味地模仿和抄袭，必须学会发散思维，摆脱老套的噱头模式。如，可以从生活、学习和工作中寻找发散思维，这样才能制作出有持续吸引力的内容。

当然，随着超级 IP 市场的进一步成熟，会出现更多优质的原创内容，这也是市场发展的大势所趋。必须持续地将生产内容衍生到各个领域，这样才可以实现更多渠道的流量变现，也才能拥有更强劲的生命力。

12.3.3　资本制约影响

超级 IP 市场引来了大量的资本关注和资金注入，这虽然为市场发展提供了强大的动力，但资本一般会对企业有一定的要求，这对于超级 IP 的内容创作也形成了一定的影响和制约。因此，可以尽量寻找与自己内容观点相符合的投资商来合作，这样才能在内容中更好地体现出个人、产品、企业或品牌的内涵特点。

12.3.4　用户维护难度加大

随着新媒体时代的发展，每个人都可能拥有不同的社交平台、直播平台，以及短视频平台的账号，同时也会在不同平台之间游走。例如，对于主播来说，直播时间一般不会太长，用户可以非常随意的打开一个网页平台，或者关闭一个网页平台。这也意味着，主播的受众群体的转化成本实际上是非常低的。

在这种情况下，要维护好一个稳定的用户群体就变得更难。由于受众群体转移成本在新媒体平台中会变得很低，可以随心所欲地换各种自己喜欢的平台或内容，也许会被其他平台的内容所吸引，而抛弃以前关注的企业，这对企业来说是非常不友好的现象，容易出现用户流失问题。

因此，在进行 IP 营销的过程中，可通过微博、微信等新媒体社交平台，与用户进行深度互动，让用户在这些平台上投入一定的时间和精力，付出一定的成本，这样用户在转移时也会考虑转移成本的问题。

12.4　规避误区与具备能力

判断企业和个人是不是成功的人物 IP，其中一个评断标准就是看营销水平。虽然文字写作、音频、视频剪辑水平决定了质量和层次，但是如果缺少了营销，那就难以成为一个人物 IP，而是单纯的文字工作者、剪辑师和制作师。本节主要介绍在营销方面需要规避的认知误区和必须具备的能力。

12.4.1　规避 IP 的认知误区

IP 经济可持续发展的空间是不可估量的，当然，IP 营销也有很多认知误区，需要深入的了解，下面主要介绍三个需要规避的 IP 认知误区。

1．IP 等于新媒体人经济

一个优质的 IP 肯定是有不少忠实粉丝的，不过有粉丝并不意味着是优质 IP。比如新媒体人，通过网络渠道发布自己的观点或是进行直播等形式收获了一批粉丝，具备了一定的影响力，现在一些企业也会找这类新媒体人合作销售产品。新媒体人里有一部分人是可以打造成 IP 的，不过在了解 IP 这个概念时，当然不能只关注新媒体人领域，而是要将眼光放长远，思维开拓得更广阔。

2．IP 做广告就是借势营销

现在很容易看到 IP 进行营销，比如某些新媒体人“火”了之后，就开辟了自己的线上商城，如图 12-6 所示。

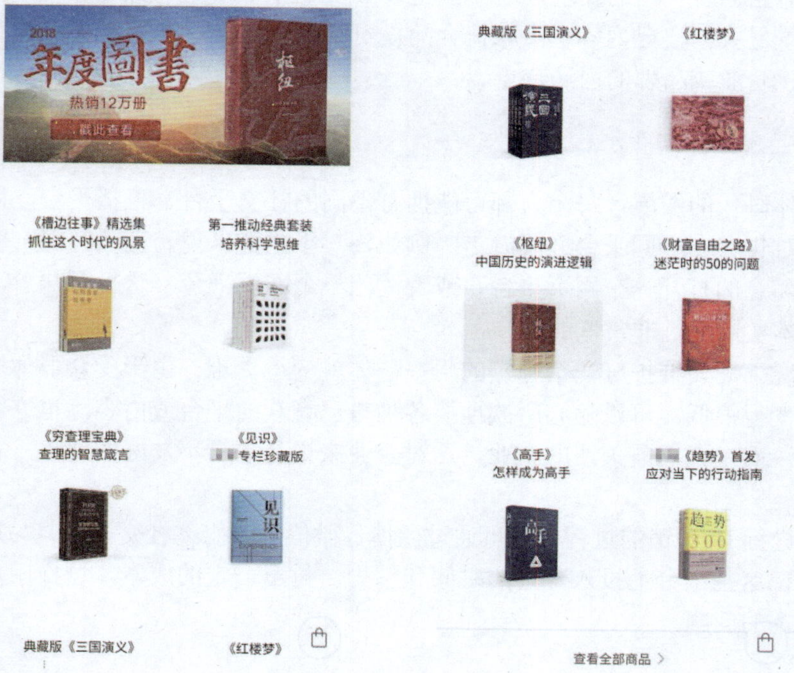

图 12-6　某新媒体人的线上商城界面

3．IP 等于知识产权

IP 是由知识产权的概念发展来的，且多数是以文章、小说的形式呈现，但如果只将 IP 的概念理解为文章或是小说等知识版权，会让 IP 的含义没有那么丰富。例如，一个非常火爆的杯子不是法律意义上的 IP，但因为有影响力、有价值，在用户看来就是 IP。

12.4.2　塑造个人品牌的能力

其实无论任何模式的创业都需要具备相应的能力，才能顺利的进行下去，打造企业和个人品牌时一样需要具备十大能力。

1．必须具备独立思考的能力

那些只知道埋头苦干，而不注重思考的人很容易错过一些机会，甚至机会到了面前，都不会在意。因为没有独立思考过，所以也不会去思考做什么才是有意义的。想要有抓住机会的能力，首先要能够独立思考。

2．必须具备接受新事物的能力

在互联网时代哪怕错过了一个机会，也会有下一个机会出现，就看能不能抓住。比如最初微博火起来时没抓住机会，后面还有微信，还有现在比较火的短视频和直播。

不过这些互联网平台的层出不穷，也同样要求必须具备接受新事物的能力，因为哪怕抓住了一个机遇，如果不坚持学习，在下一个机遇出现时还是会被别人超越。

3．必须具备专一的能力

专一是现在大部分想做 IP 的企业和个人不具备的能力。所以在打造品牌过程中，很少有坚持只做某个领域，常常是每个领域都想试一试，最后哪个领域也做不好。因此，必须要具备专一的能力，坚持做擅长的垂直领域，才能增加自身竞争力。

比如某微博“大 V”，他在一开始发微博时也只是个普通的漫画微博号，粉丝并不多，直到找准自己敢于“吐槽”的定位后就再没变过。现在每发布一条“吐槽”微博，依旧有不错的点赞量和转发量，如图 12-7 所示。

图 12-7 某“大 V”发布的微博

4．必须具备较强的心理承受能力

成为一个公众人物后，必然会受到外界或好或坏的评价，所以必须有强大的内心，尤其是粉丝数量越多时，承受的压力就会越大，因为粉丝会对企业和个人有各种要求，如果心理承受能力不够的话，很容易会坚持不下去。

除了粉丝以外，一些传统行业的人士很可能也会打击，因为这种新媒体模式其实是在侵蚀传统行业，之间比较像一种竞争关系。

5．必须具备商业化的能力

打造品牌的目的就是为了商业化，也就是获取利益。因为行业竞争激烈，如果不商业化根本做不长久，所以必须具备商业化的能力。

6．具有打造自己风格的能力

一个真正的品牌都有企业和个人鲜明的风格或烙印，只有这样才能被大众记住，所以应该敢于突破创新。在这个过程中打造属于自己的风格，将打造风格修炼成能力，就能吸引用户关注。

7．具有营销能力

的营销能力是指营销自己和产品的能力，也就是吸引更多用户关注自己，等有了一定的粉丝基础以后，就要开始进行产品营销了，无论产品是知识课程还是会员、图书等，都要推广给粉丝。

8．具有沟通能力

沟通能力其实在每个行业都同样重要，企业和个人也是一样。不仅要有表达能力，更要具备和他人进行有效沟通的能力，因为打造个人品牌一般都需要一个团队。如果不具备有效沟通的能力，怎么吸纳合作伙伴或团队成员。

9．具有公众演讲能力

公众演讲力是指敢于面对大众进行演说的能力，有不少企业和个人都是通过公众演讲取得成功的。公众演讲在最初用于发布会、企业演讲、主持、采访、培训等，而现在想要打造成功的品牌，也离不开公众演讲能力的加持。

10．具有知识提升的能力

企业和个人需要有非常丰富的知识和高强度的大脑，知识是创作的核心力量，也是一切文化事业的动力源泉。如果缺少知识的储备，的内容创作将缺少一个动力基础，即使勉强创作出来，也很难做到有说服力和吸引力。

内容创作是一项高强度的脑力输出，并且是硬性的定期持续输出。这经常困扰着企业和个人，感觉自己二三十年的学习积累和人生感悟，写了十几篇文章就被掏空了，然后就失去了创作的灵感和动力。需要注意，发布的文章或短视频广告性太强，容易被用户屏蔽，所以内容都需要带有感情，让用户有想看的冲动和欲望。

套用某手机的一句广告语，做内容创作在知识学习和知识输出上追求“充电五分钟，通话两小时”的能力，做到看别人一篇文章能想出四篇文章的写法。但是达到这种能力需要长时间的修炼和积累，对于有的企业和个人来说，还是处于“学习两小时，写作五分钟”的能力水平，所以更需要坚持学习，不断提升自己。

本章小结

本章主要介绍了新媒体 IP 营销内容，包括个人 IP 的影响力、如何全面打造个人 IP、打造优质个人品牌的注意事项、如何打造超级爆红 IP、超级 IP 的内容营销，以及在营销方面需要规避的认知误区和必须具备的能力等。通过本章的学习，可以帮助读者利用新媒体 IP 营销，成为新媒体行业的领先者。

本章习题

1．超级 IP 的内容营销存在哪些痛点？
2．如何规避 IP 认知误区？